今注本二十四史

後漢書

二〇

傳〔一六〕

南朝宋 范曄 撰　唐 李賢等 注
卜憲群 周天游 主持校注

中国社会科学出版社

後漢書　卷八六

列傳第七十六

南蠻[1]　西南夷[2]

[1]【今注】南蠻：族名。東漢時，散居在今湖北、湖南、四川、廣東、廣西境内奉槃瓠爲祖先的少數民族，被稱爲蠻、南蠻、蠻夷、槃瓠蠻。其分布在不同地區的分支又分别以當地地名稱之。如武陵蠻、漊中蠻等。

[2]【今注】西南夷：族名。古代西南地區各少數民族的總稱。兩漢前後，多稱巴蜀西南地區，即今甘肅南部、四川大部、貴州西南部及雲南的少數民族爲西南夷，有時也泛指其中一支或幾支。其分支多以聚居地、部族首領或其族的某一特點爲名。

昔高辛氏有犬戎之寇，[1]帝患其侵暴，而征伐不剋。乃訪募天下，有能得犬戎之將吴將軍頭者，購黄金千鎰，[2]邑萬家，又妻以少女。時帝有畜狗，其毛五采，名曰槃瓠。[3]下令之後，槃瓠遂銜人頭造闕下，[4]群臣怪而診之，乃吴將軍首也。[5]帝大喜，而計槃瓠不可妻之以女，又無封爵之道，議欲有報而未知所宜。女聞之，以爲帝皇下令，不可違信，因請行。帝不得已，乃以女配槃瓠。槃瓠得女，負而走入南山，止石室中。所處險絶，人跡不至。[6]於是女解去衣裳，爲僕鑒之結，著獨力之衣。[7]帝悲思之，遣使尋求，輒遇風雨震晦，使者不得進。經三年，生子一十二人，六男六女。槃瓠死後，因自相夫妻。織績木皮，染以草實，好五色衣服，製裁皆有尾形。[8]其母後歸，以狀白帝，於是使迎致諸子。衣裳班蘭，語言侏離，[9]好入山壑，不樂平曠。帝順其意，賜以名山廣澤。其後滋蔓，號曰蠻夷。外癡内黠，安土重舊。以先父有功，母帝之女，田作賈販，無關梁符傳，[10]租税之賦。[11]有邑君長，皆賜印綬，冠用獺皮。名渠帥曰精夫，相呼爲姎徒。[12]今長沙武陵蠻是也。[13]

［1］【李賢注】高辛，帝嚳。【今注】高辛氏：即帝嚳。古代部落首領，五帝之一。傳説爲黄帝曾孫，代高陽氏爲帝，稱高辛氏。帝嚳生子放勳與摯。嚳卒，摯代之，不善，弟放勳立，即堯。犬戎：古族名。戎人的一支，即畎戎。又稱畎夷、畎夷、犬夷、昆夷、緄夷等。公元前771年與申侯聯合共同攻殺周幽王，迫使周室東遷，西周亡。

［2］【今注】鎰：黄金的計量單位。一鎰合二十兩，一説合二十四兩。

［3］【李賢注】《魏略》曰："高辛氏有老婦，居王室（王，紹興本作'正'），得耳疾，挑之，乃得物大如繭。婦人盛瓠中，覆之以槃，俄頃化爲犬，其文五色，因名槃瓠。"【今注】案，槃瓠信仰在中國西南地區影響很大，至今西南地區苗、瑶、畲等少數民族仍有槃瓠崇拜習俗，而尤以瑶族中最爲盛行。近代以來，許多研究者認爲，漢地的盤古開天神話亦由槃瓠傳説而來，"盤古"爲

"槃瓠"之音轉。亦有學者認爲,"伏羲""盤古""槃瓠"上古音皆同,當有同一淵源,應是上古時期跨文化神話傳説的體現。可參見夏曾佑《中國古代史》(河北教育出版社 2000 年版)、顧頡剛《與錢玄同先生論古史書》(《顧頡剛古史論文集》第 1 册,中華書局 2011 年版)、楊寬《中國上古史導論》第 3 篇《盤古盤瓠與犬戎犬封》(《古史辨》第 7 册上編,上海古籍出版社 1982 年版)、聞一多《伏羲考》(上海古籍出版社 2009 年版)、劉緒義《盤瓠神話與民俗的傳承流變》(《湖南師範大學學報》2005 年第 2 期)。

[4]【今注】闕:古代皇宫門外兩邊供瞭望的樓臺,中有通道。

[5]【李賢注】諗,候視也。

[6]【李賢注】今辰州盧溪縣西有武山。黄閔《武陵記》曰:"山高可萬仞。山半有槃瓠石室,可容數萬人。中有石牀,槃瓠行跡。"今案,山窟前有石羊、石獸,古跡奇異尤多。望石窟大如三間屋,遥見一石仍似狗形,蠻俗相傳,云是槃瓠象(象,紹興本作"像")也。

[7]【李賢注】僕鑒,獨力,皆未詳。流俗本或有改"監"字爲"竪"者(監,殿本作"鑒",是),妄穿鑿也。結音髻。【今注】案,僕鑒、獨力之意,語言學界争論較多,尚無定論。或言此二詞有傳寫錯誤,或言此二詞爲壯侗語之音譯,其具體含義分歧更大。要之此處略謂高辛氏公主不再著漢地衣裳,改著少數民族服飾。

[8]【李賢注】干寶《晉紀》曰(干,大德本誤作"于"):"武陵、長沙、廬江郡夷,槃瓠之後也。雜處五溪之内。槃瓠憑山阻險,每每常爲害。糅雜魚肉,叩槽而號,以祭槃瓠。俗稱'赤髀横裙',即其子孫。"【今注】案,據記載,時至近代,一些地區的瑶族服飾、風俗尚多有與狗有關之元素(參見劉緒義《盤瓠神話與民俗的傳承流變》,《湖南師範大學社會科學學報》2005 年第 2

期）。

［9］【李賢注】侏離，蠻夷語聲也。

［10］【今注】關梁：水陸交通的關門橋梁。　符傳：過關津的憑據。

［11］【李賢注】優寵之，故蠲其賦役也。《荆州記》曰："沅陵縣居酉口（沅，大德本作'沅'），有上就、武陽二鄉（陽，大德本作'湯'），唯此是槃瓠子孫（瓠，大德本作'匏'），狗種也。二鄉在武溪之北。"

［12］【李賢注】《説文》曰："姎，女人自稱姎，我也。"音烏朗反（烏，大德本、殿本作"胡"）。此已上並見《風俗通》也。【今注】姎（āng）徒：武陵蠻互相稱呼爲姎徒。

［13］【今注】武陵蠻：部族名。槃瓠蠻的一支，因聚居於武陵郡，故名。

其在唐虞，[1]與之要質，故曰要服。夏商之時，漸爲邊患。逮于周世，黨衆彌盛。宣王中興，[2]乃命方叔南伐蠻方，[3]詩人所謂"蠻荆來威"者也。又曰："蠢爾蠻荆，大邦爲讎。"[4]明其黨衆繁多，是以抗敵諸夏也。

［1］【今注】唐：此指堯帝。傳説中的上古人物，五帝之一。姓伊祁氏，名放勳，號陶唐。高唐氏部落首領，又稱唐堯。在位命羲和定曆法，設諫言之鼓，置四嶽（四方諸侯），命鯀治水患。後禪讓於舜。　虞：此指舜帝。傳説中的上古人物，五帝之一。嬀姓，名重華。有虞氏部落首領，又稱虞舜。受堯禪讓爲帝，在位時放逐四凶（鯀、共工、驩兜和三苗），命禹治水，后稷掌農業，契行教化，益管山林，皋陶治法律。後禪讓禹爲帝，死於蒼梧之野（今湖南寧遠縣南蒼梧山）。

［2］【今注】宣王：周宣王姬静。其父周厲王執政暴虐，被國人暴動所驅逐。在厲王死後，宣王即位，任用召穆公等賢臣，號爲中興。

［3］【今注】方叔：周宣王時卿士。曾率軍南征荊楚，北伐玁狁。

［4］【李賢注】《毛詩·小雅序》曰“《采芑》，宣王南征也”。“薄言采芑，于彼新田。顯允方叔，振旅闐闐。蠢爾蠻荊，大邦爲讎”注云：“方叔卿士，命而爲將也。”

平王東遷，[1]蠻遂侵暴上國。晉文侯輔政，乃率蔡共侯擊破之。[2]至楚武王時，[3]蠻與羅子共敗楚師，殺其將屈瑕。[4]莊王初立，[5]民飢兵弱，復爲所寇。楚師既振，然後乃服，自是遂屬於楚。鄢陵之役，蠻與恭王合兵擊晉。[6]及吴起相悼王，[7]南并蠻越，遂有洞庭、蒼梧。秦昭王使白起伐楚，[8]略取蠻夷，始置黔中郡。[9]漢興，改爲武陵。[10]歲令大人輸布一匹，小口二丈，是謂賨布。[11]雖時爲寇盜，而不足爲郡國患。

［1］【今注】平王：周平王（？—前720），東周第一代君主。幽王子，名宜臼。幽王被犬戎所殺，平王即位，爲避戎寇，東遷於洛邑，史稱東周。詳見《史記》卷四《周本紀》。

［2］【李賢注】晉文侯仇也。【今注】晉文侯：春秋初年晉國國君，輔助周平王建立東周。是以《左傳》隱公六年有云：“我周之東遷，晉、鄭焉依。”

［3］【今注】楚武王：春秋初年楚國國君，楚厲王之弟，楚文王之父，楚成王之祖。在位期間大力拓展楚國的實力，並開始稱王，爲楚國霸業奠定了基礎。

［4］【李賢注】《左傳》"楚屈瑕伐羅及鄢，亂次以濟，其水遂無次，且不設備，羅與盧戎兩軍之，大敗之。莫敖縊于荒谷，群帥囚于冶父"也。【今注】羅子：春秋時羅國的國君。羅，古國名。據本書《郡國志四》記載，南郡枝江侯國即羅國。枝江國治所在今湖北枝江市東北。

［5］【李賢注】莊王名旅，穆王之子。【今注】莊王：楚莊王。春秋時期楚國君主熊旅（一作"熊侶"，或作"熊吕"）。楚成王孫，楚穆王子，公元前614年至前591年在位。春秋"五霸"之一。事詳《史記》卷四〇《楚世家》。

［6］【李賢注】《左傳》晉楚戰于鄢陵。晉郤至曰"楚二卿相惡，王卒以舊，鄭陳而不整，蠻軍而不陳"也。【今注】鄢陵之役：春秋時期發生在晉、楚之間的大戰，楚國戰敗，霸權被晉國奪去。鄢陵，縣邑名。治所在今河南鄢陵城北古城村。　恭王：楚恭王，又作"楚共王"。楚莊王之子，在鄢陵之戰中敗於晉軍，自己也被射傷眼睛。

［7］【今注】吴起：戰國初軍事家、政治家，先爲魯將。後至魏，任將軍，輔佐魏文侯在陰晉之戰中大敗秦軍，爲西河守。後奔楚爲相，輔佐楚悼王厲行改革，變法圖强。後被宗室大臣所殺。著有《吴起》四十八篇，今僅有《吴子兵法》六篇傳世。傳見《史記》卷六五。

［8］【今注】秦昭王：即秦昭襄王，嬴姓，名稷，戰國時期秦國國君。秦惠文王子，秦武王弟。公元前306年至前251年在位，長達五十餘年。在位晚期，昭王親政，任用白起在長平大破趙軍，但未聽從白起建議即時攻滅趙國。之後昭王復派大軍試圖滅趙，但爲魏、楚援軍所敗，秦統一時間亦被迫後延。但秦之獨霸局面業已確立，爲秦始皇統一天下奠定了基礎。事迹見《史記》卷五《秦本紀》。　白起：秦國名將，《戰國策》作公孫起。伊闕之戰大破魏韓聯軍，攻陷楚國國都郢城，封武安君。長平之戰重創趙國主

力，坑殺趙降卒四十萬。爲秦國掃平東方、統一天下立下大功。秦昭王五十年（前 257）被賜死。傳見《史記》卷七三。

[9]【今注】黔中：地名。因黔山得名。戰國後期楚郡，後爲秦攻取。轄境包括今湖南常德市以西至貴州東北部一帶。秦統一之後，析爲洞庭、蒼梧二郡。

[10]【李賢注】黔中故城在今辰州沅陵縣西（沅，大德本作“沇”）。

[11]【李賢注】《説文》曰：“南蠻賦也。”才冬反（才，大德本、殿本作“賨牂”）。【今注】賨（cóng）布：秦漢時湖南、四川等地巴人稱賨人。賨人作爲賦税所繳納之布匹爲“賨布”。

光武中興，[1]武陵蠻夷特盛。建武二十三年，[2]精夫相單程等據其險隘，大寇郡縣。遣武威將軍劉尚發南郡、長沙、武陵兵萬餘人，[3]乘船泝沅水入武谿擊之。[4]尚輕敵入險，山深水疾，舟船不得上。蠻氏知尚糧少入遠，又不曉道徑，遂屯聚守險。尚食盡引還，蠻緣路徼戰，[5]尚軍大敗，悉爲所没。二十四年，相單程等下攻臨沅，[6]遣謁者李嵩、中山太守馬成擊之，[7]不能剋。明年春，遣伏波將軍馬援、中郎將劉匡、馬武、孫永等，[8]將兵至臨沅，擊破之。單程等飢困乞降，會援病卒，謁者宗均聽悉受降。爲置吏司，群蠻遂平。

[1]【今注】光武：東漢開國皇帝劉秀，公元 25 年至 57 年在位。謚號“光武”。紀見本書卷一。

[2]【今注】建武：東漢光武帝劉秀年號（25—56）。

[3]【今注】武威將軍：官名。東漢所置雜號將軍之一。　劉

尚：東漢將領。參與東漢朝廷平滅隗囂、公孫述的統一戰爭，之後擊破西南夷、益州夷，復破南郡蠻，在進討武陵蠻時戰死。　南郡：兩漢皆治江陵縣（今湖北荆州市荆州城西北）。　長沙：郡名。兩漢皆治臨湘縣（今湖南長沙市嶽麓區）。　武陵：郡名。西漢時治義陵縣（今湖南漵浦縣南），東漢時治臨沅縣（今湖南常德市武陵區）。

［4］【李賢注】沅水出牂柯故且蘭東北，經辰州、潭州、岳州，經洞庭湖入江也。【今注】沅水：即今湖南沅江。發源於貴州雲霧山，上游稱清水江。自湖南黔陽縣黔城鎮以下乃名員江，流經湖南西南部辰溪、沅陵、常德等縣市，從漢壽縣注入洞庭湖。　武谿：水名、部族名。一作“五溪”。故址在今重慶酉陽土家族苗族自治縣，湖南辰溪縣一帶。槃瓠蠻的一支聚居於五溪，因以爲名。

［5］【今注】徼（yāo）：攔截。

［6］【今注】臨沅：縣名。治所在今湖南常德市武陵區。

［7］【今注】謁者：官名。秦置，西漢因之，爲光禄勳屬官。掌賓贊受事，秩比六百石。東漢又有常侍謁者、給事謁者、灌謁者之分。歸謁者僕射管理。秩比千石。　中山：郡國名。兩漢均治盧奴縣（今河北定州市）。　太守：官名。郡的最高行政長官。戰國時作爲郡守的尊稱，秦統一全國後，推行郡縣制，郡爲最高地方行政區劃，每郡置守、尉、監，郡守作爲郡的最高行政長官。西漢景帝中元二年（前148）改郡守爲太守。東漢太守掌治民，進賢勸功，決訟檢姦，秩二千石。東漢後期，太守權力漸爲州刺史侵奪。《通典》卷三三《職官十五》：“郡守，秦官。秦滅諸侯，以其地爲郡，置守、丞、尉各一人。守治民，丞佐之，尉典兵。漢景帝中元二年，更名郡守爲太守。凡在郡國，皆掌治民，進賢勸功，決訟檢姦。常以春行所主縣，秋冬遣無害吏按訊諸囚，平其罪法，論課殿最，并舉孝廉。”　馬成：字君遷，南陽棘陽（今河南新野縣東北）人。雲臺二十八將之一。傳見本書卷二二。

［8］【今注】伏波將軍：官名。東漢雜號將軍之一。　馬援：字文淵，扶風茂陵（今陝西興平市東北）人。東漢名將。助漢攻下涼州，平定諸羌。交阯二徵姐妹起事，援以伏波將軍平之。後數次出擊犯邊之匈奴、烏桓。南征武陵蠻時卒與軍中，遭讒言被奪爵。章帝時追謚爲忠成侯。傳見本書卷二四。　中郎將：官名。秦置，漢沿置，爲中郎的長官。西漢武帝設中郎三將，分五官、左、右三署，隸光禄勳，秩皆比二千石。職掌護衛侍從天子。至東漢，三署中郎將主要協助光禄勳考課察舉三署諸郎。此外還增設東、西、南、北中郎將用以領兵征討。另有虎賁中郎將、使匈奴中郎將等。　馬武：字子張，南陽湖陽（今河南唐河縣西南）人。東漢開國功臣，雲臺二十八將之一。傳見本書卷二二。

肅宗建初元年，[1]武陵澧中蠻陳從等反叛，[2]入零陽蠻界。[3]其冬，零陽蠻五里精夫爲郡擊破從，從等皆降。三年冬，漊中蠻覃兒健等復反，[4]攻燒零陽、作唐、孱陵界中。[5]明年春，發荆州七郡及汝南、潁川施刑徒吏士五千餘人，[6]拒守零陽，募充中五里蠻精夫不叛者四千人，擊澧中賊。[7]五年春，覃兒健等請降，不許。郡因進兵與戰於宏下，[8]大破之，斬兒健首，餘皆弃營走還漊中，復遣乞降，乃受之。於是罷武陵屯兵，賞賜各有差。

［1］【今注】肅宗：東漢章帝劉炟，公元 75 年至 88 年在位。肅宗爲其廟號。紀見本書卷三。　建初：東漢章帝劉炟年號（76—84）。

［2］【今注】澧中蠻：部族名。古代南方少數民族南蠻的一支。東漢時分布在澧中，故名。澧中，地名。指澧水流域。在今湖

南西北部。

［3］【李賢注】零陽，縣，屬武陵郡。【今注】零陽蠻：部族名。古代南方少數民族南蠻的一支。東漢時分布在零陽，故名。在今湖南慈利縣附近一帶。零陽，縣名，因在零水之北而得名。治所在今湖南慈利縣東北。

［4］【李賢注】漊，水名，源出今澧州崇義縣也（大德本、殿本無“也”字）。【今注】漊中蠻：部族名。古代南方少數民族南蠻的一支。東漢時分布在漊中，故名。漊中，地名。指今湖南西北部漊水流域。

［5］【李賢注】作唐，縣，屬武陵郡。孱陵，縣，故城在今荆州公安縣西南。孱音仕顔反。【今注】作唐：縣名。東漢置。治所在今湖南安鄉縣北。　孱陵：縣名。治所在今湖北公安縣西。

［6］【今注】荆州：西漢武帝時所置十三刺史部之一，下轄南陽、南郡、江夏、零陵、桂陽、武陵、長沙七郡。　汝南：郡名。兩漢皆治平輿縣（今河南平輿縣北）。　潁川：郡名。兩漢皆治陽翟縣（今河南禹州市）。　施刑徒：大德本作“弛刑徒”。弛刑，指去掉刑具。弛刑徒指由國家赦免而去掉刑具的刑徒，管制放鬆，行動有了一定自由。兩漢朝廷常利用弛刑徒行軍作戰或屯墾戍邊，實際上“弛刑”的目的主要也是更便於作戰和屯墾。（參見張鶴泉《略論漢代的弛刑徒》，《東北師大學報》1984年第4期；陳玲、寇鳳梅《漢代弛刑徒略論》，《河西學院學報》2010年第1期）

［7］【李賢注】充，縣，屬武陵郡。充音衝。【今注】充中：地區名。泛指充縣所轄地區。大致相當於今湖南桑植一帶澧水流域。充縣，兩漢治所均在今湖南桑植縣。　五里蠻：部族名。爲槃瓠蠻的分支。因聚居於五里一代，故名。故地當在今湖南湘西、邵陽一代。

［8］【今注】宏下：地名。在今湖南沅陵縣。

和帝永元四年冬，[1]漊中、澧中蠻潭戎等反，燔燒郵亭，[2]殺略吏民，郡兵擊破降之。安帝元初二年，[3]澧中蠻以郡縣徭税失平，懷怨恨，遂結充中諸種二千餘人，攻城殺長吏。[4]州郡募五里蠻六亭兵追擊破之，[5]皆散降。賜五里、六亭渠帥金帛各有差。明年秋，漊中、澧中蠻四千人並爲盜賊。又零陵蠻羊孫、陳湯等千餘人，[6]著赤幘，稱將軍，燒官寺，抄掠百姓。州郡募善蠻討平之。

[1]【今注】和帝：東漢和帝劉肇，公元88年至105年在位。紀見本書卷四。　永元：東漢和帝劉肇年號（89—105）。

[2]【今注】郵亭：驛站。遞送文書投止之所。

[3]【今注】安帝：東漢安帝劉祜，公元106年至125年在位。紀見本書卷五。　元初：東漢安帝劉祜年號（114—120）。

[4]【今注】長吏：指秩六百石以上的官員。《漢書》卷五《景帝紀》："吏六百石以上，皆長吏也。"後泛指郡縣長官。

[5]【今注】六亭兵：部族名。爲槃瓠蠻五里部族蠻的分支。因聚居在六亭一帶，故名。故地當在今湖南湘西、邵陽一帶。案，大德本無"兵"字。

[6]【李賢注】零陵（陵，大德本、殿本作"陽"），縣，屬武陵郡也。【今注】零陵蠻：部族名。古代南方少數民族南蠻的一支。東漢時分布在零陵，故名。在今湖南南部偏西一帶。零陵，縣名。治所在今廣西興安縣東北。

順帝永和元年，[1]武陵太守上書，以蠻夷率服，可比漢人，增其租賦。議者皆以爲可。尚書令虞詡獨奏曰：[2]"自古聖王不臣異俗，非德不能及，威不能加，知其獸心貪婪，難率以禮。是故羈縻而綏撫之，附則受而不逆，叛則弃而不追。先帝舊典，貢稅多少，所由來久矣。今猥增之，必有怨叛。計其所得，不償所費，必有後悔。”帝不從。其冬澧中、漊中蠻果爭貢布非舊約，遂殺鄉吏，舉種反叛。[3]明年春，蠻二萬人圍充城，[4]八千人寇夷道。遣武陵太守李進討破之，斬首數百級，餘皆降服。進乃簡選良吏，得其情和。在郡九年，梁太后臨朝，[5]下詔增進秩二千石，[6]賜錢二十萬。桓帝元嘉元年秋，[7]武陵蠻詹山等四千餘人反叛，拘執縣令，屯結深山。至永興元年，[8]太守應奉以恩信招誘，皆悉降散。

［1］【今注】順帝：東漢順帝劉保，公元125年至144年在位。紀見本書卷六。　永和：東漢順帝劉保年號（136—141）。

［2］【今注】尚書令：官名。東漢時，尚書令爲少府屬官，掌凡選署及奏下尚書曹文書衆事，秩千石。　虞詡：字升卿，陳國武平（今河南鹿邑縣西北）人。東漢安帝、順帝朝官吏，以敢於言事見稱。傳見本書卷五八。

［3］【今注】案，反，大德本誤作“友”。

［4］【今注】案，二，殿本作“一”。

［5］【今注】梁太后：東漢順帝皇后，名妠，大將軍梁商女。紀見本書卷一〇下。

［6］【今注】秩：官吏的俸禄。　二千石：漢朝二千石爲中央政府機構的列卿，及地方州牧郡守、諸侯王國相等。又可細分爲中二千石、二千石、比二千石三等。據《百官公卿表》顔師古注：“中二千石者月各百八十斛，二千石者百二十斛，比二千石者百斛。”本書《百官志五》所載與此略同。根據張家山漢簡《秩律》

與《新書》《史記》等傳世文獻，閻步克又指出漢初衹有二千石，並無中二千石等細分等級，最早的中二千石的記載出現在文帝死後景帝發布的詔書中。楊振紅則進一步認爲中二千石的官位是文帝時在賈誼的建議下設立的，是爲了區别漢廷官員與諸侯官員之地位。而早期中二千石官員亦不止《百官公卿表》所載諸官，如内史、主爵都尉均曾列於中二千石。案，石，漢代度量衡單位，有兩義：一爲重量單位，合一百二十斤；二爲容量單位，合十斗，亦即一斛。馬彪等指出，“石”本爲秦與西漢時的官方標準重量單位，合十斗的官方標準容量單位爲“桶（甬）”。因一石重的禾黍可得十斗糙米，一石重的稻禾可得十斗稻米，故實踐中有將十斗稱爲“石”的習慣。王莽時以“斛”作爲合十斗的官方容量單位，東漢承之，此後容量單位“石”便逐漸淡出了漢代計量系統。然則根據前文顔注所引二千石的俸禄换算，二千石當指二千石（容量單位）容積的米，亦即二千石（重量單位）重的禾，其餘官秩與此相類。又案，陳夢家根據傳世與出土文獻指出，雖然西漢承秦制，官俸以“石”爲名，但主要是代表官秩，實際發俸以錢爲主。至王莽後期，變爲以穀爲主，東漢則爲半錢半穀，而以穀數爲標準。前文所引顔注所舉具體官俸，當出自東漢之材料，且亦衹是一種計算標準，並非兩漢官俸的實際發放情況。〔參見閻步克《〈二年律令·秩律〉的中二千石秩級闕如問題》，《河北學刊》2003 年第 5 期；楊振紅《出土簡牘與秦漢社會（續編）》，廣西師範大學出版社 2015 年版，第 51—57 頁；馬彪、林力娜《秦、西漢容量“石”諸問題研究》，《中國史研究》2018 年第 4 期；陳夢家《漢簡所見奉例》，《文物》1963 年第 5 期〕

［7］【今注】桓帝：東漢桓帝劉志，公元 146 年至 167 年在位。紀見本書卷七。　元嘉：東漢桓帝劉志年號（151—153）。

［8］【今注】永興：東漢桓帝劉志年號（153—154）。

永壽三年十一月，[1]長沙蠻反叛，屯益陽。[2]至延熹三年秋，[3]遂抄掠郡界，衆至萬餘人，殺傷長吏。又零陵蠻入長沙。冬，武陵蠻六千餘人寇江陵，[4]荆州刺史劉度、謁者馬睦、南郡太守李肅皆奔走。[5]肅主簿胡爽扣馬首諫曰：[6]“蠻夷見郡無儆備，故敢乘間而進。明府爲國大臣，連城千里，舉旐鳴鼓，應聲十萬，奈何委符守之重，而爲逋逃之人乎！”[7]肅拔刃向爽曰：“掾促去！太守今急，何暇此計。”爽抱馬固諫，肅遂殺爽而走。帝聞之，徵肅弃市，度、睦減死一等，復爽門閭，拜家一人爲郎。於是以右校令度尚爲荆州刺史，[8]討長沙賊，平之。又遣車騎將軍馮緄討武陵蠻，[9]並皆降散。軍還，賊復寇桂陽，[10]太守廖祈奔走。[11]武陵蠻亦更攻其郡，太守陳奉率吏人擊破之，斬首三千餘級，降者二千餘人。至靈帝中平三年，[12]武陵蠻復叛，寇郡界，州郡擊破之。

[1]【今注】永壽：東漢桓帝劉志年號（155—158）。

[2]【今注】益陽：縣名。治所在今湖南益陽市東。

[3]【今注】延熹：東漢桓帝劉志年號（158—167）。

[4]【今注】江陵：縣名。治所在今湖北荆州市荆州城西北。

[5]【今注】刺史：官名。秦郡置監御史、監郡。漢初丞相分遣史分刺州，不常置。西漢武帝元封五年（前106）將全國，除京師附近七郡（歸司隸校尉部管轄）以外的土地分爲十三部，或稱十三州。東漢時，朔方刺史部併入并州刺史部，爲十二州。每部置刺史一人，初無治所，奉詔巡行下轄諸郡，省察治政，黜陟能否，斷理冤獄，秩六百石。主要以六條察州，所察對象主要爲二千石官吏、强宗豪右及諸侯王等。成帝綏和元年（前8）更爲牧，秩二千

石。哀帝建平二年（前5）罷州牧，復刺史。元壽二年（前1）復爲牧。東漢光武帝建武十一年（35）省。建武十八年復爲刺史，有常治所，奏事遣計吏代行，不復自往。靈帝中平五年（188），劉焉謂四方兵寇，由刺史權輕，宜改置牧，選重臣爲之。自此，刺史權力增大，除監察權外，還有選舉、劾奏之權，干預地方行政及領兵之權，原作爲監察區劃的“州”逐漸轉化爲“郡”之上的地方行政機構，州郡縣三級制隨之形成。

［6］【今注】主簿：官名。兩漢太尉、御史大夫、光禄勳等中央機構及司隸校尉、地方郡縣都設有主簿，將軍出征屬官亦有主簿，負責文書簿記，掌管印鑒，爲掾史之首。

［7］【今注】逋逃：逃亡的罪人。

［8］【今注】右校令：官名。西漢將作大匠屬官有右校令。東漢初不置，至安帝延光三年（124）始復置。秩六百石，掌右工徒。臣工犯法，或送左、右校服工役。 度尚：字博平，山陽湖陸（今山東魚臺縣東南）人。受尚書朱穆推薦爲荆州刺史，擊敗長沙蠻、武陵蠻，獲封右鄉侯，遷桂陽太守。後任中郎將擊敗桂陽等地農民起義軍，復爲荆州刺史。傳見本書卷三八。

［9］【今注】車騎將軍：官名。漢制，車騎將軍位次大將軍、驃騎將軍之後，金印紫綬，地位相當於上卿或比三公，典京師兵衛，掌宫衛。東漢末分左右。 馮緄：字鴻卿，巴郡宕渠（今四川渠縣東北）人。馮焕之子。東漢桓帝延熹五年武陵蠻反，荆南皆没，拜爲車騎將軍，率兵十餘萬討之，斬首四千餘級，受降十餘萬，荆州復平。傳見本書卷三八。

［10］【今注】桂陽：郡名。兩漢皆治郴縣（今湖南郴州市北湖區）。

［11］【李賢注】廖音力弔反。【今注】案，祈，紹興本、大德本作“析”。

［12］【今注】靈帝：東漢靈帝劉宏，公元168年至189年在位。紀見本書卷八。 中平：東漢靈帝劉宏年號（184—189）。

《禮記》稱“南方曰蠻，雕題交阯”。其俗男女同川而浴，故曰交阯。[1]其西有噉人國，生首子輒解而食之，謂之宜弟。味旨，則以遺其君，君喜而賞其父。[2]取妻美，則讓其兄。今烏滸人是也。[3]

［1］【李賢注】題，額也。雕之，謂刻其肌以丹青涅也。【今注】禮記：書名。戰國至漢初由孔子弟子及再傳弟子記載講習禮儀的著作，内容重在闡明禮的作用和意義。西漢宣帝時戴德選定八十五篇，稱《大戴禮記》，其侄戴聖選定四十九篇，稱《小戴禮記》。成帝時，劉向校書編定爲一百三十一篇，後世將此本稱作《禮記》，與《儀禮》《周禮》合稱“三禮”，至明代，甚至代替《儀禮》成爲五經中“禮”的代表。今本共存四十九篇，有漢鄭玄注、唐孔穎達《禮記正義》、清孫希旦《禮記集解》等。　交阯：即交趾。泛指今五嶺以南地區。西漢武帝平南越，後置交趾刺史部於嶺南，又在今越南北部置交趾郡。案，此二句出自《禮記·王制》。

［2］【今注】案，《墨子·魯問》有云“楚之南，有啖人之國者橋，其國之長子生，則鮮而食之，謂之宜弟。美則以遺其君，君喜則賞其父”，與此所言當爲一事。《墨子·節葬下》則有云“昔者越之東有輆沭之國者，其長子生，則解而食之。謂之‘宜弟’”，此事亦被收入《列子》。《漢書》卷九八《元后傳》載王章語云：“羌胡尚殺首子以盪腸正世。”據此，當時邊疆地區的少數民族似頗有殺“首子”之風氣。不少學者認爲，春秋時將“首子”獻與齊桓公的易牙即爲夷戎，其族本有此俗，故其不以爲異。甚至還有學者認爲，代表長子的“孟”字即以器皿盛長子之意。關於此風俗之起源，一些學者觀點與前引王章語類似，認爲是男性爲了保證其血統的純潔性。然古代少數民族地區相對開放的風俗似與此俗格格不入。另一些學者認爲，世界上許多地方都有將第一批收成、獵物祭神之習俗，殺長子一事當與此相類，故有所謂“宜弟”之

説。此説與一些流傳至今的南方少數民族民歌相合，似更爲合理。(參見裘錫圭《殺“首子”解》，《中華文化》1994年第2期；張應斌《土家族古代的殺子祭神》，《貴州民族研究》1998年第2期)

［3］【李賢注】萬震《南州異物志》曰：“烏滸，地名也。在廣州之南，交州之北。恒出道間伺候行旅（間，殿本誤作‘問’），輒出擊之。利得人食之，不貪其財貨，並以其肉爲肴葅，又取其髑髏破之以飲酒。以人掌趾爲珎異，以食長老（長老，殿本作‘老也’）。”【今注】烏滸：部族名。古代南方少數民族南蠻的一支。一説爲越族的一支。

交阯之南有越裳國。[1]周公居攝六年，[2]制禮作樂，天下和平，越裳以三象重譯而獻白雉，[3]曰：“道路悠遠，山川岨深，音使不通，故重譯而朝。”成王以歸周公。公曰：“德不加焉，則君子不饗其質；[4]政不施焉，則君子不臣其人。吾何以獲此賜也！”其使請曰：“吾受命吾國之黄耇[5]曰：‘久矣，天之無烈風雷雨，[6]意者中國有聖人乎？有則盍往朝之。’”周公乃歸之於王，[7]稱先王之神致，以薦于宗廟。周德既衰，於是稍絶。

［1］【今注】越裳：此名始見《尚書大傳》。一般認爲在今越南中部（參見何平《越裳的地望與族屬》，《東南亞》2003年第3期）。據越南歷史學家陳重金考證，越裳位於今越南廣平省、廣治省一帶。有學者認爲越裳指的是今緬北、老撾境内的撣族（參見《越南通史》，戴可來譯，商務印書館1992年版，第14頁）。吕思勉認爲越裳氏接近閩越地區（《讀史札記》，上海古籍出版社2016年版，第354頁）。還有學者認爲，周代之越裳國在今滹沱河上游

的越服山（即武夫山）附近，當在河北定縣、井陘縣以北的行唐縣到山西的繁峙縣東南之間（參見金岳《越族源流研究之一——論越族的起源、越方和越裳氏》，《文物季刊》1997年第3期）。

［2］【今注】居攝：意謂暫居皇帝之位。攝，代理。

［3］【今注】重譯：多次翻譯。因距離遥遠，語言陌生，没有直接能翻譯此種語言的人才，因此需要通過沿途多種語言依次翻譯，最終翻譯成漢語。

［4］【李賢注】質亦贄也。

［5］【李賢注】《爾雅》曰："黄髮，鮐背，耇老，壽也。"【今注】黄耇（gǒu）：老年人。《漢書》卷八六《師丹傳》顔師古注云"黄，謂白髮落更生黄者也。耇，老人面色不净如垢"。

［6］【李賢注】《尚書大傳》作"别風注雨"。

［7］【李賢注】事見《尚書大傳》。

及楚子稱霸，朝貢百越。[1]秦并天下，威服蠻夷，始開領外，[2]置南海、桂林、象郡。[3]漢興，尉佗自立爲南越王，傳國五世。[4]至武帝元鼎五年，[5]遂滅之，分置九郡，[6]交阯刺史領焉。[7]其珠崖、儋耳二郡在海洲上，[8]東西千里，南北五百里。其渠帥貴長耳，皆穿而縋之，垂肩三寸。武帝末，珠崖太守會稽孫幸調廣幅布獻之，[9]蠻不堪役，遂攻郡殺幸。幸子豹合率善人還復破之，自領郡事，討擊餘黨，連年乃平。豹遣使封還印綬，[10]上書言狀，制詔即以豹爲珠崖太守。[11]威政大行，獻命歲至。中國貪其珍賂，漸相侵侮，故率數歲一反。元帝初元三年，[12]遂罷之。凡立郡六十五歲。

[1]【今注】百越：即古越族。因其支系很多，各有種姓，故稱百越。

[2]【今注】領外：即嶺南。領，即五嶺，亦即位於今湖南、江西與廣西、廣東交界處的越城、都龐、萌渚、騎田、大庾五嶺。

[3]【今注】南海：郡名。秦及兩漢均治番禺縣（今廣東廣州市番禺區）。　桂林：郡名。治布山縣（今廣西貴港市）。　象郡：郡名。郡治臨塵縣（今廣西崇左縣境内）。秦始皇三十三年（前214）置，後爲南越所據。《漢書·地理志》云"日南郡，故秦象郡，武帝元鼎六年開，更名"，故傳統上往往將象郡與漢之日南郡等同。至1916年，法國漢學家馬伯樂作《秦漢象郡考》，據《漢書》卷七《昭帝紀》"罷象郡，分屬鬱林、牂牁"與《漢書》卷一下《高帝紀下》臣瓚注"《茂陵書》：象郡治臨塵，去長安萬七千五百里"等記載，提出象郡並非日南郡，治在廣西臨塵。此説爲譚其驤主編《中國歷史地圖集》所采，周振鶴《西漢政區地理》進一步證成此説。據此説，西漢武帝滅南越後，將象郡所管轄的部分地區置日南郡，而象郡仍存，至昭帝始元五年（前82）方罷。

[4]【李賢注】《前書》南粤王趙佗，真定人也。秦時爲南海尉。佗孫胡，胡子嬰齊，嬰齊子興也。【今注】尉佗：即趙佗。又作"趙它"。真定（今河北正定縣南）人。本爲秦吏，秦始皇統一六國後，趙佗先後輔佐屠睢、任囂南征，後任南海郡龍川縣（今廣東龍川縣西）縣令。秦二世時，受南海尉任囂委託，行南海郡尉之職，故又稱"尉佗"。秦亡，中原混亂之際，併桂林、象郡等地爲南越國，稱南越王。漢高祖遣陸賈出使南越之後，南越王接受漢廷册命，爲漢之邊藩。吕后執政時期，雙方交惡，趙佗自號南越武帝。文帝時復遣陸賈出使，南越去帝號而稱臣，重新接受漢廷册命。事見《漢書》卷九五《南粤傳》。關於趙佗去世時間，《史記》卷一一三《南越列傳》云："至建元四年卒。佗孫胡爲南越王。"然建元四年（前137）據秦末漢初太過久遠，如《索隱》引皇甫謐

説所言，彼時趙佗若在世，已百餘歲。《漢書·南粤傳》録《史記》之記載，則無“卒”字。因此，不少學者對“建元四年”這一記載提出質疑，認爲“卒”字爲衍。有觀點認爲，廣州象崗發現的南越王墓墓主文王趙眜當爲趙佗之子，在趙佗之後、趙胡之前爲南越王，而史失於載（參見張夢晗《南越“文帝”宜爲趙佗子》，《形象史學研究（2017/上半年）》，社會科學文獻出版社 2017 年版）。　南越：國名。又作“南粤”。都番禺（今廣東廣州市）。秦始皇統一六國後，進軍嶺南，設桂林、南海、象郡三郡。秦末天下大亂，南海龍川令趙佗乃割據三郡，稱南越武王。高祖十一年（前196），封趙佗爲南越王。在漢初，南越一度與匈奴並稱，被視爲漢廷强敵。西漢武帝元鼎五年（前 112），南越國相吕嘉殺國王和漢使，武帝派兵征討平定。從開國君主趙佗至亡國君主趙建德，共歷五任國王，享國九十三年。傳見《漢書》卷九五。1983 年，漢第二代南越王趙眜墓被發掘，墓位於廣州市越秀區解放北路的象崗山上。南越王墓的出土，被譽爲近代中國五大考古新發現之一。（參見廣東省博物館《西漢南越王墓考古發掘報告》，文物出版社 1991 版）

［5］【今注】武帝：西漢武帝劉徹，公元前 141 年至前 87 年在位。紀見《史記》卷一二、《漢書》卷六。　元鼎：西漢武帝年號（前 116—前 111）。

［6］【今注】九郡：西漢武帝滅南越，分其地爲南海、蒼梧、鬱林、合浦、交趾、九真、日南、珠崖、儋耳九郡。

［7］【今注】交阯：刺史部名。西漢武帝元封五年（前 106）置。初爲九郡。其中，儋耳、珠崖置於今海南省，交通不便。昭帝時將儋耳郡併入珠崖郡，元帝時廢棄了珠崖郡。故東漢轄南海、蒼梧、鬱林、合浦、交阯、九真、日南七郡。約當今廣東、廣西的大部及越南北部、中部。案，阯，大德本作“趾”。本卷“阯”字，他本有作“趾”者，不再出注。

［8］【今注】珠崖：郡名。治瞫都縣（今海南海口市瓊山區龍塘鎮）。　儋耳：郡名。治儋耳縣（今海南儋州市西北）。據《漢

書》卷六《武帝紀》顔師古注引應劭曰："儋耳者，種大耳。"又引《異物志》説："儋耳之云，鏤其頰皮，上連耳匡，分爲數支，狀似雞腸，累耳下垂。"《山海經·海内南經》注："鎪離其耳，分令下垂以爲飾，即儋耳也。"《儋縣考》説："其人耳長及肩。"

[9]【今注】會稽：郡名。治吴縣（今江蘇蘇州市）。

[10]【今注】印綬：印信和繫在印信上的絲帶，絲帶顔色不同代表官職高低。

[11]【李賢注】即，就也。【今注】制詔：皇帝的命令。蔡邕《獨斷》卷上云："漢天子正號曰皇帝，自稱曰朕，臣下稱之曰陛下，其言曰制詔……其命令：一曰策書，二曰制書，三曰詔書，四曰戒書。"

[12]【今注】元帝：西漢元帝劉奭，公元前49年至前33年在位。紀見《漢書》卷九。　初元：西漢元帝劉奭年號（前48—前44）。

逮王莽輔政，[1]元始二年，[2]日南之南黄支國來獻犀牛。[3]凡交阯所統，雖置郡縣，而言語各異，重譯乃通。人如禽獸，長幼無别。項髻徒跣，[4]以布貫頭而著之。後頗徙中國罪人，使雜居其間，乃稍知言語，漸見禮化。

[1]【今注】王莽：字巨君，魏郡元城（今河北大名縣東北）人。西漢元帝皇后王政君侄子。孺子嬰初始元年（8）稱帝，改國號爲新，年號始建國。傳見《漢書》卷九九。

[2]【今注】元始：西漢平帝劉衎年號（1—5）。

[3]【今注】日南：郡名。兩漢皆治西卷縣（今越南廣治省東河市）。　黄支國：位於今南印度東海岸的康契普臘姆（Kanchipuram）。

［4］【李賢注】爲髻於項上也。

光武中興，錫光爲交阯，[1]任延守九真，[2]於是教其耕稼，制爲冠履，初設媒娉，始知姻娶，建立學校，導之禮義。

［1］【今注】錫光：漢中（今陝西安康市西北）人。兩漢之際的官吏。西漢平帝時，任交阯太守，在當地宣揚儒家教化，對開發嶺南做出了貢獻。王莽時，錫光閉境自守。東漢初，遣使貢獻，被封爲鹽水侯。　交阯：郡名。西漢時治羸𨻻縣（今越南河内市西北），東漢時治龍編縣（今越南北寧省北寧市）。

［2］【今注】任延：字長孫，南陽宛（今河南南陽市卧龍區）人。東漢官吏。傳見本書卷七六。　九真：郡名。兩漢皆治胥浦縣（今越南清化省清化市西北）。

建武十二年，九真徼外蠻里張游，[1]率種人慕化内屬，封爲歸漢里君。明年，南越徼外蠻夷獻白雉、白菟。至十六年，交阯女子徵側及其妹徵貳反，攻郡。徵側者，麊泠縣雒將之女也。[2]嫁爲朱䳒人詩索妻，甚雄勇。交阯太守蘇定以法繩之，側忿，故反。於是九真、日南、合浦蠻里皆應之，[3]凡略六十五城，自立爲王。交阯刺史及諸太守僅得自守。光武乃詔長沙、合浦、交阯具車船，修道橋，通障谿，儲糧穀。十八年，遣伏波將軍馬援、樓船將軍段志，[4]發長沙、桂陽、零陵、蒼梧兵萬餘人討之。[5]明年夏四月，援破交阯，斬徵側、徵貳等，餘皆降散。進擊九真賊都陽等，破降之。徙其渠帥三百餘口於零陵。於是領表悉平。

[1]【李賢注】里，蠻之别號，今呼爲俚人。

[2]【李賢注】麊音莫支反。泠音零。

[3]【今注】合浦：郡名。兩漢皆治合浦縣（今廣西合浦縣東北）。

[4]【今注】樓船將軍：官名。因是率領水兵作戰的將領，故稱。 段志：東漢初將領。先後爲驃騎將軍、樓船將軍，隨馬援征伐。光武帝建武十八年（42），隨馬援南擊交阯，軍至合浦而病卒。

[5]【今注】蒼梧：郡名。西漢武帝元鼎六年（前111）置。兩漢均治廣信縣（今廣西梧州市長洲區）。

肅宗元和元年，[1]日南徼外蠻夷究不事人[2]邑豪獻生犀、白雉。和帝永元十二年夏四月，日南象林蠻夷二千餘人寇掠百姓，[3]燔燒官寺，郡縣發兵討擊，斬其渠帥，餘衆乃降。於是置象林將兵長史，[4]以防其患。安帝永初元年，[5]九真徼外夜郎蠻夷舉土内屬，開境千八百四十里。元初二年，蒼梧蠻夷反叛，明年，遂招誘鬱林、合浦蠻漢數千人攻蒼梧郡。[6]鄧太后遣侍御史任逴[7]奉詔赦之，賊皆降散。延光元年，[8]九真徼外蠻貢獻内屬。三年，日南徼外蠻復來内屬。順帝永建六年，[9]日南徼外葉調王便遣使貢獻，帝賜調便金印紫綬。[10]

[1]【今注】元和：東漢章帝劉炟年號（84—87）。

[2]【李賢注】究不事人，蠻夷别號也。

[3]【今注】象林：縣名。治所在今越南廣南省維川縣一帶。

［4］【今注】將兵長史：官名。漢制，將軍幕府設長史和司馬，爲高級屬員，有時也可獨當一面，領兵作戰。將兵長史即爲獨當一面之長史。長史，官名。秦置。漢制，丞相、太尉、公及將軍府屬吏均有長史。另邊陲郡守亦置長史，掌兵馬，秩六百石。

［5］【今注】永初：東漢安帝劉祜年號（107—113）。

［6］【今注】鬱林：郡名。西漢武帝元鼎六年（前111）置。兩漢均治布山縣（今廣西桂平市西）。

［7］【李賢注】逴音卓（大德本、殿本無"逴"字）。【今注】鄧太后：東漢和帝之后，名綏。東漢太傅鄧禹孫女。和帝死後，被尊爲皇太后。紀見本書卷一〇上。　侍御史：官名。周有柱下史。秦漢改稱侍御史，爲御史大夫屬官，秩六百石。其中十五人由御史中丞領録，給事殿中，職掌監察、檢舉非法或奉使出外執行指定任務。

［8］【今注】延光：東漢安帝劉祜年號（122—125）。

［9］【今注】永建：東漢順帝劉保年號（126—132）。

［10］【今注】案，大德本無"調"字。

永和二年，日南象林徼外蠻夷區憐等數千人攻象林縣，燒城寺，殺長史。交阯刺史樊演發交阯、九真二郡兵萬餘人救之。兵士憚遠役，遂反，攻其府。二郡雖擊破反者，而賊埶轉盛。[1]會侍御史賈昌使在日南，即與州郡并力討之，不利，遂爲所攻。圍歲餘而兵穀不繼，帝以爲憂。明年，召公卿百官及四府掾屬，問其方略，皆議遣大將，發荊、楊、兖、豫四萬人赴之。[2]大將軍從事中郎李固駮曰：[3]"若荊、楊無事，發之可也。今二州盜賊槃結不散，武陵、南郡蠻夷未輯，長沙、桂陽數被徵發，如復擾動，必更生患。[4]其不可一也。又兖、豫之人卒被徵發，遠赴萬里，無有還期，詔書迫促，必致叛亡。其不可二也。南州水土温暑，加有瘴氣，致死亡者十必四五。其不可三也。遠涉萬里，士卒疲勞，比至領南，不復堪鬭。其不可四也。軍行三十里爲程，而去日南九千餘里，三百日乃到，計人稟五升，[5]用米六十萬斛，[6]不計將吏驢馬之食，但負甲自致，費便若此。其不可五也。設軍到所在，死亡必衆，既不足禦敵，當復更發，此爲刻割心腹以補四支。其不可六也。九真、日南相去千里，發其吏民，猶尚不堪，何況乃苦四州之卒，以赴萬里之艱哉！其不可七也。前中郎將尹就討益州叛羌，[7]益州諺曰：'虜來尚可，尹來殺我。'[8]後就徵還，以兵付刺史張喬。[9]喬因其將吏，旬月之間，破殄寇虜。此發將無益之效，州郡可任之驗也。宜更選有勇略仁惠任將帥者，以爲刺史、太守，悉使共住交阯。今日南兵單無穀，守既不足，戰又不能。可一切徙其吏民北依交阯，事静之後，乃命歸本。還募蠻夷，使自相攻，轉輸金帛，以爲其資。有能反閒致頭首者，許以封侯列土之賞。故并州刺史長沙祝良，[10]性多勇決，又南陽張喬，[11]前在益州有破虜之功，皆可任用。昔太宗就加魏尚爲雲中守，[12]哀帝即拜龔舍爲太山太守。[13]宜即拜良等，便道之官。"[14]四府悉從固議，即拜祝良爲九真太守，張喬爲交阯刺史。喬至，開示慰誘，並皆降散。良到九真，單車入賊中，設方略，招以威信，降者數萬人，皆爲良築起府寺。由是領外復平。[15]

［1］【今注】案，埶，殿本作“勢”。

［2］【今注】案，楊，殿本作“揚”，本段下同。　兗：兗州。西漢武帝時所置十三刺史部之一，下轄陳留、東郡、東平、任城、泰山、濟北、山陽、濟陰八郡。　豫：豫州。西漢武帝時所置十三刺史部之一，下轄潁川、汝南二郡及梁、沛、陳、魯四諸侯國。

［3］【今注】大將軍從事中郎：大將軍屬官。員額兩名，秩六百石。一般由大將軍推薦，皇帝任免。和長史皆爲大將軍屬下高級文職，但級别秩級低於長史。掌建言獻策，參與議政。遇皇帝召集四府掾屬議事時，則參與朝議。雖是大將軍府屬官，亦是入朝爲官的重要途徑。（參見周倩倩《兩漢大將軍幕府部分文職類屬官考察》，《通化師範學院學報》2017年第7期）大將軍，武官名。西漢武帝起領尚書事，爲中朝官領袖，地位因人而異，與三公相上下。東漢時位比三公，多授予貴戚，常兼録尚書事，與太傅、太尉等共同主持政務，秩萬石。

［4］【今注】案，必，紹興本作“心”。

［5］【李賢注】古升小，故曰五升也。

［6］【今注】斛：容量單位，合十斗。西漢時官方標準容量單位爲“桶（甬）”，王莽改爲“斛”，東漢承之。

［7］【今注】尹就：東漢將領。安帝時爲中郎將。元初二年（115），先零羌攻益州，尹就討伐，連年不克。　益州：西漢武帝時所置十三刺史部之一，下轄漢中、巴郡、廣漢、蜀郡、犍爲、牂牁、越巂、益州、永昌九郡。

［8］【今注】案，《漢書》卷九九下《王莽傳下》載民謡云：“寧逢赤眉，不逢太師！太師尚可，更始殺我！”與此類。

［9］【今注】張喬：東漢大臣。安帝時以益州刺史就軍屯，多次招降、擊敗諸羌。順帝時，任交阯刺史，安撫交阯蠻夷。復以執金吾行車騎將軍事，率兵五萬屯三輔，禦衆羌。後羌兵降散，乃罷車騎將軍職。

［10］【今注】并州：西漢武帝時所置十三刺史部之一。因東

漢將朔方州併入并州，故其所轄郡數遠較西漢爲多。下轄上黨、太原、上郡、西河、五原、雲中、雁門、朔方、北地、代郡。　祝良：字邵卿，長沙臨湘（今湖南長沙市）人。東漢官吏。順帝初爲洛陽令，率吏卒入太尉龐參府，案實參夫人殺前妻子一事。參因之策免，良亦繫詔獄，因洛陽吏民之請而免罪。後任涼、并二州刺史。順帝永和三年（138），任九真太守，撫慰當地民族，嶺外乃平。

［11］【今注】南陽：郡名。兩漢皆治宛縣（今河南南陽市卧龍區）。

［12］【李賢注】《前書》曰，槐里人魏尚爲雲中守，以斬首捕虜上功不實免。馮唐言之於文帝，帝令唐持節赦尚，復以爲雲中守。【今注】太宗：西漢文帝劉恒，公元前180年至前157年在位。廟號太宗，謚號孝文。紀見《史記》卷一〇、《漢書》卷四。　魏尚：事迹見《漢書》卷五〇《馮唐傳》。　雲中：郡名。治雲中縣（今内蒙古托克托縣東北）。

［13］【李賢注】《前書》曰，舍字君倩。初徵爲諫大夫（大德本“諫”後有“議”字），病免；復徵爲博士，又病去。頃之，哀帝遣使即楚拜舍爲太山太守也（殿本無“也”字）。【今注】哀帝：西漢哀帝劉欣，公元前7年至前1年在位。紀見《漢書》卷一一。　龔舍：字君倩。傳見《漢書》卷七二。　太山：又作“泰山”，郡名。治奉高縣（今山東泰安市東）。

［14］【今注】案，便，大德本誤作“使”。

［15］【今注】案，領，紹興本、大德本、殿本作“嶺”。

建康元年，[1]日南蠻夷千餘人復攻燒縣邑，遂扇動九真，與相連結。交阯刺史九江夏方開恩招誘，賊皆降服。時梁太后臨朝，美方之功，遷爲桂陽太守。桓帝永壽三年，居風令貪暴無度，[2]縣人朱達等及蠻夷相聚，攻殺縣令，衆至四五千人，進攻九真，九真太守兒式戰死。[3]詔賜錢六十萬，拜子二人爲郎。遣九真都尉魏朗討破之，斬首二千級，渠帥猶屯據日南，[4]衆轉彊盛。延熹三年，詔復拜夏方爲交阯刺史。方威惠素著，日南宿賊聞之，二萬餘人相率詣方降。[5]靈帝建寧三年，[6]鬱林太守谷永以恩信招降烏滸人十餘萬内屬，皆受冠帶，開置七縣。熹平二年冬十二月，[7]日南徼外國重譯貢獻。光和元年，[8]交阯、合浦烏滸蠻反叛，招誘九真、日南，合數萬人，攻没郡縣。四年，刺史朱儁擊破之。六年，日南徼外國復來貢獻。

[1]【今注】建康：東漢順帝劉保年號（144）。

[2]【今注】居風：縣名。屬九真郡。西漢置，兩漢治所皆在今越南清化省清化北馬江南岸。

[3]【李賢注】兒音五兮反。

[4]【今注】案，大德本無“猶”字。

[5]【今注】案，二，大德本作“一”。

[6]【今注】建寧：東漢靈帝劉宏年號（168—172）。

[7]【今注】熹平：東漢靈帝劉宏年號（172—178）。

[8]【今注】光和：東漢靈帝劉宏年號（178—184）

巴郡南郡蠻，[1]本有五姓：巴氏、樊氏、瞫氏、[2]相氏、鄭氏。皆出於武落鍾離山。[3]其山有赤黑二穴，巴氏之子生於赤穴，四姓之子皆生黑穴。未有君長，俱事鬼神，乃共擲劍於石穴，約能中者，奉以爲君。巴氏子務相乃獨中之，衆皆歎。又令各乘土船，約能浮者，當以爲君。餘姓悉沈，唯務相獨浮。因共立之，是爲廩君。乃乘土船，從夷水至鹽陽。[4]鹽水有神女，謂廩君曰："此地廣大，魚鹽所出，願留共居。"廩君不許。鹽神暮輒來取宿，旦即化爲蟲，與諸蟲群飛，掩蔽日光，天地晦冥。積十餘日，廩君思其便，因射殺之，天乃開明。[5]廩君於是君乎夷城，[6]四姓皆臣之。廩君死，魂魄世爲白虎。巴氏以虎飲人血，遂以人祠焉。

[1]【今注】巴郡：兩漢皆治江州縣（今重慶市北）。

[2]【李賢注】音審。【今注】案，瞫，大德本作"曋"。

[3]【李賢注】《代本》曰"廩君之先，故出巫誕"也。【今注】武落鍾離山：山名。一名難留城山。一名龍角山。在今湖北長陽縣西北。

[4]【李賢注】《荆州圖》曰："副夷縣西有温泉。古老相傳，此泉元出鹽（元，殿本作'原'），于今水有鹽氣。縣西一獨山有石穴，有二大石並立穴中，相去可一丈，俗名爲陰陽石。陰石常濕，陽石常燥。"盛弘之《荆州記》曰："昔廩君浮夷水，射鹽神于陽石之上。案今施州清江縣水一名鹽水，源出清江縣西都亭山。"《水經》云："夷水巴郡魚復縣。"注云："水色清，照十丈，分沙石。蜀人見澄清，因名清江也。"【今注】鹽陽：地名。約在今湖北清江以北，宜昌以西至四川大寧河之間。

[5]【李賢注】《代本》曰"廩君使人操青縷以遺鹽神，曰：'嬰此即相宜，云與女俱生，宜將去（去，紹興本誤作"云"）。'鹽神受縷而嬰之，廩君即立陽石上，應青縷而射之，中鹽神，鹽神死，天乃大開"也。

[6]【李賢注】此已上並見《代本》也。【今注】夷城：城邑

名。即今湖北宜都縣城。古爲巴族或蠻族數大支之一的廩君所都。西漢置爲夷道縣，東漢同。

及秦惠王并巴中，[1]以巴氏爲蠻夷君長，世尚秦女，其民爵比不更，[2]有罪得以爵除。其君長歲出賦二千一十六錢，三歲一出義賦千八百錢。其民户出幏布八丈二尺，雞羽三十鍭。[3]漢興，南郡太守靳彊請一依秦時故事。[4]

［1］【今注】秦惠王：即秦惠文王。戰國時期秦國國君，秦孝公子。公元前337年至前311年在位。在位期間吞併巴蜀，擊敗楚懷王。事見《史記》卷五《秦本紀》。　巴中：地區名。泛指東漢巴蜀中部地區。即今四川東部一帶。

［2］【今注】不更：秦行軍功爵制，漢承之。其爵共計二十等，不更爲第四等。

［3］【李賢注】《説文》："幏，南郡蠻夷布也（大德本、殿本無'郡'字）。"音公亞反。《毛詩》："四鍭既均。"《儀禮》："矢鍭一乘。"鄭玄曰（大德本、殿本"曰"前有"注"字）："鍭猶候也，候物而射之也。"三十鍭，一百四十九。俗本"幏"作"蒙"，"鍭"作"鏃"者，並誤也。【今注】幏（jià）布：西南少數民族所織布名。　鍭：箭名。《爾雅・釋器》云："金鏃剪羽謂之鍭。"

［4］【今注】南郡：治江陵縣（今湖北荆州市荆州城西北）。

至建武二十三年，南郡潳山蠻雷遷等始反叛，[1]寇掠百姓，遣武威將軍劉尚將萬餘人討破之，徙其種人七千餘口置江夏界中，[2]今沔中蠻是也。[3]和帝永元十三年，巫蠻許聖等[4]以郡收税不均，懷怨恨，遂屯聚反叛。明年夏，遣使者督荆州諸郡兵萬餘人討之。聖等依憑岨隘，[5]久不破。諸軍乃分道並進，或自巴郡、魚復數路攻之，[6]蠻乃散走，斬其渠帥，[7]乘勝追之，大破聖等。聖等乞降，復悉徙置江夏。靈帝建寧二年，江夏蠻叛，州郡討平之。光和三年，江夏蠻復反，與廬江賊黄穰相連結，[8]十餘萬人，攻没四縣，寇患累年。廬江太守陸康討破之，餘悉降散。

[1]【李賢注】滑音屠。

[2]【今注】江夏：郡名。西漢時治安陸縣（今湖北雲夢縣），東漢時治西陵縣（今湖北武漢市新洲區西）。

[3]【今注】沔中蠻：部族名。爲廩君蠻的分支。因聚居於古沔水（今漢水）流域中、上游一帶，故名。

[4]【李賢注】巫，縣，屬南郡。

[5]【今注】案，岨，殿本作“阻”。

[6]【今注】魚復：縣名。治所在今重慶奉節縣東白帝城。春秋時爲庸國魚邑，西漢置縣，東漢建安後爲巴郡治所。

[7]【今注】案，其，殿本作“共”。

[8]【今注】廬江：郡名。治舒縣（今安徽廬江縣西南）。楚漢之際分秦九江郡置。　案，穰，大德本作“攘”。

板楯蠻夷者，秦昭襄王時有一白虎，常從群虎數遊秦、蜀、巴、漢之境，傷害千餘人。昭王乃重募國中有能殺虎者，賞邑萬家，金百鎰。時有巴郡閬中夷人，能作白竹之弩，乃登樓射殺白虎。[1]昭王嘉之，而以其夷人，不欲加封，乃刻石盟要，復夷人頃田不租，十妻不筭，[2]傷人者論，殺人得以倓錢贖死。[3]盟曰："秦犯夷，輸黄龍一雙；夷犯秦，輸清酒一鍾。"夷人安之。

[1]【李賢注】《華陽國志》曰"巴夷廖仲等射殺之"也。

[2]【李賢注】優寵之，故一户免其一頃田之税，雖有十妻，不輸口筭之錢。復音福。【今注】筭：同"算"。本爲賦税計算單位，《漢書》卷一上《高帝紀上》如淳注指出，"人百二十（錢）爲一算"。秦漢人頭税名爲"口算"。此句意爲，雖有十個妻子，亦不需繳納人頭税。

[3]【李賢注】何承天《纂文》曰："倓，蠻夷贖罪貨也。"音徒濫反。【今注】案，殿本"殺人"後有"者"字。

至高祖爲漢王，[1]發夷人還伐三秦。[2]秦地既定，乃遣還巴中，復其渠帥羅、朴、督、鄂、度、夕、龔七姓，不輸租賦，餘户乃歲入賨錢，[3]口四十。世號爲板楯蠻夷。閬中有渝水，[4]其人多居水左右。天性勁勇，初爲漢前鋒，數陷陳。俗喜歌舞，[5]高祖觀之，曰："此武王伐紂之歌也。"[6]乃命樂人習之，所謂巴渝舞也。遂世世服從。

[1]【今注】高祖：西漢高祖劉邦，公元前206年至前195年在位。紀見《史記》卷八、《漢書》卷一。

[2]【今注】還伐三秦：劉邦攻入關中滅秦後，受項羽率諸侯所逼，被迫至漢中，受封漢王，統治巴、蜀、漢中。項羽與諸侯退兵後，劉邦復攻入關中。三秦，秦亡後，項羽封章邯爲雍王（都廢丘，在今陝西興平市東南），司馬欣爲塞王（都櫟陽，在今陝西西

安市閻良區），董翳爲翟王（都高奴，在今陝西延安市東北）。三王封地均在秦國故地，故稱三秦。

［3］【今注】賨錢：秦漢時湖南、四川等地巴人稱賨人。賨人作爲賦税所繳納之錢爲“賨錢”。

［4］【今注】閬中：縣名。治所在今四川閬中市。　渝水：亦稱宕渠水。即今四川南江及其下游渠江。此外，因今合川以下一段嘉陵江與渠江合流，古時亦統稱渝水、宕渠水。

［5］【李賢注】喜音虚記反。

［6］【今注】案，《太平御覽》引《尚書大傳》，稱武王伐紂時“前歌後舞”。有學者認爲，這即是武王軍中少數民族部隊臨敵的方式（參見汪寧生《釋“武王伐紂前歌後舞”》，《歷史研究》1981年第4期）。

至于中興，郡守常率以征伐。桓帝之世，板楯數反，太守蜀郡趙温以恩信降服之。靈帝光和三年，巴郡板楯復叛，寇掠三蜀及漢中諸郡。[1]靈帝遣御史中丞蕭瑗督益州兵討之，[2]連年不能尅。帝欲大發兵，乃問益州計吏，[3]考以征討方略。漢中上計程包對曰：[4]“板楯七姓，射殺白虎立功，先世復爲義人。其人勇猛，善於兵戰。昔永初中，羌入漢川，郡縣破壞，得板楯救之，羌死敗殆盡，故號爲神兵。羌人畏忌，傳語種輩，勿復南行。至建和二年，[5]羌復大入，實賴板楯連摧破之。前車騎將軍馮緄南征武陵，雖受丹陽精兵之鋭，[6]亦倚板楯以成其功。近益州郡亂，太守李顒亦以板楯討而平之。忠功如此，本無惡心。長吏鄉亭更賦至重，[7]僕役箠楚，過於奴虜，亦有嫁妻賣子，或乃至自頸割。雖陳冤州郡，而牧守不爲通理。[8]闕庭悠遠，不能自聞。含怨呼天，叩心窮谷。愁苦賦役，困罹酷刑。故邑落相聚，以致叛戾。非有謀主僭號，以圖不軌。今但選明能牧守，自然安集，不煩征伐也。”帝從其言，遣太守曹謙宣詔赦之，即皆降服。[9]至中平五年，巴郡黄巾賊起，[10]板楯蠻夷因此復叛，寇掠城邑，遣西園上軍别部司馬趙瑾討平之。[11]

[1]【今注】三蜀：地區名。蜀地三郡的合稱。西漢初分秦蜀郡置廣漢郡，武帝又分置犍爲郡，合稱三蜀。其地相當於今四川中部、貴州北部赤水河流域及雲南金沙江下游以東和會澤以北的地區。　漢中：郡名。秦及西漢初年治南鄭縣（今陝西漢中市），後遷治西城縣（今陝西安康市西），東漢時復治南鄭縣。

[2]【今注】御史中丞：官名。秦始置，漢因之，爲御史大夫屬官。秩千石。在殿中蘭臺掌圖籍秘書，外督部刺史，内領侍御史，受公卿奏事，舉劾按掌。東漢時，由於御史大夫已爲大司空，御史中丞或爲御史御史臺長官。

[3]【今注】計吏：官名。或稱“上計吏”“上計掾”，爲郡國守相的高級屬吏之一。他們參與本地官吏的考課，按期把本地户口、田地、錢糧、治安等情況載入上計簿，到京師彙報，以憑考核。並代表地方參與朝會等大典，備詢政績民情風俗等事，同時還擔任將中央政令詔敕傳達至地方的任務，是聯繫地方與中央的重要吏員。任職者由郡國守相自行選任。

[4]【今注】上計：即“上計掾”。參見上面“計吏”條。

[5]【今注】建和：東漢桓帝劉志年號（147—149）。

[6]【李賢注】《史記》曰，周成王封楚熊繹，始居丹陽。今歸州秭歸縣東南故城是也。至楚文王，始自丹陽遷於郢。《續漢志》云南郡枝江縣有丹陽聚也。

[7]【今注】長吏：此處泛指郡縣長官。　鄉亭：漢制，縣以

下行政區劃，有里、鄉、亭。此指本鄉地方官。　更賦：秦漢時所徵一種以錢代更役的賦稅。男子年二十三至五十六，規定輪番戍邊服兵役，稱爲更。不能行者得出錢入官，雇役以代，稱更賦。

[8]【今注】牧：一州的最高行政長官。由刺史演變而來。參見前文“刺史”條。

[9]【今注】案，服，大德本作“伏”。

[10]【今注】案，大德本“郡”前有“州”字。

[11]【今注】西園上軍：東漢靈帝時，增置禁軍八校尉，被稱爲西園八校尉。其中之一爲上軍校尉，由蹇碩率領。　別部司馬：官名。漢制，大將軍屬官有校尉、司馬。其中别領營兵不歸部校尉者，稱别部司馬。

西南夷者，在蜀郡徼外。[1]有夜郎國，[2]東接交阯，西有滇國，[3]北有邛都國，[4]各立君長。其人皆椎結左衽，[5]邑聚而居，能耕田。其外又有巂、昆明諸落，西極同師，東北至葉榆，[6]地方數千里。無君長，辮髮，隨畜遷徙無常。自巂東北有莋都國，[7]東北有冉駹國，[8]或土著，或隨畜遷徙。自冉駹東北有白馬國，[9]氐種是也。[10]此三國亦有君長。

[1]【今注】蜀郡：治成都縣（今四川成都市）。　徼（jiào）：邊境關隘。一般北方稱“塞”，南方稱“徼”。

[2]【今注】夜郎國：古西南少數民族建立的一個政權。其族屬總體上歸於百越系統，屬於百越系統中的獠人，爲後世壯語支少數民族之祖先（參見方國瑜《中國西南歷史地理考釋》上册，中華書局1987年版）。西漢以前，夜郎國名無文獻可考。《華陽國志·南中志》載：“將軍蹻泝沅水，出且蘭（今貴州福泉市），以伐

夜郎。”一般認爲，夜郎國大約興起於戰國。至西漢成帝時，夜郎王興同脅迫周邊二十二邑反叛漢廷，爲漢朝牂柯太守陳立所殺，夜郎遂滅。聚族立國至成帝河平二年（前 27）爲漢所滅，存續三四百年之久。關於夜郎國都的故地，現有多説，一爲貴州長順縣廣順鎮説，依據本書卷八六《西南夷傳》記述，其主要分布在今貴州西部、北部及雲南東北部、廣西西北部，中心在貴州安順市一帶。一爲湖南懷化沅陵，依據 2000 年發掘的巨型墓葬群。一爲貴州畢節赫章可樂説，依據古彝族文獻。（參見侯紹莊、鍾莉《夜郎研究述評》，貴州人民出版社 2003 年版）

［3］【今注】滇國：在今雲南東部滇池附近地區。1956 年，雲南晉寧石寨 6 號墓發現漢賜金印，2.4 釐米見方，通高 1.8 釐米，蛇鈕，銘文爲“滇王之印”四字，篆體，陰刻（參見王仲殊《説滇王之印與漢委奴國王印》，《考古》1959 年第 10 期；李昆聲《“滇王之印”與“漢委奴國王”印之比較研究》，《思想戰綫》1986 年第 3 期）。

［4］【今注】邛都：西南古族名。本書《西南夷傳》稱爲“邛都夷”。主要分布在今四川涼山州，西昌市邛海一帶爲其中心，屬濮越系族群。

［5］【今注】椎結：一作“魋結”，又作“椎髻”。束髮成單髻，形狀似椎（槌），故名。雲南晉寧石寨山西漢滇人墓出土的銅器人物紋飾中，男子髮髻梳於頭頂，用巾或帶子繫扎，當爲文獻中所謂“椎髻”形象。秦漢時期少數民族如西南的夜郎、滇、邛都，嶺南的越人，北方的匈奴，普遍采用“椎髻”髮式，故“椎髻”常被視爲少數民族的特有習俗。然而此種髮式並非少數民族獨有，漢代中原地區下層民衆亦多梳椎髻。“椎髻”常被視爲少數民族特有習俗的原因，不在於其髮式多麽獨特，而在於這種髮式不著冠、巾。因而，把戴冠著巾視爲禮儀重要標志的中原人對“椎髻”頗有歧視，視之爲野蠻。（參見彭衛、楊振紅《中國風俗通史·秦漢卷》，上海文藝出版社 2002 年版，第 145 頁） 左衽：穿前襟向左

的衣服。

［6］【李賢注】葉榆，縣，屬益州郡。“葉”或作“楪”（楪，大德本作“蝶”，殿本作“楪”）。臣賢案《前書》曰：“西自同師以東（自，大德本作‘曰’），北至葉榆，名爲巂、昆明。”今流俗諸本並作“布舊昆明”，蓋“巂”字誤分爲“布舊”也。【今注】巂（xī）：“巂唐”的省稱。古族名。又稱“斯榆”。巂唐爲西南古族，戰國秦漢時期活動在今雲南瀾滄江、怒江兩岸自保山市以北的廣闊地區，東接昆明，東北近越巂。漢代主要分布在今雲南保山縣東部、東北部和瀾滄江西部雲龍縣境。與昆明同屬氐羌系，屬藏緬語族群。西漢置巂唐縣，屬益州郡，兩漢治所皆在今雲南保山市與雲龍、永平縣交界處一帶。今雲南昌寧縣墳嶺崗墓地、昌寧縣城近郊達丙鄉和右文鄉等地考古發掘、徵集到的青銅器，明顯有別於西南其他地區的青銅器，是巂人青銅文化的代表（參見段渝《西南酋邦社會與中國早期文明》，商務印書館 2015 年版，第 224 頁）。有學者認爲，巂爲南遷的蜀人（參見石碩《漢代西南夷中“巂”之族群内涵——兼論蜀人南遷以及與西南夷的融合》，《民族研究》2009 年第 6 期）。　昆明：西南古族名。戰國秦漢時期活動在以今雲南大理洱海爲中心的廣袤地區，以游牧爲主業。與巂唐同屬氐羌系，屬藏緬語族群。雲南劍川縣海門口遺址是昆明最具代表性的青銅文化遺址。　案，落，大德本作“洛”。　葉榆：本爲湖泊名，即今之洱海。西漢武帝時置葉榆縣，治所在今雲南大理市西北。案，《史記》卷一一六《西南夷列傳》作“楪榆”。《秦漢魏晉南北朝官印徵存》有“楪榆長印”“楪榆右尉”。

［7］【今注】莋（zuó）都：西南古族名。屬氐羌系。西漢武帝元光年間於其地置莋都縣（今四川漢源縣），爲沈黎郡郡治所在。

［8］【今注】冉駹（máng）：西南古族名。屬羌氐族系。居處於今四川阿垻藏族羌族自治州境内。武帝元鼎六年（前 111）於其地置汶山郡，郡治汶江道（今四川茂縣北）。

［9］【今注】白馬：古族名。先秦時分布於今四川綿陽市北部與甘肅隴南市區之間的白龍江流域，稱白馬氐。戰國後期原活動於河湟地區的西羌分支南徙進入其地，因以白馬爲號，即所謂“白馬羌”或“廣漢羌”。

［10］【今注】氐：古族名。殷、周時期活動於今陝西、甘肅、四川一帶。漢代活動於今陝西西南、四川北部、甘肅南部一帶，以畜牧及農耕爲業。或以爲與羌同源異流，或以爲逕爲二族。

夜郎者，初有女子浣於遯水，有三節大竹流入足間，聞其中有號聲，剖竹視之，得一男兒，歸而養之。及長，有才武，自立爲夜郎侯，以竹爲姓。[1]武帝元鼎六年，平南夷，爲牂柯郡，[2]夜郎侯迎降，天子賜其王印綬。後遂殺之。夷獠咸以竹王非血氣所生，甚重之，求爲立後。牂柯太守吴霸以聞，天子乃封其三子爲侯。死，配食其父。今夜郎縣有竹王三郎神是也。[3]

［1］【李賢注】見《華陽國志》。

［2］【今注】牂柯：郡名。治故且蘭縣（今貴州福泉市一帶）。傳世漢印有“故且蘭徒丞”（參見應强《漢印“故且蘭徒丞”與福泉》，《貴州文史叢刊》1992年第4期）。

［3］【李賢注】《前書·地理志》曰：“夜郎縣有遯水，東至廣鬱。”《華陽國志》云：“遯水通鬱林，有三郎祠，皆有靈響。”又云：“竹王所捐破竹於野，成竹林，今王祠竹林是也（大德本‘祠’後有‘成’字）。王嘗從人止大石上，命作羹，從者白無水，王以劍擊石出水，今竹王水是也。”

初，楚傾襄王時，[1]遣將莊豪從沅水伐夜郎，[2]軍至且蘭,[3]椓船於岸而步戰。既滅夜郎，因留王滇池。以且蘭有椓船牂柯處,[4]乃改其名爲牂柯。[5]牂柯地多雨潦，俗好巫鬼禁忌，寡畜生，又無蠶桑，故其郡最貧。句町縣有桄桹木，可以爲麪，百姓資之。[6]公孫述時,[7]大姓龍、傅、尹、董氏，與郡功曹謝暹保境爲漢,[8]乃遣使從番禺江奉貢。[9]光武嘉之，並加褒賞。桓帝時，郡人尹珍自以生於荒裔，不知禮義，乃從汝南許慎、應奉受經書圖緯,[10]學成，還鄉里教授，於是南域始有學焉。珍官至荆州刺史。[11]

［1］【今注】楚傾襄王：殿本作“楚頃襄王”。即戰國時期楚國國君熊横。公元前 298 年至前 263 年在位。公元前 278 年，楚都郢爲秦軍所破，被迫遷都於陳。

［2］【今注】莊豪：一般認爲即莊蹻（jué）。戰國後期楚國將領。奉楚頃襄王（一説爲楚威王）之命率軍遠征，進至雲南滇池一帶，自立爲王，依當地風俗施行統治。一説莊蹻本爲楚之大盜，曾在楚頃襄王時率衆暴動，並無入滇之事（詳見蒙文通《莊蹻王滇辨》,《四川大學學報》1963 年第 1 期）。亦有觀點認爲莊豪與莊蹻非一人（參見周宏偉《莊蹻入滇與莊豪入滇非一事辨》,《西南大學學報》2009 年第 1 期）。

［3］【今注】且蘭：國名。先秦、漢初西南古國之一。西漢武帝時滅其國，並於此置故且蘭縣。晉改曰且蘭。治所在今貴州福泉縣境。

［4］【今注】案，紹興本無“有”字。

［5］【李賢注】《異物志》曰：“牂柯，繫船杙也。”

［6］【李賢注】《臨海異物志》曰：“桄桹木外皮有毛，似栟櫚而散生。其木剛，作鋘鋤利如鐵，中石更利，唯中焦根乃致敗

耳（焦，殿本作‘蕉’）。皮中有似檮稻米片（檮，殿本作‘擣’），又似麥麪，中作餅餌。”《廣志》曰“桄榔樹大四五圍，長五六丈，洪直，旁無枝條，其顛生葉不過數十，似椶葉，破其木肌堅難傷，入數寸得麪，赤黄密緻，可食”也。【今注】案，木，大德本誤作“本”。

［7］【今注】公孫述：字子陽，扶風茂陵（今陝西興平市東北）人。兩漢之際軍閥。傳見本書卷一三。

［8］【今注】功曹：官名。漢代郡守、縣令下有功曹史，簡稱功曹。掌人事，並得與聞一郡、縣的政務。

［9］【李賢注】《南越志》曰：“番禺縣之西，有江浦焉。”【今注】番禺江：或爲“牂柯江”之訛。牂柯江在今貴州和廣西，即今北盤江、紅水河。

［10］【今注】許慎：字叔重，汝南召陵（今河南漯河市召陵區）人。東漢經學家、文字學家。師事賈逵。博通經籍，著有《説文解字》，爲後世研究古文字的基礎書籍。傳見本書卷七九下。圖緯：圖，指《河圖》。《易經·繫辭上》云“河出圖，洛出書，聖人則之”。傳説伏羲時，有龍馬負河圖從黄河出，有神龜負洛書從洛水出。伏羲依之作八卦。實當爲漢代讖緯學者附會雜撰而成。緯，漢代儒生用神異内容解釋儒家諸經的緯書。

［11］【李賢注】《華陽國志》曰：“尹珍字道真，毋斂縣人也。”

滇王者，莊蹻之後也。元封二年，[1]武帝平之，以其地爲益州郡，[2]割牂柯、越嶲各數縣配之。[3]後數年，復并昆明地，皆以屬之此郡。有池，周回二百餘里，水源深廣，而末更淺狹，[4]有似倒流，故謂之滇池。[5]河土平敞，多出鸚鵡、孔雀，有鹽池田漁之饒，金銀畜産之富。人俗豪忲。[6]居官者皆富及累世。[7]

[1]【今注】元封：西漢武帝劉徹年號（前110—前105）。

[2]【今注】益州郡：兩漢皆治滇池（今雲南昆明市晉寧區）。

[3]【今注】越巂：郡名。兩漢皆治邛都縣（今四川西昌市東南）。

[4]【今注】案，末，大德本誤作“宋”。

[5]【今注】滇池：湖泊名。即今雲南昆明市滇池。

[6]【李賢注】忲，奢侈也。

[7]【今注】案，及，大德本誤作“反”。

及王莽政亂，益州郡夷棟蠶、若豆等起兵殺郡守，越巂姑復夷人大牟亦皆叛，[1]殺略吏人。[2]莽遣寧始將軍廉丹，[3]發巴蜀吏人及轉兵穀卒徒十餘萬擊之。吏士飢疫，連年不能剋而還。以廣漢文齊爲太守，[4]造起陂池，[5]開通溉灌，墾田二千餘頃。率厲兵馬，修障塞，降集群夷，甚得其和。及公孫述據益土，齊固守拒險，述拘其妻子，許以封侯，齊遂不降。聞光武即位，乃間道遣使自聞。蜀平，徵爲鎮遠將軍，封成義侯。[6]於道卒，詔爲起祠堂，郡人立廟祀之。

[1]【今注】姑復夷：部族名。西南夷的一支。因聚居在姑復縣一帶，故名。姑復，縣名。治所在今雲南永勝縣境。西漢置。東漢同。

[2]【今注】案，大德本無“人”字。

[3]【今注】寧始將軍：新莽時將軍名號。案，始，紹興本作“姑”。　廉丹：新莽官員。始爲中郎將，甚得王莽親信，聘爲太子“四友”之一。後爲南城將軍。天鳳二年（15）遷爲寧始將軍，次年率軍討伐西南夷之亂，最終無功而返。地皇三年（22）以右大司

馬、更始將軍、平均侯身份率軍鎮壓赤眉軍，兵敗身死。

[4]【今注】廣漢：郡名。西漢初治雒縣（今四川廣漢市北），後治梓潼縣（今四川梓潼縣）。東漢初治乘鄉縣（今四川金堂縣東），安帝時移至涪縣（今四川綿陽市東北），後復還至雒縣。

[5]【今注】陂（bēi）池：蓄水的池塘。

[6]【李賢注】取其嘉名。

建武十八年，[1]夷渠帥棟蠶與姑復、楪榆、梇棟、連然、滇池、建伶、昆明諸種反叛，殺長吏。[2]益州太守繁勝與戰而敗，退保朱提。[3]十九年，遣武威將軍劉尚等發廣漢、犍爲、蜀郡人及朱提夷，[4]合萬三千人擊之。尚軍遂度瀘水，入益州界。[5]群夷聞大兵至，皆弃壘奔走，尚獲其羸弱、穀畜。二十年，進兵與棟蠶等連戰數月，皆破之。明年正月，追至不韋，[6]斬棟蠶帥，凡首虜七千餘人，得生口五千七百人，馬三千疋，[7]牛羊三萬餘頭，諸夷悉平。

[1]【今注】案，十八，大德本誤作“八”。

[2]【李賢注】姑復，縣，屬越巂郡，餘六縣並屬益州郡也。【今注】案，楪，殿本作“楪”。　梇棟：部族名。西南夷的一支。或是因聚居在梇棟縣一帶，故名。梇棟縣，屬益州。西漢置，治所在今雲南姚安縣北。東漢同。　連然：部族名。秦漢時西南夷的一支，因聚居在連然縣附近，故名。連然縣，西漢置，屬益州郡。治所在今雲南安寧市。東漢同。　建伶：部族名。秦漢時西南夷的一支，因聚居在建伶縣附近，故名。建伶縣，西漢置，治所在今雲南昆明市晉寧區南。東漢同。

[3]【李賢注】縣，屬犍爲郡。朱音殊。提音匙。【今注】朱

提：縣名。治所在今雲南昭通縣治城。

［4］【今注】犍爲：郡名。西漢武帝建元六年（前 135）置，郡治屢遷。初治鱉縣（今貴州遵義市西）、元光五年（前 130）移治廣南縣（今四川筠連縣）、昭帝時移治僰道縣（今四川宜賓市西南），新朝及東漢初年承之。安帝永初元年（107）郡治北遷至武陽縣（今四川眉山市彭山區東）。

［5］【李賢注】瀘水一名若水，出旄牛徼外，經朱提至僰道入江，在今巂州南。特有瘴氣，三月四月經之必死。五月以後，行者得無害。故諸葛亮表云“五月度瀘”（紹興本無“亮”字。度，殿本作“渡”），言其艱苦也。【今注】案，度，殿本作“渡”。 瀘水：一名若水、瀘江水。即今雅礱江下游和金沙江匯合後的一段。

［6］【李賢注】孫盛《蜀譜》曰：“初，秦徙吕不韋子弟宗族於蜀，漢武帝開西南夷，置郡縣，徙吕氏以充之，因置不韋縣。”《華陽國志》曰“武帝通博南，出直不韋縣（出直，殿本作‘置’），徙南越相吕嘉子孫宗族資之。因名不韋，以章其先人惡行”也（殿本“先人”後有“也”字）。【今注】不韋：縣名。東漢明帝時置，爲永昌郡郡治。治所在今雲南保山市東北。

［7］【今注】疋（pǐ）：同“匹”。

肅宗元和中，蜀郡王追爲太守，政化尤異，有神馬四匹出滇池河中，甘露降，白烏見，始興起學校，漸遷其俗。靈帝熹平五年，諸夷反叛，執太守雍陟。[1]遣御史中丞朱龜討之，不能剋。朝議以爲郡在邊外，蠻夷喜叛，勞師遠役，不如弃之。太尉掾巴郡李顒建策討伐，[2]乃拜顒益州太守，與刺史龐芝發板楯蠻擊破平之，還得雍陟。顒卒後，夷人復叛，以廣漢景毅爲太守，討定之。毅初到郡，米斛萬錢，漸以仁恩，少年間，米至數十云。[3]

[1]【今注】案，大德本重“執太守雍陟”五字，誤。

[2]【今注】太尉掾：太尉屬官。西漢太尉不常置，屬官較少。東漢太尉屬官增多，分曹治事。有西曹、東曹、户曹、奏曹、辭曹、法曹、尉曹、賊曹、決曹、兵曹、金曹、倉曹等。各曹正職官稱掾。東、西曹掾秩比四百石，餘皆比三百石。案，太，殿本作“大”。

[3]【李賢注】少年，未多年也。

哀牢夷者，[1]其先有婦人名沙壹，居于牢山。[2]嘗捕魚水中，觸沈木若有感，因懷妊，十月，産子男十人。後沈木化爲龍，出水上。沙壹忽聞龍語曰：“若爲我生子，今悉何在？”九子見龍驚走，獨小子不能去，背龍而坐，龍因舐之。其母鳥語，謂背爲九，謂坐爲隆，因名子曰九隆。及後長大，諸兄以九隆能爲父所舐而黠，遂共推以爲王。後牢山下有一夫一婦，復生十女子，九隆兄弟皆娶以爲妻，後漸相滋長。種人皆刻畫其身，象龍文，衣皆著尾。[3]九隆死，世世相繼。[4]乃分置小王，往往邑居，散在谿谷。絶域荒外，山川阻深，生人以來，未嘗交通中國。

[1]【今注】哀牢夷：部族名。漢時西南夷族的一支。因其部落首領名哀牢，故名。一説爲夷人所聚居之地的山名。相當於今瀾滄江流域及其西。包括今緬甸東北部、中國雲南西南部元江、景

洪、盈江、保山等縣地區。

[2]【今注】牢山：山名。在今雲南保山市東。

[3]【李賢注】自此以上並見《風俗通》也。【今注】案，大德本、殿本無“皆”字。

[4]【李賢注】《哀牢傳》曰：“九隆代代相傳，名號不可得而數，至於禁高，乃可記知。禁高死，子吸代；吸死，子建非代；建非死，子哀牢代；哀牢死，子桑藕代；桑藕死，子柳承代；柳承死，子柳貌代；柳貌死，子扈粟代。”

建武二十三年，其王賢栗遣兵乘箄船，[1]南下江、漢，[2]擊附塞夷鹿茤。[3]鹿茤人弱，爲所禽獲。於是震雷疾雨，南風飄起，水爲逆流，翻涌二百餘里，箄船沈没，哀牢之衆，溺死數千人。賢栗復遣其六王將萬人以攻鹿茤，鹿茤王與戰，殺其六王。哀牢耆老共埋六王，夜虎復出其尸而食之，餘衆驚怖引去。賢栗惶恐，謂其耆老曰：“我曹入邊塞，自古有之，今攻鹿茤，輒被天誅，中國其有聖帝乎？天祐助之，何其明也！”二十七年，賢栗等遂率種人户二千七百七十，口萬七千六百五十九，詣越巂太守鄭鴻降，求内屬。光武封賢栗等爲君長。自是歲來朝貢。

[1]【李賢注】箄音蒲佳反。縛竹木爲箄，以當船也。【今注】箄（pái）船：一種大筏子。

[2]【今注】南下江漢：江，長江。漢，漢水。案，長江流經四川南部，距雲南較近。然漢水不流經西南諸省，當是連及言之。哀牢夷自雲南赴長江流域攻打附塞之鹿茤，其行程當是從南至北，此處稱“南下”，似誤。

［3］【李賢注】荅音多。其種今見在。

永平十二年，[1]哀牢王柳貌遣子率種人内屬，其稱邑王者七十七人，户五萬一千八百九十，口五十五萬三千七百一十一。西南去洛陽七千里，[2]顯宗以其地置哀牢、博南二縣，[3]割益州郡西部都尉所領六縣，[4]合爲永昌郡。[5]始通博南山，度蘭倉水，[6]行者苦之。歌曰："漢德廣，開不賓。度博南，越蘭津。度蘭倉，爲它人。"

［1］【今注】永平：東漢明帝劉莊年號（58—75）。

［2］【今注】洛陽：縣名。東漢都城所在地。治所在今河南洛陽市。

［3］【今注】顯宗：東漢明帝劉莊，公元57年至75年在位。顯宗爲其廟號。紀見本書卷二。　哀牢：縣名。東漢明帝永平十二年（69）以哀牢國故地置，治所在今雲南盈江縣境。　博南：縣名。東漢明帝永平十二年以哀牢國故地置，治所在今雲南永平縣西南。

［4］【李賢注】《古今注》曰："永平十年，置益州西部都尉，居嶲唐。"《續漢志》六縣謂不韋、嶲唐、比蘇、楪榆（楪，殿本作"楪"）、邪龍、雲南也。【今注】西部都尉：官名。秦在各郡皆置郡尉，掌武事。西漢更名爲都尉，秩比二千石。東漢省内郡都尉，但於邊郡仍置都尉。且往往在一郡之内分部設多個都尉。

［5］【今注】永昌郡：東漢明帝永平十二年置，治不韋縣（今雲南保山市東北）。

［6］【李賢注】《華陽國志》曰"博南縣西山，高三十里，越之度蘭滄水"也。【今注】博南山：又稱金浪巔山。在今雲南永平

縣西南。　蘭倉水：河水名。一作蘭蒼水。即今雲南瀾滄江。

哀牢人皆穿鼻儋耳，其渠帥自謂王者，耳皆下肩三寸，庶人則至肩而已。土地沃美，宜五穀、蠶桑。[1]知染采文繡，罽毲[2]帛疊，[3]蘭干細布，[4]織成文章如綾錦。有梧桐木華，績以爲布，[5]幅廣五尺，絜白不受垢汙。先以覆亡人，然後服之。其竹節相去一丈，名曰濮竹。[6]出銅、鐵、鉛、錫、金、銀、光珠、[7]虎魄、[8]水精、瑠璃、軻蟲、蚌珠、[9]孔雀、翡翠、犀、象、猩猩、貊獸。[10]雲南縣有神鹿兩頭，能食毒草。[11]

[1]【今注】五穀：古代中國的五種常見糧食作物，一般認爲指麻、黍（有黏性的黄米）、稷（粟，俗稱小米）、麥、菽（豆子）。

[2]【李賢注】罽，解見《李恂傳》。毲，未詳。【今注】罽（jì）毲（duō）：用獸毛織成的一種毛織品。

[3]【李賢注】《外國傳》曰："諸薄國女子織作白疊花布。"【今注】帛疊：雲南境内少數民族織製的一種布。

[4]【李賢注】《華陽國志》曰："蘭干，獠言紵。"【今注】蘭干細布：古代名布。

[5]【李賢注】《廣志》曰"梧桐有白者，剽國有桐木，其華有白毳（有，大德本作"木"），取其毳淹漬，緝織以爲布"也。

[6]【李賢注】見《華陽國志》。

[7]【李賢注】《華陽國志》曰："蘭滄水有金沙，洗取融爲金。有光珠穴。"《博物志》曰："光珠即江珠也。"

[8]【李賢注】《廣雅》曰："虎魄生地中，其上及旁不生草，

深者八九尺，大如斛，削去皮，成虎魄如斗，初時如桃膠，凝堅乃成。”《博物志》曰：“松脂淪入地千年化爲伏苓，伏苓千歲化爲虎魄。今太山有伏苓而無虎魄（太，殿本作‘大’；大德本無‘而’字），永昌有虎魄而無伏苓（大德本、殿本句末有‘也’字）。”

［9］【李賢注】徐衷《南方草物狀》曰（衷，紹興本、大德本作“哀”）“凡採珠常三月，用五牲祈禱，若祠祭有失，則風攪海水，或有大魚在蚌左右。蚌珠長三寸半，凡二品珠”也。【今注】軻蟲：海貝。

［10］【李賢注】酈元《水經注》曰：“猩猩形若狗而人面，頭顏端正，善與人言，音聲妙麗，如婦人對語，聞之無不酸楚。”《南中志》曰：“猩猩在山谷中，行無常路，百數爲群。士人以酒若糟設於路（士，紹興本、大德本、殿本作‘土’，本注下同）；又喜屩子，士人織草爲屩，數十量相連結。猩猩在山谷見酒及屩，知其設張者，即知張者先祖名字，乃呼其名而罵云‘奴欲張我’，捨之而去。去而又還，相呼試共嘗酒。初嘗少許，又取屩子著之，若進兩三升，便大醉，人出收之，屩子相連不得云（云，紹興本、大德本、殿本誤作‘去’），執還内牢中。人欲取者，到牢邊語云：‘猩猩，汝可自相推肥者出之。’既擇肥竟，相對而泣。即《左思賦》云‘猩猩啼而就禽’者也。者有人以猩猩餉封溪令（者，紹興本、大德本、殿本誤作‘昔’），令問餉何物，猩猩自於籠中曰：‘但有酒及僕耳，無它飲食。’”《南中八郡志》曰：“貊大如驢（大，紹興本誤作‘太’），狀頗似熊，多力，食鐵，所觸無不拉（柆，紹興本、大德本、殿本作‘拉’）。”《廣志》曰：“貊色蒼白，其皮温煖。”【今注】貊：野獸名。一説即貓熊（大熊貓）（參見林鴻、榮林林《也談大熊貓之今古稱謂》，《北京林業大學學報》2005年第1期）。

［11］【李賢注】見《華陽國志》也（殿本無“也”字）。

先是，西部都尉廣漢鄭純爲政清絜，化行夷貊，君長感慕，皆獻王珍，頌德美。天子嘉之，即以爲永昌太守。純與哀牢夷人約，邑豪歲輸布貫頭衣二領，鹽一斛，以爲常賦，夷俗安之。純自爲都尉、太守，十年卒官。建初元年，[1]哀牢王類牢與守令忿争，遂殺守令而反叛，攻越嶲唐城。[2]太守王尋奔楪榆。[3]哀牢三千餘人攻博南，燔燒民舍。肅宗募發越嶲、益州、永昌夷漢九千人討之。明年春，邪龍縣[4]昆明夷鹵承等應募，率種人與諸郡兵擊類牢於博南，大破斬之。傳首洛陽，賜鹵承帛萬匹，封爲破虜傍邑侯。

[1]【今注】建初：東漢章帝劉炟年號（76—84）。

[2]【今注】越嶲唐城：中華本據《後漢書集解》引惠棟説删"越"字，當據删。嶲唐城，地名。即嶲唐縣城。嶲唐，縣名，治所在今雲南永平縣西北。西漢武帝元封二年（前109）置，東漢時爲益州西部都尉治所。

[3]【今注】案，楪，殿本作"楪"。

[4]【李賢注】《郡國志》曰屬永昌郡也。【今注】邪龍縣：治所在今雲南巍山彝族自治縣北。

永元六年，郡徼外敦忍乙王莫延慕義，[1]遣使譯獻犀牛、大象。九年，徼外蠻及撣國王雍由調[2]遣重譯奉國珍寶，和帝賜金印紫綬，小君長皆加印綬、錢帛。

[1]【今注】案，莫，殿本作"慕"。

[2]【李賢注】撣音擅（擅，殿本作"澶"）。《東觀》作

“壇”字（東觀，紹興本作“東觀記”；壇，大德本、殿本作“擅”）。

永初元年，徼外僬僥種夷陸類等三千餘口舉種内附，獻象牙、水牛、封牛。永寧元年，[1]樿國王雍由調復遣使者詣闕朝賀，[2]獻樂及幻人，能變化吐火，自支解，易牛馬頭。又善跳丸，[3]數乃至千。自言我海西人。海西即大秦也，樿國西南通大秦。明年元會，安帝作樂於庭，封雍由調爲漢大都尉，賜印綬、金銀、綵繒各有差也。[4]

［1］【今注】永寧：東漢安帝劉祜年號（120—121）。

［2］【今注】案，樿，紹興本、大德本、殿本作“撣”，本段下同。

［3］【今注】跳丸：雜技節目。表演者兩手快速地連續拋接若干彈丸。

［4］【今注】綵：彩色絲綢。　繒：編織物的總稱。

邛都夷者，[1]武帝所開，以爲邛都縣。[2]無幾而地陷爲汙澤，因名爲邛池，南人以爲邛河。[3]後復反叛。元鼎六年，漢兵自越巂水伐之，以爲越巂郡。[4]其土地平原，有稻田。青蛉縣禺同山有碧鷄金馬，光景時時出見。[5]俗多游蕩，而喜謳歌，略與牂柯相類。豪帥放縱，難得制御。

［1］【今注】邛都夷：西南古族名。主要分布在今四川涼山

州，西昌市邛海一帶爲其中心，屬濮越系族群。

[2]【今注】邛都縣：治所在今四川西昌市東南。

[3]【李賢注】在今巂州越巂縣東南。《南中八郡志》曰："邛河縱廣岸二十里，深百餘丈。多大魚（殿本無'多'字），長一二丈，頭特大，遥視如戴鐵釜狀。"李膺《益州記》云："邛都縣下有一老姥，家貧孤獨，每食，輒有小蛇頭上戴角在牀間，姥憐之飴之。後稍長大，遂長丈餘。令有駿馬，蛇遂吸殺之。令因大忿姥恨（大德本、殿本無'姥'字），責出蛇（大德本、殿本作'責'後有'姥'字）。姥云在牀下。令即掘地（令，紹興本誤作"今"，本注下同），愈深愈大，而無所見。令又遷怒殺姥。蛇乃感人以靈言瞋令：'何殺我母？當爲母報讎。'此後每夜輒聞若雷若風，四十許日，百姓相見咸驚語：'汝頭那忽戴魚？'是夜方四十里與城一時俱陷爲湖，土人謂之爲'陷河'。唯姥宅無恙，訖今猶存。漁人採捕，必依止宿，每有風浪，輒居宅側，恬静無佗（佗，紹興本作'它'）。風静水清，猶見城郭樓櫓畟然。今水淺時，彼土人没水取得舊木，堅貞，光黑如漆，今好事人以爲枕相贈。"畟音測。【今注】邛池：即今四川西昌市東南邛海。

[4]【李賢注】巂水源出今巂州邛部縣西南巂山下。《前書·地理志》曰，言其越巂水以置郡，故名焉。

[5]【李賢注】禺同山在今褒州楊波縣（楊，殿本作"揚"）。王褒《碧雞頌》曰："持節使王褒謹拜南崖，敬移金精神馬縹碧之雞，處南之荒。深谿回谷，非土之鄉。歸來歸來，漢德無疆。廉乎唐虞，澤配三皇。"《華陽國志》曰："碧鷄光景，人多見之。"《前書音義》曰："金形似馬，碧形似鷄也。"【今注】青蛉縣：治所在今雲南大姚縣。陳直《漢書新證》云："西安漢城遺址曾出土有'越歸義蜻蛉長印'，知本志作青蛉者爲省文，其地與朱提、堂琅，皆産銀銅。先考輔卿府君曾語不肖兄弟云：'青蛉當爲蜻蛉之省文，堂琅爲螳螂之假借，猶巴郡朐忍縣，因出朐忍蟲

而名縣也。’現以蜻蛉印文證之，知其説確不可易。”（中華書局 2008 年版，第 205 頁）　禺同山：山名。在今雲南楚雄彝族自治州永仁縣西。　碧雞金馬：祥瑞之靈物。王褒作《移金馬碧雞頌》。除李注外，見《水經注·淹水》、《文選》劉峻《廣絶交論》注。《漢書·郊祀志下》亦載："或言益州有金馬碧雞之神，可醮祭而致。"顔師古注引如淳曰："金形似馬，碧形似雞。"本書《郡國志五》："越巂郡十四城……青蛉有禺同山，俗謂有金馬碧雞。"《水經注》載禺同山"有碧雞、金馬，光影倏忽，民多見之"。今雲南昆明市東有金馬山，西有碧雞山，山有神祠。昆明市和大姚縣，均有"金馬碧雞坊"。

王莽時，郡守枚根調邛人長貴，以爲軍候。更始二年，[1]長貴率種人攻殺枚根，自立爲邛穀王，[2]領太守事。又降於公孫述。述敗，光武封長貴爲邛穀王。建武十四年，長貴遣使上三年計，天子即授越巂太守印綬。十九年，武威將軍劉尚擊益州夷，路由越巂。長貴聞之，疑尚既定南邊，威法必行，己不得自放縱，即聚兵起營臺，招呼諸君長，多釀毒酒，欲先以勞軍，因襲擊尚。尚知其謀，即分兵先據邛都，遂掩長貴誅之，徙其家屬於成都。[3]

[1]【今注】更始：更始帝劉玄年號（23—25）。

[2]【今注】邛穀：族、國名。東漢時，越巂夷人殺其太守枚根，自立爲邛穀王。因聚居邛崍山地以南故邛都一帶，故名。故址在今四川西昌市。

[3]【今注】成都：縣名。治所在今四川成都市。

永平元年，姑復夷復叛，益州刺史發兵討破之，斬其渠帥，傳首京師。後太守巴郡張翕，政化清平，得夷人和。在郡十七年，卒，夷人愛慕，如喪父母。蘇祈叟二百餘人，[1]齎牛羊送喪，[2]至翕本縣安漢，[3]起墳祭祀。詔書嘉美，爲立祠堂。

[1]【李賢注】《續漢書志》曰，蘇祈，縣，屬越巂郡。【今注】蘇祈：縣名。西漢置。治所在今四川西昌市西北。東漢同。

[2]【今注】齎：同“賫”。帶着。

[3]【李賢注】安漢，縣，屬巴郡。【今注】安漢：縣名。秦置，治所在今四川南充市東北、嘉陵江西岸。東漢同。

安帝元初三年，郡徼外夷大羊等八種，户三萬一千，口十六萬七千六百二十，慕義内屬。時郡縣賦斂煩數，五年，卷夷大牛種封離等反畔，[1]殺遂久令。[2]明年，永昌、益州及蜀郡夷皆叛應之，衆遂十餘萬，破壞二十餘縣，殺長吏，燔燒邑郭，剽略百姓，骸骨委積，千里無人。詔益州刺史張喬選堪能從事討之。[3]喬乃遣從事楊竦將兵至楪榆擊之，賊盛未敢進，先以詔書告示三郡，密徵求武士，重其購賞。乃進軍與封離等戰，大破之，斬首三萬餘級，獲生口千五百人，資財四千餘萬，悉以賞軍士。封離等惶怖，斬其同謀渠帥，詣竦乞降，竦厚加慰納。[4]其餘三十六種皆來降附。[5]竦因奏長吏姦猾侵犯蠻夷者九十人，皆減死。州中論功未及上，會竦病創卒，張喬深痛惜之，乃刻石勒銘，圖畫其像。天子以張翕有遺愛，乃拜其子湍爲太守。夷人懽喜，奉迎道路。曰："郎君儀貌類我府君。"後湍頗失其心，有欲叛者，諸夷耆老相曉語曰："當爲先府君故。"遂以得安。後順桓間，廣漢馮顥爲太守，政化尤多異迹云。

［1］【今注】案，大德本、殿本"卷夷"前有"以"字。

［2］【李賢注】遂久故縣在今靡州界（紹興本、大德本、殿本無"在"字）。【今注】遂久：縣名。西漢置。治所在今雲南麗江市。東漢同。

［3］【今注】從事：官名。亦即從事史。漢制，司隸校尉和州刺史，置從事，分掌政事。每郡國亦置從事一名，主督促文書、察舉非法。

［4］【今注】案，悚，殿本作"竦"。

［5］【今注】案，來，殿本作"求"。

莋都夷者，武帝所開，以爲莋都縣。其人皆被髮左衽，言語多好譬類，居處略與汶山夷同。[1]土出長年神藥，仙人山圖所居焉。[2]元鼎六年，以爲沈黎郡。[3]至天漢四年，并蜀爲西部，置兩都尉，一居旄牛，主徼外夷。一居青衣，[4]主漢人。

［1］【今注】汶山夷：部族名。先秦秦漢時西南夷的一支。因聚居在汶山郡一帶，故名。故址在今四川汶川縣西南地區一帶。汶山，郡名。本冉駹族地。西漢武帝元鼎六年（前111）置。治汶江（今四川茂汶縣北）。宣帝地節三年（前67），併入蜀郡。

［2］【李賢注】劉向《列仙傳》曰"山圖，隴西人。好乘馬，馬踢折腳，山中道士教服地黃、當歸、羌活、玄參，服一年，不

嗜食，病愈身輕。追道士問之，自云：‘五岳使人，之名山採藥。能隨吾，汝便不死。’山圖追隨，人不復見。六十餘年，一旦歸來，行母服於冢間。朞年復去，莫知所之”也。

[3]【今注】沈黎郡：西漢武帝元鼎六年置。故治筰都縣（今四川漢源縣東北）。天漢四年（前97）廢，併入蜀郡屬國。

[4]【今注】青衣：道縣名。治所在今四川雅安市西北。東漢順帝時改爲漢嘉縣。

永平中，益州刺史梁國朱輔，[1]好立功名，慷慨有大略。[2]在州數歲，宣示漢德，威懷遠夷。自汶山以西，前世所不至，正朔所未加。[3]白狼、槃木、唐菆等百餘國，户百三十餘萬，口六百萬以上，舉種奉貢，稱爲臣僕，輔上疏曰：“臣聞《詩》云：‘彼徂者岐，有夷之行。’[4]傳曰：‘岐道雖僻，而人不遠。’[5]詩人誦詠，以爲符驗。今白狼王唐菆等慕化歸義，作詩三章。路經邛來大山零高坂，[6]峭危峻險，百倍岐道。[7]繦負老幼，若歸慈母。遠夷之語，辭意難正。草木異種，鳥獸殊類。[8]有犍爲郡掾田恭與之習狎，頗曉其言，臣輒令訊其風俗，譯其辭語。今遣從事史李陵與恭護送詣闕，并上其樂詩。昔在聖帝，舞四夷之樂；[9]今之所上，庶備其一。”帝嘉之，事下史官，録其歌焉。[10]

[1]【今注】梁國：西漢前期治睢陽縣（今河南商丘市南），後期治碭縣（今河南永城縣西北），東漢時治下邑縣（今安徽碭山縣）。

［2］【李賢注】《東觀記》“輔”作“酺”。梁國寧陵人（人，紹興本作“也”；大德本句末有“也”字）。

［3］【今注】正朔：正月朔日。古代曆法指一年開始的第一天。正，正月，一年中的第一個月，爲歲首。朔，每月的初一日。又代指曆法。不同曆法推出的正月及各月朔日的干支、時刻、節氣、閏月不同。按照儒家的説法，古代帝王易姓受命，必改正朔；故夏、殷、周的正朔各不相同。漢初用秦曆，以十月爲歲首。文帝時，公孫臣建議以漢爲土德，色尚黄。其後賈誼上書建議改正朔，易服色制度。武帝太初元年（前104），太中大夫公孫卿、壺遂、太史令司馬遷等上疏，請改正朔。制定太初曆，以正月爲歲首。自漢武帝後，直至現今的農曆，曆法細節雖多有變化，然除個别時段外都用夏制，即以建寅之月爲歲首。由於曆法與天象有關，對古人而言有較强的神秘性，因而古人將曆法與改朝换代、天命所歸相聯繫；並進一步將是否采用中原曆法視作少數民族地區是否接受中原文化、接受中原王朝管理的標志。故此處以“正朔所未加”形容其族未與中原交通的原始狀態。

［4］【李賢注】《詩·周頌》也。【今注】案，岐，大德本作“歧”。

［5］【李賢注】《韓詩·薛君傳》曰：“徂，往也。夷，易也。行，道也。彼百姓歸文王者，皆曰岐有易道（岐，大德本作“歧”，本注下同），可往歸矣。易道謂仁義之道而易行，故岐道阻險而人不難。”

［6］【李賢注】《山海經》曰：“崍山，江水出焉。”郭璞曰：“中江所出也。”華陽國志曰：“邛來山本名邛莋（本，大德本、殿本作‘一’），故邛人、莋人界也。巖阻峻回，曲析乃至（析，紹興本、大德本、殿本誤作‘折’）。山上凝冰夏結，冬則劇寒，王陽行部至此而退者也。有長貧、苦採、八度之難（苦，大德本、殿本作‘若’）。陽母、閡峻並坂名。”

[7]【李賢注】言詩人雖歎岐道之阻（岐，大德本作“歧”，本注下同），但以文王之道，人以爲夷易，今邛來峭危，甚於岐。【今注】案，歧，大德本、殿本作“岐”。

[8]【今注】案，鳥，大德本作“馬”。

[9]【李賢注】解見《陳禪傳》。

[10]【李賢注】《東觀記》載其歌，并載夷人本語，並重譯訓詁爲華言，今范史所載者是也。今録《東觀》夷言，以爲此注也。

遠夷樂德歌詩曰：

大漢是治，[1]與天合意。[2]吏譯平端，[3]不從我來。[4]聞風向化，[5]所見奇異。[6]多賜繒布，[7]甘美酒食。[8]昌樂肉飛，[9]屈申悉備。[10]蠻夷貧薄，[11]無所報嗣。[12]願主長壽，[13]子孫昌熾。[14]

[1]【李賢注】堤官隗搆（隗，大德本作“傀”）。

[2]【李賢注】魏冒踰糟。【今注】案，合意，大德本、殿本作“意合”。

[3]【李賢注】罔驛劉脾（驛，紹興本、殿本作“譯”）。

[4]【李賢注】旁莫支留（莫，大德本作“草”）。

[5]【李賢注】徵衣隨旅。

[6]【李賢注】知唐桑艾。

[7]【李賢注】邪毗繿緝。【今注】案，繒，紹興本作“贈”。

[8]【李賢注】推潭僕遠。

[9]【李賢注】拓拒蘇便（便，紹興本作“使”）。

[10]【李賢注】局後仍離。

[11]【李賢注】僂讓龍洞。

[12]【李賢注】莫支度由。
[13]【李賢注】陽雒僧鱗。
[14]【李賢注】莫稺角存。

遠夷慕德歌詩曰：

蠻夷所處，[1]日入之部。[2]慕義向化，[3]歸日出主。[4]聖德深恩，[5]與人富厚。[6]冬多霜雪，[7]夏多和雨。[8]寒温時適，[9]部人多有。[10]涉危歷險，[11]不遠萬里。[12]去俗歸德，[13]心歸慈母。[14]

[1]【李賢注】僂讓皮尼（皮，大德本作“彼”）。
[2]【李賢注】且交陵悟。
[3]【李賢注】繩動隨旅。
[4]【李賢注】路旦揀雒。
[5]【李賢注】聖德渡諾。
[6]【李賢注】魏菌度洗。
[7]【李賢注】綜邪流藩。
[8]【李賢注】莋邪尋螺。
[9]【李賢注】藐潯瀘灕。
[10]【李賢注】菌補邪推。
[11]【李賢注】辟危歸險。
[12]【李賢注】莫受萬柳。
[13]【李賢注】術疊附德。
[14]【李賢注】仍路孳摸。

遠夷懷德歌曰：

荒服之外，[1]土地墝埆。[2]食肉衣皮，[3]不見鹽穀。[4]吏譯傳風，[5]大漢安樂。[6]攜負歸仁，[7]觸冒險陜。[8]高山岐峻，[9]緣崖磻石。[10]木薄發家，[11]百宿到洛。[12]父子同賜，[13]懷抱匹帛。[14]傳告種人，[15]長願臣僕。[16]

[1]【李賢注】荒服之儀。
[2]【李賢注】犁籍憐憐。
[3]【李賢注】咀蘇邪犁（咀，大德本、殿本作"阻"）。
[4]【李賢注】莫碭麤沐。
[5]【李賢注】罔譯傳微。
[6]【李賢注】是漢夜拒。
[7]【李賢注】蹤優路仁。
[8]【李賢注】雷折險龍。
[9]【李賢注】倫狼藏憧。
[10]【李賢注】扶路側祿。
[11]【李賢注】息落服淫。
[12]【李賢注】理瀝髭雒（瀝，紹興本作"歷"）。
[13]【李賢注】捕茝菌毗。
[14]【李賢注】懷稟匹漏。
[15]【李賢注】傳室呼敕（室，大德本、殿本作"言"）。
[16]【李賢注】陵陽臣僕。

肅宗初，輔坐事免。是時郡尉府舍皆有雕飾，畫山神海靈奇禽異獸，以眩燿之，夷人益畏憚焉。[1]和帝永元十二年，旄牛徼外白狼、樓薄蠻夷王唐繒等，遂率種人十七萬口，歸義内屬。詔賜金印紫綬，小豪錢帛各有差。

［1］【今注】案，大德本無“人益”二字。

安帝永初元年，蜀郡三襄種夷與徼外汙衍種并兵三千餘人反叛，[1]攻蠶陵城，殺長吏。二年，青衣道夷邑長令田，[2]與徼外三種夷三十一萬口，齎黄金、旄牛毦，[3]舉土内屬。安帝增令田爵號爲奉通邑君。延光二年春，旄牛夷叛，[4]攻零關，[5]殺長吏，益州刺史張喬與西部都尉擊破之。於是分置蜀郡屬國都尉，[6]領四縣如太守。桓帝永壽二年，蜀郡夷叛，殺略吏民。延熹二年，[7]蜀郡三襄夷寇蠶陵，殺長吏。四年，犍爲屬國夷寇郡界，益州刺史山昱擊破之，斬首千四百級，餘皆解散。靈帝時，以蜀郡屬國爲漢嘉郡。[8]

［1］【今注】三襄種：部族名。秦漢少數民族中西南夷的一支。其聚集地當今四川北部，大致在今松潘縣、茂縣、汶川縣境内。　汙衍種：部族名。爲秦漢時中國西南地區夷族的一支。故地在今四川茂汶，岷江流域上游一帶。

［2］【李賢注】令姓，田名。【今注】青衣道夷：部族名。漢時西南夷的一支。因聚居青衣道，故名。

［3］【李賢注】顧野王曰：“毦，結毛爲飾也，即今馬及弓槊上纓毦也。”【今注】毦（ěr）：旄牛毛結成的飾物。

［4］【今注】旄牛夷：部族名。先秦、兩漢時西南夷族的一支。因聚居在牦牛縣一帶，故名。故址在今四川漢源縣南大渡河南岸一帶。

［5］【李賢注】《郡國志》零關道屬越巂郡。【今注】零關：道名。漢代將少數民族聚居的縣級行政區稱爲“道”。一作“靈關”，即靈關道，或作靈道。西漢置。東漢屬越嶲郡。治所在今四

川峨邊彝族自治縣南境。

［6］【今注】屬國都尉：官名。掌邊郡安置歸附的少數民族。西漢武帝時，置屬國都尉，東漢沿置。都尉一人，秩比二千石，丞一人。屬國都尉分治所屬縣，職掌與郡守同。

［7］【今注】案，二，殿本作"三"。

［8］【今注】漢嘉郡：東漢安帝時分蜀郡置蜀郡屬國，治青衣縣（今四川雅安市名山區北）。順帝陽嘉二年（133）青衣縣改名爲漢嘉縣。靈帝時改蜀郡屬國爲漢嘉郡，旋復爲蜀郡屬國。其具體時間失載。有學者推測漢嘉郡設於靈帝光和五年（182）益州平定之後，而廢於中平五年（188）益州黄巾興起，"板楯蠻因此復叛"之時（參見周振鶴、李曉傑、張莉《中國行政區劃通史·秦漢卷》，復旦大學出版社 2017 年版，第 928 頁）。至三國蜀漢章武元年（222），復更爲漢嘉郡。

冉駹夷者，武帝所開。元鼎六年，以爲汶山郡。[1]至地節三年，[2]夷人以立郡賦重，宣帝乃省并蜀郡爲北部都尉。其山有六夷七羌九氏，各有部落。其王侯頗知文書，而法嚴重。貴婦人，黨母族。死則燒其尸。土氣多寒，在盛夏冰猶不釋，故夷人冬則避寒，入蜀爲傭，夏則違暑，反其衆邑。[3]皆依山居上，[4]累石爲室，高者至十餘丈，爲邛籠。[5]又土地剛鹵，不生穀粟麻菽，唯以麥爲資，而宜畜牧。有旄牛，無角，一名童牛，肉重千斤，毛可爲毦。出名馬。有靈羊，可療毒。[6]又有食藥鹿，鹿麑有胎者，其腸中糞亦療毒疾。又有五角羊、麝香、輕毛毼雞、牲牲。[7]其人能作旄氈、班罽、青頓、毞毲、羊羧之屬。[8]特多雜藥。地有鹹土，[9]煮以爲鹽，麢羊牛馬食之皆肥。[10]

［1］【今注】汶山郡：治汶江道（今四川茂縣北）。

［2］【李賢注】宣帝年也。【今注】地節：西漢宣帝劉詢年號（前69—前66）。

［3］【今注】案，衆邑，殿本作“邑衆”。

［4］【今注】案，上，大德本、殿本作“止”。

［5］【李賢注】案今彼土夷人呼爲“雕”也。

［6］【李賢注】《本草經》曰“零羊角味鹹無毒（零，殿本作‘靈’），主療青盲、蠱毒，去惡鬼，安心氣，彊筋骨”也。【今注】靈羊：即羚羊。其角可入藥，頗珍貴。

［7］【李賢注】郭璞注《山海經》曰：“鶡雞似雉而大，青色，有毛角，鬬敵死乃止。”【今注】鶡（hé）：同“鶡”。鳥名。即今之褐馬雞。雉類，因勇於死鬬而聞名。　牲牲：動物名。即猩猩。

［8］【李賢注】青頓，氀羧，並未詳，《字書》無此二字。《周書》：“伊尹爲四方獻令曰：‘正西昆侖、狗國、鬼親、枳己、闟耳（耳，殿本作‘茸’）、貫匈、雕題、離丘、漆齒，請令以丹青、白旄、紕罽、龍角、神龜爲獻。’湯曰：‘善。’”何承天《纂文》曰：“紕，氐罽也。”音卑疑反。毞即紕也。【今注】旄氈：用牛羊毛製成的氈子。　班罽（jì）：黑白相間的毛織品。　毞（bǐ）氀（duō）：中國古代少數民族所織的一種獸毛布。　羊羧（suō）：羊毛所織之氈類。

［9］【今注】案，鹹土，大德本作“上”。

［10］【李賢注】麙即麙狼也。《異物志》：“狀似鹿而角觸前向，入林樹掛角，故恒在平淺草中。肉肥脆香美（殿本無‘脆’字），逐入林則搏之，皮可作履韈，角正四據，南人因以爲牀。”音子兮反。【今注】麙（qí）：傳說中一種像鹿的動物。

其西又有三河、槃于虜，北有黄石、北地、盧水胡，[1]其表乃爲徼外。靈帝時，復分蜀郡北部爲汶山郡云。

[1]【今注】盧水胡：部族名。匈奴的一支，因聚居於盧水而得名。東漢時主要分布在今甘肅中南部。

白馬氐者，武帝元鼎六年開，分廣漢西部，合以爲武都，[1]土地險阻，有麻田，出名馬、牛、羊、漆、蜜，氐人勇戇抵冒，貪貨死利，居於河池，一名仇池，方百傾，四面斗絶。[2]數爲邊寇，郡縣討之，則依固自守，元封三年，氐人反叛，遣兵破之，分徙酒泉郡，[3]昭帝元鳳元年，[4]氐人復叛，遣執金吾馬適建、[5]龍頟侯韓增、大鴻臚田廣明，[6]將三輔、太常徒討破之。[7]

[1]【今注】武都：郡名。西漢時治武都縣（今甘肅禮縣南），東漢時治下辨縣（今甘肅成縣）。

[2]【李賢注】仇池，山，在今成州上禄縣南。《三秦記》曰："仇池縣界，本名仇維，山上有池，故曰仇池（大德本無'池'字），山在倉洛二谷之間，常爲水所衝激，故下石而上上（上上，紹興本、殿本作"上土"），形似覆壺。"《仇池記》曰："仇池百頃，周回九千四十步，天形四方，壁立千仞，自然樓櫓卻敵，分置調均，竦起數丈，有踰人功，仇池凡二十一道，可攀緣而上，東西二門。盤道下至上，凡有七里上則崗阜低昂，泉流交灌。"酈元注《水經》云："羊腸盤道三十六回，開山圖謂之仇夷，所謂'積石峨嵯，嶔岑隱阿'。者也。上有平田百頃，煑土成鹽，因以百頃爲號"也（號，大德本作"度"）。【今注】河池：縣名。治所在今甘肅徽縣西北。據敦煌漢簡，河池，或爲"何池"之

誤〔詳見黄東洋、鄔文玲《新莽職方補考》,《簡帛研究（二〇一三）》,廣西師範大學出版社 2013 年版〕。

［3］【今注】酒泉郡：治禄福縣（今甘肅酒泉市）。

［4］【今注】昭帝：西漢皇帝劉弗陵，公元前 87 年至前 74 年在位。紀見《漢書》卷七。　元鳳：西漢昭帝劉弗陵年號（前 80—前 75）。

［5］【李賢注】姓馬適，名建也。【今注】執金吾：官名。西漢前期稱中尉，武帝時改稱執金吾，職掌宫殿之外、京城之内的警備事務，天子出行時充任儀衛導行。中央諸卿之一，秩中二千石。　馬適建：姓馬適，名建，字子孟。河東人。馬適爲漢代習見之姓。昭帝始元元年（前 86）起即任執金吾。《漢書》卷九九下《王莽傳下》有“鉅鹿人馬適求”。《漢印文字徵》有“馬適高”“馬適昭”“馬適僑”“馬適定”“馬適福”“馬適褒”“馬適恢”等七印。（參見陳直《漢書新證》）

［6］【今注】龍頟（é）：侯國名。治所在今山東齊河縣西北。西漢武帝元朔五年（前 124）封韓説爲龍頟侯，元鼎五年（前 112）國除。後元元年（前 88）復置，成帝鴻嘉元年（前 20）國除。　韓增：韓王信後裔，弓高侯韓頽當曾孫，按道侯韓説子。韓説爲戾太子所殺，嗣子復坐祝詛被殺，韓增乃獲封龍頟侯。昭帝元鳳元年率軍平定武都氐人變亂，元平元年（前 74）以光禄大夫爲前將軍。與霍光等擁立宣帝，因功而得益封。宣帝本始二年（前 72）率三萬騎兵從雲中郡出塞，參與五將軍北伐匈奴之役。神爵元年（前 61）爲大司馬車騎將軍。五鳳二年（前 56）卒。由於其在昭、宣二朝頗有戰功，爲人厚重謹信，爲退讓君子，又善舉賢才，終得列麒麟閣，然其行事亦有“保身固寵，不能有所建明”之譏。參見《漢書》卷三三《韓王信傳》及卷七《昭帝紀》顔師古注、卷一六《孝文功臣表》、卷五四《蘇武傳》。案，錢大昭《漢書辨疑》指出，“增”字《（文帝功臣）表》作“曾”；“頟”字《宣紀》作“雒”。　大鴻臚：秦稱典客，西漢景帝改名大行令，武帝始改大鴻

臚。掌少數民族事務，及諸侯王喪事，又掌引導百官朝會，兼管京師郡國邸舍及郡國上計吏之接待。成帝時省典屬國併入，又兼管少數民族朝貢使節、侍子。九卿之一，秩中二千石。案，王先謙《漢書補注》指出，據表，當時田廣明已擔任衛尉。此處“大鴻臚”三字或誤。　田廣明：字子公，鄭（今陝西渭南市）人。西漢武帝、昭帝、宣帝時期酷吏、將軍。傳見《漢書》卷九〇。

［7］【今注】三輔：長安及周邊的三個郡級區劃，即京兆尹、左馮翊、右扶風。在十三州之外，由司隸校尉部負責監察。京兆尹，西漢京畿地區郡級行政單位，亦爲官名。武帝時改右内史置，職掌如郡太守。兩漢均治長安縣（今陝西西安市西北）。左馮翊，西漢京畿地區郡級行政單位，亦爲官名。武帝時改左内史置。《漢書·百官公卿表上》注：“馮，輔也。翊，佐也。”職掌相當於郡太守，轄區相當於一郡。西漢時治所在長安城，東漢出治高陵縣（今陝西西安市高陵區）。轄境範圍相當於今陝西渭河以北、涇河以東洛河中下游地區。右扶風，西漢京畿地區郡級行政單位，亦爲官名。秦及漢初設主爵中尉，掌列侯。西漢武帝時改名右扶風，掌治内史右地。西漢時治所在長安城，東漢出治槐里縣（今陝西興平市東南）。職掌相當於郡太守。東漢雖遷都至洛陽，然因長安地區是西漢皇陵所在，故仍舊在長安地區保持“三輔”的設置。案，三，大德本作“二”。　太常：官名。漢初名奉常，西漢景帝時改名太常，掌宗廟禮儀。位列九卿之首，秩中二千石。漢初以來，凡置皇帝陵園輒徙民於周邊，進而因陵設縣，由太常管理，積少成多，以致一度有“太常郡”之名，至元帝時將諸陵管理權劃歸三輔，此架構乃罷（參見張焯《西漢“太常郡”考述》，《歷史教學》1993 年第 4 期）。胡三省《資治通鑑注》認爲，這裏是指輸作三輔及太常的刑徒。

及王莽篡亂，氐人亦叛。建武初，氐人悉附隴蜀，及隗囂滅，[1]其酋豪乃背公孫述降漢，隴西太守馬援上復其王侯君長，[2]賜以印綬。後囂放人隗茂反，殺武都太守。氐人大豪齊鍾留爲種類所敬信，[3]威服諸豪，與郡丞孔奮擊茂，[4]破斬之。[5]後亦時爲寇盜，郡縣討破之。

[1]【今注】隗囂：字季孟，天水成紀（今甘肅静寧縣西南）人。傳見本書卷一三。

[2]【今注】隴西：郡名。兩漢均治狄道縣（今甘肅臨洮縣）。

[3]【今注】案，大德本無"大豪"二字。

[4]【今注】郡丞：官名。秦始置，漢因之。輔佐郡守治郡，郡守病時可代行郡守之權力。東漢初，罷邊郡之丞，設長吏領丞職。　案，大德本無"茂"字。

[5]【今注】案，大德本無"破"字。

論曰：漢氏征伐戎狄，[1]有事邊遠，蓋亦與王業而終始矣，至於傾没疆垂，喪師敗將者，不出時歲，卒能開四夷之境，款殊俗之附。若乃文約之所沾漸，風聲之所周流，幾將日所出入處也。[2]著自山經、水志者，亦略及焉。雖服叛難常，威澤時曠，及其化行，則緩耳雕脚之倫，獸居鳥語之類，[3]莫不舉種盡落，回面而請吏，陵海越障，累譯以内屬焉。故其録名中郎、校尉之署，[4]編數都護、部守之曹，動以數百萬計。若乃藏山隱海之靈物，沈沙棲陸之瑋寶，[5]莫不呈表怪麗，雕被宫幄焉。又其賨幏、火毳、馴禽、封獸之賦，軨積於内府；[6]夷歌巴舞殊音異節之技，列倡於外門。

豈柔服之道，必足於斯？然亦云致遠者矣。蠻夷雖附阻巖谷，而類有土居，連涉荊、交之區，布護巴、庸之外，[7]不可量極。然其凶勇狡筭，[8]薄於羌狄，故陵暴之害，不能深也。[9]西南之徼，[10]尤爲劣焉。故關守永昌，肇自遠離，啓土立人，至今成都焉。[11]

［1］【今注】戎狄：族名。一作“夷狄”。因其主要居於北方，故被稱爲北狄。東周的中山國即是由狄族的一支白狄鮮虞部所建。

［2］【李賢注】文約謂文書要約也。

［3］【李賢注】緩耳，儋耳也。獸居謂穴居。

［4］【李賢注】謂護匈如中郎將及戊己校尉等。【今注】校尉：官名。秦置，漢沿襲之。西漢武帝時設八校尉，以統領宿衛兵。漢制，一般軍隊中，將軍以下有校尉。又有城門、司隸等校尉，以守衛城門和監察百官及京師近郡等事。

［5］【李賢注】珠玉、金碧、珊瑚、虎魄之類。【今注】案，沈，殿本作“沉”。

［6］【李賢注】火毳即火浣布也。馴禽，鸚鵡也。封獸，象也。《神異經》曰：“南方有火山，長四十里，廣四五里。生不燼之木，晝夜火然，得烈風不猛，暴雨不滅。火中有鼠，重百斤，毛長二尺餘，細如絲，恒居火中，時時出外，而色白，以水逐沃之即死。績其毛，織以作布。用之若汙，以火燒之，則清潔也。”《傅子》曰“長老説漢桓時，梁冀作火浣布單衣，會賓客，行酒公卿朝臣前，佯争酒失杯而汙之（汙，殿本作‘沃’），冀僞怒，解衣而燒之，布得火，燁然而熾，如燒凡布，垢盡火滅，粲然潔白，如水澣”也。【今注】案，㮓，殿本作“㯉”。　火毳（cuì）：又名火浣布。當即石棉製品，基本成分是水合硅酸鎂。　馴禽：鳥名。即鸚鵡。　封獸：象。　軫積：聚積。

［7］【今注】巴：郡名。治江州縣（今重慶市嘉陵江北岸）。

庸：縣名。即上庸縣，治所在今湖北竹山縣西南。本爲古庸國，春秋時滅於楚，後置上庸縣。

［8］【今注】案，狡，殿本作“校”。

［9］【今注】案，大德本無“深也”二字。

［10］【今注】案，大德本無“西”字。

［11］【李賢注】哀牢夷伐鹿茤不得，乃歸中國，故言肇自遠離。【今注】案，大德本無“人至今”三字。

贊曰：百蠻蠢居，仞彼方徼。鏤體卉衣，憑深阻峭。[1]亦有別夷，屯彼蜀表。參差聚落，紆餘岐道。[2]往化既孚，改襟輸寶。[3]俾建永昌，同編億兆。

［1］【李賢注】蠢，小貌也。鏤體，文身也。卉衣，草服也。

［2］【今注】案，岐，大德本作“歧”。

［3］【李賢注】孚，信也。襟，衽也。

後漢書　卷八七

列傳第七十七

西羌[1]

[1]【今注】案，本卷所叙之“西羌”，主要指兩漢時期分布在今青藏高原邊緣的青海、甘肅及四川等地，屬漢藏語系，以游牧爲主業，兼務農作的少數民族。部族衆多，不相統屬。至隋唐時，其大部分已融入漢族與藏族，但遷徙至今四川西北的一小部分羌人仍保持舊有認同，並與當地土著融合，形成了今天的羌族。（參見馬長壽《氐與羌》，上海人民出版社1984年版；常倩《商周至魏晉南北朝羌人問題研究》，博士學位論文，華東師範大學，2011年）

西羌之本，出自三苗，[1]姜姓之別也。其國近南岳。[2]及舜流四凶，[3]徙之三危，[4]河關之西南羌地是也。[5]濱於賜支，[6]至乎河首，[7]緜地千里。賜支者，《禹貢》所謂析支者也。[8]南接蜀、漢徼外蠻夷，[9]西北鄯善、車師諸國。[10]所居無常，依隨水草。地少五穀，[11]以産牧爲業。其俗氏族無定，或以父名母姓爲種號。十二世後，相與婚姻，父没則妻後母，兄亡則納鵞婈，[12]故國無鰥寡，種類繁熾。不立君臣，無相長一，强則分種爲酋豪，弱則爲人附落，更相抄暴，以力爲雄。殺人償死，無它禁令。其兵長在山谷，短於平地，不能持久，而果於觸突，以戰死爲吉利，病終爲不祥。堪耐寒苦，[13]同之禽獸。雖婦人産子，亦不避風雪。性堅剛勇猛，得西方金行之氣焉。[14]

［1］【今注】三苗：古部族名。與驩兜、共工、鯀合稱爲“四罪”。《尚書·舜典》：“竄三苗于三危。”孔傳：“三苗，國名，縉雲氏之後，爲諸侯，號饕餮。”《史記》卷一《五帝紀》：“三苗在江淮、荆州數爲亂。”三苗祖居地有西北説，有長江以南説。參見侯哲安《三苗考》（《貴州民族研究》1979年第1期）、郭偉川《古“三苗”新考》（《汕頭大學學報》2007年第2期）。

［2］【李賢注】衡山也。【今注】南岳：五嶽之一，即衡山。在今湖南衡山縣西一帶。山勢雄偉，有七十二峰。

［3］【今注】舜：傳説中的上古人物，五帝之一。嬀姓，名重華。有虞氏部落首領，又稱虞舜。在位時放逐四凶（鯀、共工、驩兜和三苗），命禹治水，后稷掌農業，契行教化，益管山林，皋陶治法律。後死於蒼梧之野（今湖南寧遠縣南蒼梧山）。

［4］【李賢注】三危，山，在今沙州敦煌縣東南，山有三峰，故曰三危也。【今注】三危：山名。確切所在，説法不一，多以爲在今甘肅敦煌市境内。

［5］【李賢注】河關，縣，屬金城郡。已上並《續漢書》文（上，大德本誤作“卜”）。【今注】河關：縣名。治所在今青海同仁縣北。　案，此處關於西羌爲三苗之後的説法當爲傳説，不可據爲信史。其一，河西之地直至漢武帝時方納入中原王朝統轄，稱上古之舜帝可將三苗驅至河西走廊最西端之敦煌，實難置信。其二，河西本地自有土著，即令三苗果被驅至此地，亦不過融入當地

土著而已，豈可謂西羌皆爲三苗之後？《史記》卷一《五帝本紀》記此事即云“遷三苗於三危，以變西戎”，較本書所叙更爲合理（參見馬長壽《氐與羌》，上海人民出版社 1984 年版）。事實上，范曄對此亦未必深信，是以其後文又叙無弋爰劍事，視作諸羌之共祖。

[6]【今注】賜支：河名。一名“析支”，又名“賜支河曲”。古代羌人所居地區的一段黄河，在今青海共和縣東南。“賜支”可能是羌人對黄河的稱呼。

[7]【今注】河首：地區名。黄河河源地區的泛稱。漢時以今青海鄂陵湖以下一段黄河爲賜支河首。因其地居黄河上游臨近河源一帶，故名。

[8]【今注】禹貢：《尚書》中的一篇，記載了各地山川、地形、土壤、物産等情况。一般認爲《禹貢》遲於《山海經》、早於《漢書·地理志》。　析支：在今甘肅臨洮縣以西及青海西寧市西北大積石山一帶。

[9]【今注】徼（jiào）：邊境關隘。一般北方稱“塞”，南方稱“徼”。

[10]【今注】鄯善：西域國名。本名“樓蘭”，西漢昭帝元鳳四年（前 77）改稱鄯善。王治扜泥城（今新疆若羌縣東北羅布泊西岸樓蘭古城）。　車師：原名“姑師”。西域諸國之一。國都交河（今新疆吐魯番市西北雅爾湖西）。東南通敦煌，南通樓蘭（鄯善），西通焉耆，西北通烏孫，東北通匈奴，爲絲路要地。故漢有“五争車師”之舉。

[11]【今注】五穀：古代中國的五種常見糧食作物，一般認爲指麻、黍（有黏性的黄米）、稷（粟，俗稱小米）、麥、菽（豆子）。

[12]【李賢注】寡婦曰釐，力之反。

[13]【今注】案，紹興本“堪”字處爲墨點。

[14]【李賢注】《黄帝素問》曰：“西方者，金王之域（王，

大德本、殿本作‘玉’)，沙石之處，其人山居而多風，水土剛强。”【今注】西方金行之氣：古以五行配五方，與西方所配者爲金。

王政脩則賓服，德教失則寇亂。昔夏后氏太康失國，[1]四夷背叛。及后相即位，乃征畎夷，[2]七年然後來賓。至于后泄，始加爵命，由是服從。[3]后桀之亂，[4]畎夷入居邠岐之間，[5]成湯既興，[6]伐而攘之。及殷室中衰，諸夷皆叛。至于武丁，征西戎、鬼方，三年乃克。[7]故其詩曰：“自彼氐羌，莫敢不來王。”[8]

[1]【李賢注】太康，夏啓之子，盤于游田，不恤人事，爲羿所逐，不得反國也。【今注】夏后氏：即夏朝。后，夏、商時指君王。古史傳説中舜禪位於禹，禹即天子位，南面朝天下，以夏后爲國號，以姒爲姓，故稱夏后氏。　太康：禹之孫，啓之子。據説其在位時荒淫，以致政權被東夷族首領后羿奪去。史稱“太康失國”。

[2]【李賢注】后相即太康孫，仲康之子。【今注】畎夷：古族名。戎人的一支，即畎戎。又稱“犬戎”“犬夷”“昆夷”“緄夷”等。公元前771年與申侯聯合共同攻殺周幽王，迫使周室東遷，西周亡。案，據《史記》卷二《夏本紀》記載，仲康爲太康之弟，相爲仲康之子、太康之侄，與李賢注不同。

[3]【李賢注】泄，啓八代孫，帝芒之子也。【今注】泄：夏代自啓以來第九位君主，孔甲之祖父。

[4]【今注】桀：夏朝末代君主，名履癸。夏亡後被流放於南巢。事詳《史記·夏本紀》。

[5]【李賢注】邠，今豳州也。岐即岐州也（兩“岐”字，

大德本、殿本皆作“岐”）。【今注】郊：亦作“豳”。古邑名。在今陝西旬邑縣西。　歧：多作“岐”。地名。在今陝西岐山縣東北。大德本作“岐”。

［6］【今注】成湯：商朝的開國帝王，滅亡夏朝，建立商朝。事詳《史記》卷三《殷本紀》。

［7］【李賢注】武丁，殷王也。《易》曰：“高宗伐鬼方。”《前書音義》曰：“鬼方，遠方也。”【今注】武丁：殷商君主。在位期間任用傅説等賢臣治理國家，婦好等將軍開疆拓土，實現了商代的中興，廟號爲高宗。事詳見《史記·殷本紀》。　西戎：上古對西北戎族的總稱。或以爲指夏、商、周三代以來生活於今中國西北一帶的非周非秦人群。其起源應是本地自新石器時代晚期以來由於氣候變化而逐漸畜牧化、武裝化，並具有移動習性的羌系人群，同時也不排除更遥遠族群的滲入。原活動於黄河上游，即今陝西、甘肅、寧夏、青海東部一帶，逐漸東移，後爲秦人所破服。（參見史黨社《秦與北方民族歷史文化論集》，科學出版社 2018 年版，第 72 頁）甘肅張家川回族自治縣馬家塬墓地、清水縣劉坪墓地、秦安縣王窪墓地等皆屬西戎文化。案，戎，殿本作“羌”。　鬼方：古族名。商周時居於中國西北方的部落，爲商、周西北境强敵。其活動載於《古本竹書紀年》《史記·殷本紀》和出土的《小盂鼎》及商周甲骨卜辭中（參見宋王應麟《困學紀聞·易》、王國維《觀堂集林》卷一三《鬼方昆夷玁狁考》）。

［8］【李賢注】《殷頌》之文。【今注】氐：古族名。氐與羌人居住地點、文化風俗相近，在早期文獻中往往聯稱，因而有觀點認爲其與羌本爲一族，後來纔分化爲二。不過大部分觀點還認爲其與羌當是兩族。相關研究認爲，氐起源於甘肅東南部。漢代時主要活動在今陝西西南、四川北部、甘肅南部一帶，以畜牧及農耕爲業。（參見馬長壽《氐與羌》，上海人民出版社 1984 年版；胡昭曦《論漢晉的氐羌和隋唐以後的羌族》，《歷史研究》1963 年第 2 期；

李紹明《關於羌族古代史的幾個問題》，《歷史研究》1963 年第 5 期）　案，王，紹興本作“土”。

及武乙暴虐，犬戎寇邊，[1]周古公踰梁山而避于岐下。[2]及子季歷，遂伐西落鬼戎。[3]太丁之時，季歷復伐燕京之戎，戎人大敗周師。[4]後二年，周人克余無之戎，於是太丁命季歷爲牧師。[5]自是之後，更伐始呼、翳徒之戎，皆克之。[6]及文王爲西伯，[7]西有昆夷之患，[8]北有獫狁之難，[9]遂攘戎狄而戍之，莫不賓服。[10]及率西戎，征殷之叛國以事紂。[11]

[1]【李賢注】帝武乙即武丁五代孫。無道，爲偶人像，謂之天神，與之博，令人代之行，天神不勝，而僇辱之。又爲革囊盛血，仰而射之，命曰“射天”。遂被雷震而死。【今注】武乙：商朝君主，紂王之曾祖。在位時曾多次表示對天神的侮辱。後在河渭之間打獵時，被雷擊死。有觀點認爲，武乙的行爲體現了商朝後期神權的下降。亦有觀點認爲，所謂“天神”指的是西部周族的信仰，武乙的行爲有壓勝的意味。參見晁福林《試論殷代的王權與神權》（《社會科學戰綫》1984 年第 4 期），樊榮《試析殷商武乙“射天”的涵義》（《安陽師範學院學報》2019 年第 4 期），陳立柱、刁華夏《“敬天”與“射天”：上古夏、夷族群融合之殤》（《史學月刊》2020 年第 4 期）。案，《史記》卷三八《宋微子世家》載殷商後裔所建宋國的末代君主宋王偃亦有與武乙相似之舉動：“盛血以韋囊，縣而射之，命曰‘射天’。淫於酒婦人。”此或爲商族君主立威之常見手段。　犬戎：即畎夷。

[2]【李賢注】梁山在今雍州好畤縣西北。古公，文王之祖也。岐山在扶風郡也（歧，大德本、殿本作“岐”）。【今注】古

公：即古公亶父，公劉九世孫，周文王姬昌的祖父。因受戎狄侵擾，率領周族由豳遷到岐山下的周原，建邑，設官，改舊俗，務農業，使周族逐漸强盛。武王時追尊其爲太王。事見《史記》卷四《周本紀》。　梁山：在今陝西韓城市西北，爲黄河西岸大山。案，歧，殿本作"岐"。

［3］【李賢注】《竹書紀年》"武乙三十五年，周王季伐西落鬼戎（戎，紹興本誤作'成'），俘二十翟王"也。【今注】季歷：又稱"王季"。古公亶父少子，文王姬昌之父。事詳《史記·周本紀》。　西落鬼戎：部族名。古代戎狄族的一支。其聚居地當在今陝、甘、寧交界地區。

［4］【李賢注】太丁，武丁子也（丁，殿本作"乙"，是）。《竹書紀年》曰："太丁二年，周人伐燕京之戎（周，紹興本作'問'），周師大敗"也。【今注】太丁：商朝國君。武乙子。在位時，曾册封周文王之父季歷爲牧師，後復殺之。

［5］【李賢注】季歷，文王之父也。《竹書紀年》曰："太丁四年，周人伐余無之戎，克之。周王季命爲殷牧師也。"【今注】余無：部族名。先秦商、周時代中國西北地區少數民族中戎族的一支。其主要聚居地當在今陝西北部一帶。

［6］【李賢注】《竹書紀年》曰"太丁七年，周人伐始呼之戎，克之。十一年，周人伐翳徒之戎，捷其三大夫"也。【今注】始呼：部族名。戎族的一支。主要活動在今陝西、甘肅、寧夏三省區交界地。

［7］【今注】文王：姓姬，名昌，商朝末年周族領袖。爲西伯。建豐邑（今陝西西安市西南）爲都。《史記·周本紀》載，文王"篤仁、敬老、慈少"，禮賢下士，日中不暇食優待士人，因此士多歸附。有伯夷、叔齊、太顛、閎夭、散宜生、鬻子、辛甲大夫等人。其子武王姬發建立了周朝。　伯：同"霸"。

［8］【今注】昆夷：泛指先秦時中國西南地區的少數民族。

[9]【今注】獫（xiǎn）狁：中國古代北方少數民族名。也作“獫允”“玁狁”。

[10]【李賢注】見《詩·小雅·采薇》篇。【今注】狄：族名。又作“翟”。一作“戎狄”“夷狄”。因其主要居於北方，故被稱爲北狄。東周的中山國即是由狄族的一支白狄鮮虞部所建。

[11]【李賢注】《左傳》晉韓獻子曰：“文王率殷之叛國以事紂，惟知時。”【今注】紂：商代末代君主，名受，又作辛。荒淫暴虐，商亡後自焚而死。事見《史記》卷三《殷本紀》。

及武王伐商，[1]羌、髳率師會于牧野。[2]至穆王時，[3]戎狄不貢，王乃西征犬戎，獲其五王，又得四白鹿，四白狼，[4]王遂遷戎于太原。[5]夷王衰弱，[6]荒服不朝，乃命虢公率六師伐太原之戎，[7]至于俞泉，獲馬千匹。[8]厲王無道，[9]戎狄寇掠，乃入犬丘，殺秦仲之族，[10]王命伐戎，不克。及宣王立四年，[11]使秦仲伐戎，爲戎所殺，王乃召秦仲子莊公，與兵七千人，伐戎破之，[12]由是少却。後二十七年，王遣兵伐太原戎，不克。後五年，王伐條戎、奔戎，[13]王師敗績。後二年，晉人敗北戎于汾隰，[14]戎人滅姜侯之邑。明年，王征申戎，[15]破之。後十年，幽王命伯士伐六濟之戎，[16]軍敗，伯士死焉。[17]其年，戎圍犬丘，虜秦襄公之兄伯父。[18]時幽王昏虐，四夷交侵，遂廢申后而立褒姒。申侯怒，與戎寇周，殺幽王於酈山，[19]周乃東遷洛邑，[20]秦襄公攻戎救周。後二年，邢侯大破北戎。

［1］【今注】武王：文王子，周王朝建立者，姓姬，名發。聯合諸侯起兵伐紂，經牧野之戰滅殷，建立周王朝，分封諸侯，定都鎬。崩，謚爲武王。事見《史記》卷四《周本紀》。

［2］【李賢注】《尚書》曰："庸、蜀、羌、髳、微、盧、彭、濮人。"孔安國注曰："皆蠻夷戎狄也。"【今注】髳：髳人爲古羌人的一支。周武王伐紂時，曾聯合西方的八百少數民族出兵，其中就有建國於巴地的髳國。周代的髳人，可能不斷向西南遷移，唐代時在髳人的居地設髳州，即今雲南牟定縣。　牧野：地名。在今河南淇縣西南。武王伐紂，聯合八百諸侯，在牧野會戰，大敗商軍，滅商。

［3］【今注】穆王：西周國君姬滿。周成王之孫，昭王之子。事見《史記·周本紀》。

［4］【李賢注】見《史記》。

［5］【今注】太原：地名。一説在今寧夏固原市一帶，一説在今甘肅平涼市北。

［6］【李賢注】夷王，穆王孫，名燮也。

［7］【今注】虢公：周夷王大臣。爲虢仲之後，封地在虢（今山西平陸縣周圍）。　六師：即六軍。按周制，天子有六軍，諸侯國以三軍、二軍、一軍不等。

［8］【李賢注】見《竹書紀年》。【今注】俞泉：鄉邑名。故址當在今山西汾水上中游地區太原市一帶。

［9］【今注】厲王：西周國君。名胡，周夷王子。暴虐好利。用榮夷公爲卿士執政，暴虐侈傲，壟斷山林川澤收益。諸侯不朝，國人謗之。又令衞巫監視"國人"，殺議論朝政之人，國人莫敢言，道路以目。後國人暴動，厲王出奔於彘，朝政由召公、周公執掌，史稱"共和行政"。十四年後，死於彘。

［10］【李賢注】犬丘（犬，大德本作"大"），縣名，秦曰廢丘，漢曰槐里也。【今注】犬丘：邑名。秦代爲廢丘縣，漢代爲

槐里縣，治所在今陝西興平市東南。　殺秦仲之族：秦國先祖大駱有庶子非子，因養馬之功被封於秦，爲附庸國君，秦，仲爲其後代。大駱嫡子成一脈居於犬丘，爲戎所殺害。事見《史記》卷五《秦本紀》。

［11］【今注】宣王：周宣王姬静。任用召穆公等賢臣，四處征討，在千畝之戰大敗於姜戎，派仲山甫料民於太原。事見《史記·周本紀》。

［12］【今注】伐戎破之：莊公兄弟五人擊戎勝利後，周宣王將秦復封與莊公，並將原大駱嗣子一脈所據犬丘亦封予之，莊公獲封爲西垂大夫，非子、莊公一系乃成爲大駱的繼承人。莊公之子襄公時，秦擺脱附庸地位，獲封爲諸侯。

［13］【今注】條戎：部族名。西周時西北少數民族戎族的一支。主要活動地區在今陝西北部及山西一帶。　奔戎：部族名。先秦時西北少數民族中戎族的一支。主要活動地區在今陝西北部或山西一帶。

［14］【李賢注】二水名。【今注】汾隰（xí）：地區名。泛指今汾水流域的山西洪洞縣、襄汾縣一帶。汾，水名。黄河第二大支流。在今山西中部。源出寧武縣之管涔山。上游穿行山地，中游流經太原盆地，下游通過臨汾盆地，在河津西入黄河。全長七百餘千米。秦漢時，河道除下游入黄河處略有變遷，清徐縣至介休市間東移十餘千米外，其他均同。隰，隰城，漢置縣，屬西河郡，故址在今山西汾陽市西。

［15］【今注】申戎：部族名。戎族的一支。活動在今陝西、山西一帶。周宣王時，一部分東遷至謝（今河南南陽市一帶），至春秋初期爲楚文王所滅。留在原地的部分仍稱“申戎”，或稱“西申”“姜氏之戎”。西周末年曾聯合犬戎攻滅西周，並擁立周平王。戰國時爲秦所攻滅，其族與漢族逐漸融合。

［16］【今注】幽王：西周末代君主。名宫湦（shēng），周宣王子。任善諛好利之臣虢石父爲卿，行苛政。納褒姒而寵，生子伯

服。廢太子宜臼及申后，立伯服。時鎬京地震，三川竭，岐山崩，又命攻六濟之戎而敗。申后之父申侯與犬戎攻王，犬戎破鎬京，殺幽王，擄褒姒。西周滅亡。

［17］【李賢注】並見《竹書紀年》。

［18］【今注】秦襄公：嬴姓，春秋時期秦國國君。莊公之子，其在位時，秦國擺脱附庸地位，被正式封爲諸侯，故被視爲秦開國君主，公元前777年至前766年在位。

［19］【今注】酈山：即驪山，又作“麗山”。在今陝西西安市臨潼區東南。

［20］【今注】洛邑：邑名。即洛陽，在今河南洛陽市。

及平王之末，[1]周遂陵遲，戎逼諸夏，自隴山以東，[2]及乎伊、洛，[3]往往有戎。於是渭首有狄豲、邽、冀之戎，[4]涇北有義渠之戎，[5]洛川有大荔之戎，[6]渭南有驪戎，伊、洛閒有楊拒、泉皋之戎，[7]潁首以西有蠻氏之戎。[8]當春秋時，閒在中國，與諸夏盟會。魯莊公伐秦取邽、冀之戎。[9]後十餘歲，晉滅驪戎。[10]是時，伊、洛戎强，東侵曹、魯，[11]後十九年，遂入王城，於是秦、晉伐戎以救周。[12]後二年，又寇京師，齊桓公徵諸侯戍周。[13]後九年，陸渾戎自瓜州遷于伊川，[14]允姓戎遷于渭汭，[15]東及轘轅。[16]在河南山北者號曰陰戎，陰戎之種遂以滋廣。[17]晉文公欲脩霸業，[18]乃賂戎狄通道，以匡王室。秦穆公得戎人由余，遂霸西戎，開地千里。[19]及晉悼公，[20]又使魏絳和諸戎，復脩霸業。[21]是時楚、晉强盛，威服諸戎，陸渾、伊、洛、陰戎事晉，而蠻氏從楚。後陸渾叛晉，晉令荀吴滅之。[22]後四十四年，楚執蠻氏而盡囚其人。是時義渠、大荔最强，築城數十，皆自稱王。

［1］【今注】平王：周平王，東周第一代君主。幽王子，名宜臼。幽王被犬戎所殺，平王即位，爲避戎寇，東遷於洛邑，史稱東周。公元前720年卒。事見《史記》卷四《周本紀》。

［2］【今注】隴山：山名。在今陝西隴縣西，屬六盤山山脈南延。

［3］【今注】伊：洛水支流。源出河南欒川縣伏牛山北麓，東北流至偃師市南入洛水。　洛：今河南洛河。黄河支流。

［4］【李賢注】狄即狄道，豲即豲道，邽即上邽縣，冀即冀縣也。【今注】渭：渭水。黄河最大支流，在今陝西中部。　狄豲（wán）：部族名。先秦戎族的一支。主要活動地區在今甘肅渭水源地與上游一帶，即今渭源、隴西等縣境地。　邽：縣名。秦以邽縣改置爲上邽縣。治所在今甘肅天水市。　冀：縣名。秦置。治所在今甘肅甘谷縣東南。東漢時爲漢陽郡治所。

［5］【李賢注】義渠，縣，屬北地郡也。【今注】涇：涇水。即今涇河，源出寧夏六盤山東麓，東南流經甘肅，在陝西西安市高陵區附近從北匯入渭河。　義渠：西戎部族名稱。後被秦國征服，於其地置義渠道，治所在今甘肅慶陽市西峰區。

［6］【李賢注】洛川即洛水。大荔，古戎國，秦獲之，改曰臨晉，今同州城是也。【今注】大荔：西戎部族名稱。後被秦國征服，於其地置臨晉縣，治所在今陝西大荔縣朝邑鎮。或以爲大荔戎本居北地，秦征服後將其内遷至臨晉縣，如全祖望即説："大荔之戎，亦名芮戎，在北地；而芮伯之國在臨晉。其後，大荔滅於秦，種落蓋有居於臨晉者，漢人遂合芮戎、芮伯之國而一之，謂臨晉即故大荔，是大繆也。"（全祖望：《全校〈水經注〉》，《四庫未收書輯刊》第2輯第24册，北京出版社2000年版，第74頁上）

[7]【李賢注】杜預注《左傳》云："楊拒，戎邑也。"【今注】楊拒：邑名。在今河南西北一帶。　泉皋：鄉邑名。在今河南西南伊、洛水流域。

[8]【李賢注】《左傳》曰："單浮餘國蠻氏。"杜預注云："梁南有霍陽山，皆蠻子之邑。"【今注】潁：潁水。即今河南、安徽境内潁河。源出今河南登封市嵩山西南，東南流至安徽壽縣西匯入淮水。大德本作"頴"。

[9]【今注】魯莊公：春秋時魯國國君。在位時遭到齊國入侵，後迫使齊桓公還其侵占之地。

[10]【今注】驪戎：古戎人部族名。因居處於驪山一帶而得名，春秋時爲晉國所滅。

[11]【李賢注】《左傳》莊公十八年，公追戎于濟西。杜預注"戎侵魯，魯人不知，去乃追之（大德本無'去'字）。二十四年戎侵曹"也。【今注】曹：國名。西周封國。姬姓。始封之君爲武王弟叔振鐸，建都陶丘（今山東菏澤市定陶區西南），占有今山東西部。公元前 487 年爲宋所滅。　魯：周初分封的諸侯國名。周武王滅商後，封周公旦於魯。周公不之國，以其子伯禽就國。建都曲阜，範圍主要在今山東西南部。戰國後期爲楚國所滅。

[12]【李賢注】事並見《左傳》僖公十二年。

[13]【今注】齊桓公：姓姜，名小白。齊襄公弟。爲公子時，因齊國内部矛盾而奔莒國。襄公被殺，從莒返回即位，任用管仲、鮑叔牙、隰朋、高傒等，鋭意改革，國力軍事增强。伐魯，會盟於柯（今山東陽穀縣東北阿城鎮）。公元前 679 年，九合諸侯。前 663 年，助燕國打敗山戎，救邢、衞，攻蔡。伐楚，與楚會盟於召陵。平定周王室内亂，助周襄王即位。公元前 651 年，大會諸侯於葵丘（今河南民權縣東北）。爲春秋時第一個霸主。

[14]【李賢注】瓜州，今瓜州也。事見僖二十二年（殿本"僖"後有"公"字）。【今注】陸渾戎：古戎人部族名。一名

“陰戎”，春秋允氏戎别部。原居於河西走廊西端瓜州一帶，春秋時東遷至今河南伊河流域，在今河南欒川、嵩縣、伊川三縣境。後爲晉國所滅。《左傳》僖公二十二年《傳》“秦、晉遷陸渾之戎于伊川”。杜預注：“允氏之戎居陸渾，在秦、晉西北，二國誘而徙之伊川，遂從戎號，至今爲陸渾縣也。”　瓜州：地區名。古西戎地。故址即今甘肅瓜州縣東南鎖陽城。

［15］【李賢注】允姓，陰戎之祖，與三苗俱放三危。見《左傳》。【今注】允姓戎：部族名。戎族的一支。允姓爲陰戎之祖。其聚居地在今陝西渭水入黄河處一帶。　渭汭：在今陝西華陰市東。從黄河轉入渭河，逆流而西上至渭河北側。

［16］【今注】轘轅：山名，又關名。在今河南偃師市東南。

［17］【李賢注】《左傳》哀公四年：“蠻子赤奔晉陰地。”杜預注曰：“陰地，河南山北，自上雒以東至陸渾。”【今注】陰戎：部族名。戎人之一支。主要活動在今河南西北部及陝西華陰、洛南等縣地。

［18］【今注】晉文公：春秋時期晉公國君，名重耳。公元前636年至前628年在位。在位期間，晉國日强，成爲諸侯霸主。事見《史記》卷三九《晉世家》。

［19］【李賢注】由余，其先晉人也，亡入戎。戎王聞穆公賢，使由余觀秦，秦穆公以客禮待之。秦遺戎王以女樂，由余諫（由，大德本誤作“山”），不聽，由余乃降秦，爲謀伐戎。【今注】秦穆公：春秋時期秦國國君。公元前659年至前621年在位。名任好，德公少子，謚穆。在位三十九年，春秋五霸之一。事見《史記》卷五《秦本紀》。　由余：或作“繇余”，其先爲晉人，亡入戎，其賢臣。秦穆公欲兼戎，遺以女樂，由余諫而不聽，遂去降秦，助秦霸西戎。事見《史記·秦本紀》。清馬國翰輯《由余書》一卷。

［20］【今注】晉悼公：春秋時期晉國國君。姓姬，名周，襄

公曾孫。公元前572年至前558年在位。在位期間擊敗楚國，並多次舉行會盟，爲晉國取得了霸主地位。事見《史記》卷三九《晉世家》。

[21]【李賢注】魏絳，晉大夫。見《左傳》襄公十一年(一，大德本、殿本誤作“三”)。【今注】魏絳：即魏昭子，或稱魏莊子。姬姓，魏氏。春秋時期晉國大夫，佐助晉悼公九合諸侯，和輯戎狄。事見《史記》卷四四《魏世家》。

[22]【李賢注】荀吴，晉大夫中行穆子也。見《左傳》昭公元年。

至周貞王八年，[1]秦厲公滅大荔，[2]取其地。趙亦滅代戎，[3]即北戎也。韓、魏復共稍并伊、洛、陰戎，滅之。其遺脱者皆逃走，西踰汧、隴。[4]自是中國無戎寇，唯餘義渠種焉。至貞王二十五年，秦伐義渠，虜其王。[5]後十四年，義渠侵秦至渭陰。後百許年，義渠敗秦師于洛。後四年，義渠國亂，秦惠王遣庶長操將兵定之，[6]義渠遂臣於秦。後八年，秦伐義渠，取郁郅。[7]後二年，義渠敗秦師于李伯。[8]明年，秦伐義渠，取徒涇二十五城。[9]及昭王立，[10]義渠王朝秦，遂與昭王母宣太后通，生二子。至王赧四十三年，[11]宣太后誘殺義渠王於甘泉宫，[12]因起兵滅之，始置隴西、北地、上郡焉。[13]

[1]【今注】周貞王：戰國初期的東周君主。周元王之子，姬姓，名介。在位時，韓、趙、魏攻滅智氏，初步完成了三家分晉。

[2]【今注】秦厲公：戰國時秦國國君。嬴姓，秦悼公之子。公元前476年至前443年在位。在位期間，始立縣制。伐義渠戎，

虜其王。

［3］【今注】代戎：部族名。一名北戎。先秦時中國西北地區少數民族戎族的一支。因聚居古代國地區，故名。故地在今河北蔚縣與山西陽高縣一帶。

［4］【李賢注】汧山、隴山之間也，在今隴州汧源縣。【今注】汧（qiān）：此指汧山，在今陝西隴縣西南，漢代稱“吴山”。

［5］【李賢注】即厲公二十三年伐也。

［6］【李賢注】操，名也。庶長，秦爵也。事見《左傳》。【今注】秦惠王：即秦惠文王。戰國時期秦國國君，秦孝公子。公元前337年至前311年在位。在位期間吞併巴蜀，擊敗楚懷王。事見《史記》卷五《秦本紀》。　庶長：爵名。秦有二十等爵，第十左庶長，第十一右庶長，第十七駟車庶長，第十八大庶長。

［7］【李賢注】縣名，屬北地郡。【今注】郁郅：縣名。治所在今甘肅寧縣北。1922年咸陽秦都遺址長陵車站南沙坑出土一件銘文“郁郅”戈，時限爲戰國晚國晚期至秦代，知其地最晚在秦代即已設縣（參見施謝捷《秦兵器銘刻零釋》，《安徽大學學報》2008年第7期）。

［8］【李賢注】李伯，地名，未詳。

［9］【李賢注】徒涇，縣名，屬西河郡。【今注】徒涇：縣名。一作“徒經”。治所當在今陝西宜川縣、山西石樓縣以北的黄河流域地區。西漢時置，屬西河郡，東漢廢。

［10］【今注】昭王：即秦昭襄王，嬴姓，名稷，戰國時期秦國國君。秦惠文王子，秦武王弟。公元前306年至前251年在位，長達五十餘年。在位前中期，由其母宣太后及舅父穰侯魏冉輔政。其間，秦國曾扣押楚懷王、五國聯合伐齊幾滅齊國、攻破郢都逼楚國向東遷都，使齊、楚兩强喪失了與秦争衡的能力。在位晚期，昭王親政，任用白起在長平大破趙軍，但未聽從白起建議及時攻滅趙國。之後昭王復派大軍試圖滅趙，但爲魏、楚援軍所敗，秦統一時

間亦被迫後延。然秦之獨霸局面業已確立，爲秦始皇統一天下奠定了基礎。事見《史記·秦本紀》。

[11]【今注】案，赦，殿本作“赧”。

[12]【今注】甘泉宫：在今陝西淳化縣鐵王鄉一帶，是秦漢帝王避暑處政的離宫。一説其宫秦代時名林光宫，西漢時因地處甘泉山而改名甘泉宫。不過現在多認爲甘泉、林光爲兩宫，皆在甘泉山上，相距不遠。武帝時大規模擴建甘泉宫，形成以前殿爲主體建築，包括竹宫、長定宫、高光宫、七里宫、增成宫、通靈臺等在内的宫殿建築群。

[13]【今注】隴西：郡名。兩漢均治狄道縣（今甘肅臨洮縣）。　北地：郡名。秦及西漢前期當治彭陽縣（今甘肅鎮原縣東），西漢中後期及東漢前期治馬嶺縣（今甘肅慶陽市西北馬嶺鎮）。東漢中後期，因受戰亂影響，北地郡或僑治左馮翊池陽縣（今陝西涇陽縣西北），或治富平縣（今寧夏吴忠市西南）。多次徙入徙出，最終在魏文帝時將北地郡移入原左馮翊界内。　上郡：郡名。兩漢均治膚施縣（今陝西榆林市東南）。

戎本無君長，夏后氏末及商周之際，或從侯伯征伐有功，天子爵之，以爲藩服。春秋時，陸渾、蠻氏戎稱子，戰國世，大荔、義渠稱王，及其衰亡，餘種皆反舊爲酋豪云。[1]

[1]【今注】案，種，大德本作“衆”。又案，以上所敘，在體例上爲追溯“西羌”在先秦時之起源。然上文所敘之“西羌”是否爲本卷重點敘述的河湟之地羌人之祖先，學界尚有争議。其一，上文所敘，除了被稱爲“羌”的族群外，還有許多被稱爲“戎”“狄”的西部少數民族。有的觀點認爲，這些民族與“羌”無直接關係。有的觀點則認爲，由於在周滅商的過程中，與周族關

係親近的羌族助周滅商，融入華夏，因而迴避了“羌”這個蔑稱，而對未融入華夏的“羌”改稱“戎”。其二，傳統觀點認爲漢代河湟之地之“羌”與商周時期之“羌”一脈相承。但近年復有觀點認爲，商、周時期中原王朝疆界距河西尚遠，其所指的居於西界的“羌”與漢代河西之“羌”當非一事。隨着中原王朝版圖的擴大，商、周時之“羌”當已逐步融入華夏，而復以新邊界之西的少數民族爲“羌”。上述觀點各自有其道理，商、周之羌、戎與漢代河湟之羌或無直接的傳承關係——這一點從後文將無弋爰劍視作諸羌共祖亦可看出痕迹。然若化而言之，把“羌”視爲居於華夏之西，屬漢藏語系，與華夏有較近文化親緣關係的少數民族之總稱，則上述追溯亦有其合理之處。（見馬長壽《氐與羌》，上海人民出版社 1984 年版；王明珂《華夏邊緣——歷史記憶與族群認同》，上海人民出版社 2020 年版；常倩《商周至魏晉南北朝羌人問題研究》，博士學位論文，華東師範大學，2011 年）

羌無弋爰劍者，秦厲公時爲秦所拘執，以爲奴隸。不知爰劍何戎之别也。後得亡歸，而秦人追之急，藏於巖穴中得免。羌人云爰劍初藏穴中，秦人焚之，有景象如虎，爲其蔽火，得以不死。既出，又與劓女遇於野，[1]遂成夫婦。女恥其狀，被髮覆面，羌人因以爲俗，遂俱亡入三河間。[2]諸羌見爰劍被焚不死，怪其神，共畏事之，推以爲豪。河湟間少五穀，多禽獸，以射獵爲事，[3]爰劍教之田畜，遂見敬信，廬落種人依之者日益衆。羌人謂奴爲無弋，以爰劍嘗爲奴隸，故因名之。其後世世爲豪。

［1］【李賢注】劓，截鼻也。

[2]【李賢注】《續漢書》曰："遂俱亡入河湟間。"今此言三河，即黄河、賜支河、湟河也。

[3]【李賢注】湟水出金城郡臨羌縣。【今注】河湟：地區名。指黄河與湟水兩流域交界地區。大致相當於今青海東北部一帶。

至爰劍曾孫忍時，秦獻公初立，[1]欲復穆公之迹，[2]兵臨渭首，滅狄豲戎。[3]忍季父卬畏秦之威，將其種人附落而南，出賜支河曲西數千里，[4]與衆羌絶遠，不復交通。其後子孫分别，各自爲種，任隨所之。或爲氂牛種，越巂羌是也；[5]或爲白馬種，廣漢羌是也；[6]或爲參狼種，[7]武都羌是也。[8]忍及弟舞獨留湟中，[9]並多娶妻婦。忍生九子爲九種，舞生十七子爲十七種，羌之興盛，從此起矣。

[1]【今注】秦獻公：戰國時期秦國國君。在位期間實施改革，勵精圖治，多次擊敗魏國，初步扭轉了戰國初期秦國的頹勢，爲其子秦孝公時期的變法奠定了基礎。公元前384年至前362年在位。事見《史記》卷五《秦本紀》。

[2]【李賢注】穆公霸有西戎，公今欲復之。

[3]【李賢注】豲音丸。

[4]【今注】案，河曲，大德本作"曲河"。

[5]【今注】越巂：郡名。治邛都縣（今四川西昌市東南）。

[6]【今注】廣漢：郡名。西漢初治雒縣（今四川廣漢市北），後治梓潼縣（今四川梓潼縣）。東漢初治乘鄉縣（今四川金堂縣東），安帝時移治涪縣（今四川綿陽市東北），後復還治雒縣。

[7]【今注】參狼種：部族名。羌人的一支。分布在今甘肅南

部隴南市武都區附近一帶，尤其是白龍江沿岸地區。白龍江古稱羌水，其上源有參狼谷，故名。

［8］【今注】武都：郡名。西漢時治武都縣（今甘肅禮縣南），東漢時治下辨縣（今甘肅成縣）。

［9］【今注】湟中：青海湟水中游地區。地理範圍西起青海湖東岸，東至今甘肅民和回族土族自治縣轄區。時爲羌、小月氏及漢人等各族雜居之處。（參見侯丕勛、劉再聰主編《西北邊疆歷史地理概論》，甘肅人民出版社 2007 年版，第 9 頁）

及忍子研立，時秦孝公雄强，[1]威服羌戎。孝公使太子駟率戎狄九十二國朝周顯王。[2]研至豪健，故羌中號其後爲研種。及秦始皇時，務并六國，以諸侯爲事，兵不西行，故種人得以繁息。秦既兼天下，使蒙恬將兵略地，[3]西逐諸戎，北卻衆狄，築長城以界之，衆羌不復南度。

［1］【今注】秦孝公：戰國時秦國國君，名渠梁。獻公子。孝公六年（前 356）任用商鞅，實行變法，廢分封制世襲制，實行以軍功受爵，勸耕織等。十二年，遷都咸陽，進一步變法改制，開阡陌，普遍設縣。十四年，初爲賦。從此秦國日益富强。在位二十四年。謚孝。

［2］【今注】太子駟：即秦惠文王。　周顯王：戰國時期的東周君主。周烈王之弟，姬姓，名扁。在位時，數次致文武胙於秦。至其末年，各國諸侯基本已稱王，東周在名義上也喪失了天下共主的地位。

［3］【今注】蒙恬：秦名將。先祖齊國人。祖蒙驁及父蒙武均爲秦名將。戰國末曾參與伐楚、滅齊之役。秦王政二十六年（前 221），滅齊，統一六國，任内史。同年，率兵三十萬擊敗匈奴，收

河南地（今内蒙古河套一帶），並修直道，築長城，西起臨洮，東至遼東，守衛數年，匈奴不敢犯。二世即位後，爲趙高所構陷，矯詔賜死。傳見《史記》卷八八。案，關於蒙恬北伐匈奴之時間，《史記》卷六《秦始皇本紀》記在秦始皇三十二年。而《史記》卷八八《蒙恬列傳》、卷一一二《平津侯主父列傳》、卷一一〇《匈奴列傳》、卷八七《李斯列傳》皆稱其屯邊十餘年，倒推回來，當在秦王政二十六年統一六國不久即已屯邊。《秦始皇本紀》載蒙恬僅因圖讖而受命北伐，未免太過不經，此從諸傳之説。

至于漢興，匈奴冒頓兵强，[1]破東胡，[2]走月氏，[3]威震百蠻，臣服諸羌。景帝時，[4]研種留何率種人求守隴西塞，於是徙留何等於狄道、安故，[5]至臨洮、氐道、羌道縣。[6]及武帝征伐四夷，[7]開地廣境，北卻匈奴，西逐諸羌，乃度河、湟，築令居塞；[8]初開河西，[9]列置四郡，[10]通道玉門，[11]隔絶羌胡，使南北不得交關。於是障塞亭燧出長城外數千里。[12]時先零羌與封養牢姐種解仇結盟，[13]與匈奴通，合兵十餘萬，共攻令居、安故，遂圍枹罕。[14]漢遣將軍李息、郎中令徐自爲將兵十萬人擊平之。[15]始置護羌校尉，[16]持節統領焉。羌乃去湟中，依西海、鹽池左右。[17]漢遂因山爲塞，河西地空，稍徙人以實之。

[1]【今注】匈奴：秦漢時期北方游牧民族，又稱“胡”。戰國時，分布於秦、趙、燕以北的地區。秦朝時，爲蒙恬擊敗而北遷。秦末至漢初，陸續統治了大漠南北及河西走廊地區。西漢武帝時，爲衛青、霍去病等所敗，退守漠北。宣帝、元帝時發生内亂，南匈奴臣服於漢廷，北匈奴郅支單于被殺。兩漢之際匈奴一度獨

立，東漢初年因天災再度内亂，復分爲南北，南匈奴降漢内附，北匈奴保持相對獨立地位。和帝初年，竇憲率兵與南匈奴共破北匈奴，隨軍的班固書文紀功，勒石燕然（該銘文位於今蒙古國杭愛山南麓，已被發現並確認），北匈奴就此衰落，後逐漸西遷。傳見《史記》卷一一〇、《漢書》卷九四。　冒頓：匈奴單于。姓攣鞮。秦二世元年（前209）殺父頭曼自立。建立奴隸制軍事政權，增設官職，加强軍力，東滅東胡，西逐月氏，控制西域諸國，北服丁零，南併樓煩、白羊，進占河套一帶，勢力强大。西漢初年，其所率領的匈奴經常南下，成爲漢初西北地區最强勁的敵對勢力。詳見《漢書》卷九四上《匈奴傳上》。

［2］【今注】東胡：族名、政權名。因居匈奴（胡）以東而得名。從事畜牧狩獵。戰國時爲燕將秦開所破，遷於今西遼河上游老哈河、西拉木倫河流域。秦代時東胡復盛，游牧於大興安嶺及其周圍廣大地區，南至秦長城，一度强於匈奴。後被匈奴冒頓單于擊敗，敗退至烏桓山的一支稱爲烏桓，退至鮮卑山的一支稱爲鮮卑。分布於今内蒙古東部、遼寧西部一帶，其故地歸屬匈奴左賢王。

［3］【今注】月氏：古族名。原在今敦煌、祁連（今甘肅以西河西走廊一帶）。西漢文帝時，因遭匈奴、烏孫攻擊，月氏大部分西遷至塞種地區（今新疆西部伊犁河流域及其迤西一帶）。後遭烏孫攻擊，又西遷至大夏（今阿姆河上游），稱大月氏；一部分進入南山（今祁連山），與羌人雜居，稱小月氏。（參見馮一下《大月氏歷史述略》，《史學月刊》1985年第6期）

［4］【今注】景帝：西漢景帝劉啓。公元前157年至前141年在位。紀見《史記》卷一一、《漢書》卷五。

［5］【今注】狄道：道爲有少數民族聚居的縣級行政區劃，狄道屬隴西郡，治所在今甘肅臨洮縣。　安故：縣名。西漢置，治所在今甘肅臨洮縣南。東漢同。

［6］【李賢注】氐音丁兮反。五縣並屬隴西郡。【今注】臨洮：縣名。治所在今甘肅岷縣。　氐道：縣道名。治所在今甘肅武

山縣東南。　羌道：縣道名。治所在今甘肅舟曲縣北。

［7］【今注】武帝：西漢武帝劉徹，公元前141年至前87年在位。紀見《史記》卷一二、《漢書》卷六。

［8］【李賢注】令居，縣，屬金城郡。令音零。【今注】令居：縣名。屬金城，治所在今甘肅永登縣西。

［9］【今注】河西：古地區名。漢代以今甘肅、青海兩省黄河以西，即今河西走廊與湟水流域爲河西之地。因在黄河之西而得名。

［10］【李賢注】酒泉、武威、張掖、敦煌也。【今注】列置四郡：西漢武帝派霍去病奪河西，初設酒泉、武威二郡，後因其地廣遠，從二郡中又分出張掖、敦煌二郡。是爲河西四郡。

［11］【今注】玉門：縣名。治所在今甘肅玉門市西北。

［12］【今注】障塞：邊境險要處戍守的堡塞。

［13］【李賢注】姐音紫。【今注】先零羌：漢時西羌中的一大支。它包括滇零等小支部族。主要分布在今甘肅臨夏縣以西和青海東北等地。西漢武帝時移居西海鹽池（今青海茶卡鹽湖）地區。以游牧爲生，常出入黄河、湟水一帶，屢屢進擾金城、隴西等郡。東漢初，被隴西太守馬援擊敗，遷徙至天水、隴西、扶風一帶。後漸與漢族及西北其他民族融合。　牢姐：部族名。秦、漢時西北地區少數民族羌族的一支。主要聚居在今甘肅洮水中游地區，即故隴西郡一帶。

［14］【李賢注】安故，縣，屬隴西郡。枹罕，縣，屬金城郡。枹音鈇（枹，紹興本爲墨點，大德本作“抱”）。【今注】枹罕：縣名。治所在今甘肅臨夏回族自治州西南。

［15］【今注】李息：鬱郅（今甘肅慶陽市西北）人。西漢武帝元光二年（前133）爲材官將軍，與韓安國、李廣等埋伏於馬邑，欲擊匈奴而未果。後率軍出擊匈奴、平定西羌。元狩元年（前122）任大行令。　郎中令：秦置，漢因之，西漢武帝時更名光禄

勳，掌宫殿掖門户。秩中二千石，位列九卿。　徐自爲：西漢邊將。武帝太初三年（前 102）擔任光禄勳，在五原郡以外興築長城，名爲光禄塞。事見《史記》卷一一〇《匈奴列傳》。

［16］【今注】護羌校尉：官名。西漢武帝時置。秩比二千石，持節管理西羌事務。王莽時罷。東漢光武帝時，因班彪之建議，復置此官。其屬吏有長史、司馬、主簿、從事等官。

［17］【李賢注】金城郡臨羌縣有鹽池也。【今注】西海：鮮水海，亦即今青海境内青海湖。　鹽池：此指今青海烏蘭縣境内的茶卡鹽湖。

至宣帝時，[1]遣光禄大夫義渠安國[2]覘行諸羌，其先零種豪言："願得度湟水，逐人所不田處以爲畜牧。"安國以事奏聞，後將軍趙充國以爲不可聽。[3]後因緣前言，遂度湟水，郡縣不能禁。至元康三年，[4]先零乃與諸羌大共盟誓，將欲寇邊。帝聞，復使安國將兵觀之。安國至，召先零豪四十餘人斬之，[5]因放兵擊其種，斬首千餘級。於是諸羌怨怒，遂寇金城。[6]乃遣趙充國與諸將將兵六萬人擊破平之。至研十三世孫燒當立。[7]元帝時，[8]彡姐等七種羌寇隴西，[9]遣右將軍馮奉世擊破降之。[10]從爰劍種五世至研，研最豪健，自後以研爲種號。十三世至燒當，復豪健，其子孫更以燒當爲種號。[11]自彡姐羌降之後數十年，四夷賓服，邊塞無事。至王莽輔政，[12]欲燿威德，以懷遠爲名，乃令譯諷旨諸羌，使共獻西海之地，[13]初開以爲郡，築五縣，邊海亭燧相望焉。[14]

［1］【今注】宣帝：西漢宣帝劉詢，公元前 74 年至前 49 年在位。紀見《漢書》卷八。

［2］【李賢注】義渠，姓也。

［3］【今注】趙充國：西漢武、昭、宣三朝名將。傳見《漢書》卷六九。

［4］【今注】元康：西漢宣帝劉詢年號（前 65—前 62）。

［5］【今注】案，四，《漢書·趙充國傳》作“三”。

［6］【今注】金城：郡名。治允吾縣（今甘肅永靖縣西北），安帝初年曾被迫内徙，僑治襄武，後復治允吾。

［7］【今注】案，研，大德本作“斫”。

［8］【今注】元帝：西漢元帝劉奭，公元前 49 年至前 33 年在位。紀見《漢書》卷九。

［9］【李賢注】彡音先廉反，又所廉反。姐音紫。【今注】彡姐：即彡姐羌。部族名。漢代西南、西北地區少數民族羌族的一支。

［10］【今注】右將軍：高級武官名號。漢代有前、後、左、右將軍，西漢武帝時爲大規模作戰時大將軍麾下裨將臨時名號，各統一軍，以方位命名，事訖即罷。武帝之後爲常設之職，但一般不並置四將軍。職在典兵宿衛，亦任征伐之事。通過兼職或加官預聞政事，參與中朝決策。四將軍並位上卿，金印紫綬。位次在大將軍、驃騎將軍、車騎將軍、衛將軍之後。右將軍地位略低於左將軍。（參見錢振民《漢代左右將軍以左爲尊考》，《阜陽師範學院學報》1986 年第 1 期；姚國旺《西漢官制尊右尊左考》，《歷史研究》1987 年第 3 期）　馮奉世：西漢名將。其女媛爲西漢元帝昭儀，平帝祖母。傳見《漢書》卷七九。

［11］【今注】案，紹興本重“復豪健其子孫更以燒當”十字，誤。

［12］【今注】王莽：字巨君，魏郡元城（今河北大名縣東北）

人。西漢元帝皇后王政君侄子。孺子嬰初始元年（8）稱帝，改國號爲新，年號始建國。傳見《漢書》卷九九。

［13］【今注】西海：本指鮮水海，亦即今之青海湖。西漢平帝時王莽收買其地以爲郡，治所在今青海海晏縣。青海海晏縣文化館藏虎符石匱銘文有謂“西海郡虎符石匱始建國元年十月癸卯工河南郭戎造”。由此基本可證實石匱來源地海晏縣三角城遺址當即平帝時王莽所置西海郡之治所。（參見安志敏《青海的古代文化》，《考古》1959年第7期；姜法春《再述“西海郡虎符石匱”》，《群文天地》2014年第4期）

［14］【李賢注】燧，烽也。

滇良者，燒當之玄孫也。時王莽末，四夷内侵，及莽敗，衆羌遂還據西海爲寇。[1]更始、赤眉之際，[2]羌遂放縱，寇金城、隴西。隗囂雖擁兵而不能討之，[3]乃就慰納，因發其衆與漢相拒。建武九年，[4]隗囂死，司徒掾班彪上言：[5]“今涼州部皆有降羌，[6]羌胡被髮左衽，而與漢人雜處，習俗既異，言語不通，數爲小吏黠人所見侵奪，[7]窮恚無聊，故致反叛。夫蠻夷寇亂，皆爲此也。舊制益州部置蠻夷騎都尉，[8]幽州部置領烏桓校尉，[9]涼州部置護羌校尉，皆持節領護，理其怨結，歲時循行，問所疾苦。又數遣使驛通導動静，[10]使塞外羌夷爲吏耳目，州郡因此可得儆備。今宜復如舊，以明威防。”光武從之，即以牛邯爲護羌校尉，持節如舊。[11]及邯卒而職省。十年，先零豪與諸種相結，復寇金城、隴西，遣中郎將來歙等擊之，[12]大破。事已具歙傳。十一年夏，先零種復寇臨洮，隴西太守馬援破降之。[13]後悉歸服，徙置天水、隴西、扶風三郡。[14]明年，武都參狼羌反，援又破降之。事已具《援傳》。

[1]【今注】案，紹興本無“西海”二字。

[2]【今注】更始：指緑林軍創立的更始政權。新莽末年南方發生饑荒，民衆聚於荆州當陽（今湖北荆門市南）緑林山挖掘野菜，王匡等爲其評判争執，被推舉爲首領。至新莽地皇三年（22），因疫疾而分散引去。一支號爲下江兵，一支號爲新市兵。新市軍擊隨縣時，又有平林人陳牧等起兵響應，號爲平林兵。後緑林軍的幾個分支與舂陵劉氏合軍，立劉玄爲帝，建立更始政權。劉玄，字聖公，史稱更始帝。劉秀同鄉族兄，因其門客犯法而投奔平林兵。後被推舉爲皇帝，年號爲更始。最終，更始軍攻滅王莽政權，定都長安。但因各項軍政措施失當，終爲赤眉軍所敗，劉玄投降赤眉後被殺。事見本書卷一一《劉玄傳》。　赤眉：新莽末年農民起義軍，因其成員將眉毛塗成紅色，故名。在王莽覆滅後，其首領樊崇等曾投奔更始政權。因不滿其待遇，乃復反，立劉盆子爲帝，攻滅更始，又擊敗劉秀屬下大將鄧禹。後敗於劉秀屬下大將馮異，復被劉秀截斷歸路，乃降。後樊崇等以謀反罪被殺。

[3]【今注】隗囂：字季孟，天水成紀（今甘肅静寧縣西南）人。兩漢之際的割據軍閥之一。傳見本書卷一三。

[4]【今注】建武：東漢光武帝劉秀年號（25—56）。

[5]【今注】司徒掾：東漢改丞相爲司徒，司徒掾爲司徒府屬吏。　班彪：字叔皮，扶風安陵（今陝西咸陽市東北）人。東漢史學家、文學家，其姑母爲西漢元帝婕妤。續《史記》後傳數十篇，其子班固在此基礎上作成《漢書》。傳見本書卷四〇。

[6]【今注】涼州：西漢武帝時所置十三刺史部之一，下轄隴西、天水（漢陽）、金城、安定、武威、張掖、酒泉、敦煌八郡。

漢泛指涼州爲西州，範圍大致包括今甘肅中部和西北部一帶。

［7］【今注】案，爲，紹興本作“與”。

［8］【今注】益州：西漢武帝時所置十三刺史部之一，下轄漢中、巴郡、廣漢、蜀郡、犍爲、牂牁、越巂、益州、永昌九郡。　蠻夷騎都尉：官名。以騎都尉監領蠻夷，故名。

［9］【今注】幽州：西漢武帝時所置十三刺史部之一，下轄涿、廣陽、代、上谷、漁陽、右北平、遼西、遼東、玄菟、樂浪十郡。轄境約當今北京、河北北部、遼寧大部、天津海河以北及朝鮮大同江流域。治薊縣（今北京市城區西南部的廣安門附近）。　烏桓校尉：官名。即護烏桓校尉。西漢時，烏桓内附，設護烏桓校尉管轄。後其官併於護匈奴中郎將。東漢初，由班彪建議，復置其官。校尉一人，秩比二千石，擁節，并領鮮卑。桓，大德本誤作“栢”。

［10］【今注】案，紹興本、大德本、殿本無“導”字。

［11］【今注】案，大德本無“持”字。

［12］【今注】中郎將：官名。秦置，漢沿置，爲中郎的長官。西漢武帝設中郎三將，分五官、左、右三署，隸光禄勳，秩皆比二千石。職掌護衛侍從天子。至東漢，三署中郎將主要協助光禄勳考課察舉三署諸郎。此外還增設東、西、南、北中郎將用以領兵征討。另有虎賁中郎將、使匈奴中郎將等。　來歙：東漢將領。光武帝劉秀表叔。助劉秀平滅隗囂，復受命南下攻打公孫述，爲公孫述所派刺客殺死。傳見本書卷一五。

［13］【今注】太守：官名。郡的最高行政長官。戰國時作爲郡守的尊稱，秦統一全國後，推行郡縣制，郡爲最高地方行政區劃，每郡置守、尉、監，郡守作爲郡的最高行政長官。西漢景帝中元二年（前148）改郡守爲太守。東漢太守掌治民，進賢勸功，決訟檢姦，秩二千石。東漢後期，太守權力漸爲州刺史侵奪。《通典》卷三三《職官十五》：“郡守，秦官。秦滅諸侯，以其地爲郡，置守、丞、尉各一人。守治民，丞佐之，尉典兵。漢景帝中元二年，

更名郡守爲太守。凡在郡國，皆掌治民，進賢勸功，決訟檢姦。常以春行所主縣，秋冬遣無害吏按訊諸囚，平其罪法，論課殿最，並舉孝廉。”　馬援：字文淵，扶風茂陵（今陝西興平市東北）人。傳見本書卷二四。

[14]【今注】天水：郡名。西漢時治平襄縣（今甘肅通渭縣西），東漢時治冀縣（今甘肅天水市西北）。東漢明帝永平十七年（74）改郡名爲“漢陽”。

自燒當至滇良，世居河北大允谷，[1]種小人貧。而先零、卑湳並皆强富，數侵犯之。[2]滇良父子積見陵易，憤怒，而素有恩信於種中，於是集會附落及諸雜種，[3]乃從大榆入，[4]掩擊先零、卑湳，大破之，殺三千人，掠取財畜，奪居其地大榆中，由是始强。

[1]【今注】大允谷：地名。故地在今青海湖東南的黄河北岸一帶。

[2]【李賢注】湳音乃感反。【今注】卑湳：即卑湳種羌。部族名。秦漢時羌族的一支，主要活動地區在今甘肅蘭州市西與青海西寧市東一帶。

[3]【今注】案，集，殿本作“即”。

[4]【今注】案，大榆入，殿本作“入大榆”。大榆，即大榆谷。地名。與小榆谷皆在今青海貴德縣東黄河南岸一帶，土地肥沃，東漢時爲羌族所居，後漢廷建屯田於此。

滇良子滇吾立。中元元年，[1]武都參狼羌反，殺略吏人，[2]太守與戰不勝，隴西太守劉盱遣從事辛都、監軍掾李苞，[3]將五千人赴武都，與羌戰，斬其酋豪，首虜千餘人。時武都兵亦更破之，斬首千餘級，餘悉降。時滇吾附落轉盛，常雄諸羌，每欲侵邊者，滇吾轉教以方略，爲其渠帥。[4]二年秋，燒當羌滇吾與弟滇岸率步騎五千寇隴西塞，劉盱遣兵於枹罕擊之，[5]不能克，又戰於允街，[6]爲羌所敗，殺五百餘人。於是守塞諸羌皆復相率爲寇。遣謁者張鴻領諸郡兵擊之，[7]戰於允吾、唐谷，[8]軍敗，鴻及隴西長史田颯皆没。[9]又天水兵爲牢姐種所敗於白石，死者千餘人。[10]

[1]【今注】中元：亦稱建武中元，東漢光武帝劉秀年號（56—57）。

[2]【今注】案，略，大德本、殿本作“掠”。

[3]【今注】從事：亦即從事史。官名。漢制，司隸校尉和州刺史，置從事，分掌政事。每郡國亦置從事一名，主督促文書、察舉非法。　監軍掾：郡守所屬諸曹掾之一，與兵曹掾、兵馬掾、督烽掾執掌相近，乃掌兵事之官。

[4]【今注】案，大德本無“其”字。

[5]【今注】枹罕：縣名。治所在今甘肅臨夏回族自治州西南。

[6]【李賢注】允音鈆。街音階（街，大德本作“衘”）。縣名，屬金城郡。【今注】允街：縣名。治所在今甘肅永登縣東南。街，大德本作“衘”。

[7]【今注】謁者：官名。秦置，西漢因之，爲光禄勳屬官。掌賓贊受事，秩比六百石。東漢又有常侍謁者、給事謁者、灌謁者之分。歸謁者僕射管理。秩比千石。

[8]【李賢注】允音鈆。吾音牙。縣名，屬金城鄉（鄉，殿本作“郡”）。唐谷故城在今鄯州湟水縣西也。【今注】允吾：縣

名。治所在今甘肅永靖縣西北。　唐谷：城邑名。在今青海東海市樂都區一帶。

［9］【今注】長史：官名。秦置。漢制，丞相、太尉、公即將軍府屬吏均有長史。另邊陲郡守亦置長史，掌兵馬，秩六百石。

［10］【李賢注】白石，縣名，屬金城郡，有白石山。【今注】白石：縣名。治所在今甘肅臨夏縣西南。

時燒何豪有婦人比銅鉗者，[1]年百餘歲，多智筭，爲種人所信向，皆從取計策。時爲盧水胡所擊，[2]比銅鉗乃將其衆來依郡縣。種人頗有犯法者，臨羌長收繫比銅鉗，[3]而誅殺其種六七百人。顯宗憐之，[4]乃下詔曰："昔桓公伐戎而無仁惠，故《春秋》貶曰'齊人'。[5]今國家無德，恩不及遠，羸弱何辜，而當并命！夫長平之暴，非帝者之功，[6]咎由太守長吏妄加殘戮。[7]比銅鉗尚生者，所在致醫藥養視，令招其種人，若欲歸故地者，厚遣送之。其小種若束手自詣，欲効功者，皆除其罪。若有逆謀爲吏所捕，而獄狀未斷，悉以賜有功者。"

［1］【今注】燒何：部族名。羌人部落。因受盧水胡驅逼而移居今青海湟源縣一帶。因與迷唐種羌起事失敗，被遷於漢陽、安定、隴西等郡。

［2］【今注】盧水胡：部族名。匈奴的一支，因聚居於盧水而得名。東漢時主要分布在今甘肅中南部。

［3］【今注】臨羌：縣名。治所在今青海湟源縣東南。　長：官名。漢因秦制，縣置令、長，爲一縣最高長官。萬户以上爲令，秩千石至六百石。萬户以下爲長，秩五百石至三百石。新莽時曾改

縣令長爲縣宰，東漢復舊。

[4]【今注】顯宗：東漢明帝劉莊，公元 57 年至 75 年在位。顯宗爲其廟號。紀見本書卷二。

[5]【李賢注】《春秋》莊公三十年："齊人伐山戎。"《公羊傳》曰："此齊侯也。其稱人何？貶也。"何休注云（云，大德本、殿本作"曰"）："戎亦天地之所生，乃迫殺之，惡不仁也。"

[6]【李賢注】言帝王好生惡殺，故不以爲功也。《史記》曰，白起，昭王時爲上將軍，擊趙，趙不利，將軍趙括與六十萬人請降，起乃盡阬之（阬，殿本作"坑"），遺其小者二百四十人。【今注】長平之暴：公元前 260 年，秦將白起破趙於長平，坑殺趙降卒四十餘萬。長平，聚邑名。故址在今山西高平市西北王報村一帶。

[7]【今注】長吏：指秩六百石以上的官員。《漢書》卷五《景帝紀》："吏六百石以上，皆長吏也。"

永平元年，[1]復遣中郎將竇固、捕虜將軍馬武等擊滇吾於西邯，[2]大破之。事已具武等傳。滇吾遠引去，餘悉散降，徙七千口置三輔。[3]以謁者竇林領護羌校尉，居狄道。林爲諸羌所信，而滇岸遂詣林降。林爲下吏所欺，謬奏上滇岸以爲大豪，承制封爲歸義侯，加號漢大都尉。明年，滇吾復降，林復奏其第一豪，與俱詣闕獻見。帝怪一種兩豪，疑其非實，以事詰林。林辭窘，[4]乃僞對曰："滇岸即滇吾，隴西語不正耳。"帝窮驗知之，怒而免林官。會涼州刺史又奏林贓罪，[5]遂下獄死。謁者郭襄代領校尉事，到隴西，[6]聞涼州羌盛，還詣闕，抵罪，於是復省校尉官。[7]滇吾子東吾立，以父降漢，乃入居塞内，謹愿自守。而諸弟迷吾等數爲寇盜。[8]

［1］【今注】永平：東漢明帝劉莊年號（58—75）。

［2］【今注】竇固：字孟孫，扶風平陵（今陝西咸陽市西北）人。東漢大臣。竇融之侄，竇友之子。傳見本書卷二三。　捕虜將軍：官名。東漢雜號將軍之一，主征伐。　馬武：字子張，南陽湖陽（今河南唐河縣西南）人。東漢開國功臣，雲臺二十八將之一。初爲緑林軍，王莽滅後爲更始尚書令謝躬下屬。謝躬被劉秀軍擊殺後，馬武降。參加多次戰役，力戰有功。傳見本書卷二二。　西邯：水名。在今青海化隆回族自治縣西。據《水經注·河水》，邯川城東、西各有一條河流，皆南下注入黄河，各自名爲東邯、西邯。

［3］【今注】三輔：長安及周邊的三個郡級區劃，即京兆尹、左馮翊、右扶風。在十三州之外，由司隸校尉部負責監察。東漢雖遷都至洛陽，然因長安地區是西漢皇陵所在，故仍舊在長安地區保持“三輔”的設置。

［4］【李賢注】窘，窮也。

［5］【今注】刺史：官名。西漢武帝元封五年（前106）將全國，除京師附近七郡（歸司隸校尉部管轄）以外的土地分爲十三部，或稱十三州。東漢時，朔方刺史部併入并州刺史部，爲十二州。每部置刺史一人，初無治所，奉詔巡行下轄諸郡，省察治政，黜陟能否，斷理冤獄，秩六百石。主要以六條察州，所察對象主要爲二千石官吏、强宗豪右及諸侯王等。成帝綏和元年（前8）更爲牧，秩二千石。哀帝建平二年（前5）罷州牧，復刺史。元壽二年（前1）復爲牧。東漢光武帝建武十一年（35）省。建武十八年復爲刺史，有常治所，奏事遣計吏代行，不復自往。靈帝中平五年（188），劉焉謂四方兵寇，由刺史權輕，宜改置牧，選重臣爲之。自此，刺史權力增大，除監察權外，還有選舉、劾奏之權，干預地

方行政及領兵之權，原作爲監察區劃的"州"逐漸轉化爲"郡"之上的地方行政機構，州郡縣三級制隨之形成。　案，贓，紹興本、大德本、殿本作"臧"。

[6]【今注】案，到，紹興本爲墨點。

[7]【今注】案，復，大德本作"後"。

[8]【今注】案，迷，大德本作"述"。

肅宗建初元年，[1]安夷縣吏略妻卑湳種羌婦，吏爲其夫所殺，安夷長宗延追之出塞，[2]種人恐見誅，遂共殺延，而與勒姐及吾良二種相結爲寇。[3]隴西太守孫純遣從事李睦及金城兵會和羅谷，與卑湳等戰，斬首虜數百人。復拜故度遼將軍吴棠領護羌校尉，[4]居安夷。二年夏，迷吾遂與諸衆聚兵，欲叛出塞。金城太守郝崇追之，戰於荔谷，崇兵大敗，崇輕騎得脱，死者二千餘人。於是諸種及屬國盧水胡悉與相應，[5]吴棠不能制，坐徵免。武威太守傅育代爲校尉，[6]移居臨羌。迷吾又與封養種豪布橋等五萬餘人共寇隴西、漢陽，[7]於是遣行車騎將軍馬防，長水校尉耿恭副，[8]討破之。於是臨洮、索西、迷吾等悉降。防乃築索西城，[9]徙隴西南部都尉戍之，[10]悉復諸亭候。至元和三年，[11]迷吾復與弟號吾諸雜種反叛。秋，號吾先輕入寇隴西界，郡督烽掾李章追之，生得號吾，將詣郡。號吾曰："獨殺我，無損於羌。誠得生歸，必悉罷兵，不復犯塞。"隴西太守張紆權宜放遣，羌即爲解散，各歸故地，迷吾退居河北歸義城。傅育不欲失信伐之，乃募人鬭諸羌胡，羌胡不肯，遂復叛出塞，更依迷吾。

[1]【今注】肅宗：東漢章帝劉炟，公元 75 年至 88 年在位。肅宗爲其廟號。紀見本書卷三。　建初：東漢章帝劉炟年號（76—84）。

[2]【李賢注】安夷，縣名，屬金城郡。【今注】安夷：縣名。西漢置，治所在今青海東海市樂都區西。東漢同。

[3]【今注】勒姐（zǐ）：部族名。羌人的一支。居漢安夷縣（今青海東海市樂都區西、西寧市東南）勒姐嶺、勒姐河一帶，因以爲部落名。　吾良：部族名。羌族的一支，主要活動在今甘肅與青海交界的黄河流域，或湟水中、下游一帶。

[4]【今注】案，復，殿本作“後”。

[5]【今注】屬國：漢特區名。西漢武帝元狩年間，匈奴昆邪王降，置五屬國以處之。後相沿爲制度，以屬國專門安置降服或内屬的少數民族。其内沿用内附少數民族舊俗及官號，置都尉以主之，令有丞、候千人等官。初屬典屬國，至成帝河平元年（前 28）典屬國省併大鴻臚後，則直隸中央。該制度對維護邊疆穩定起到了積極作用。

[6]【今注】武威：郡名。治姑臧縣（今甘肅武威市涼州區）。

[7]【今注】漢陽：郡名。東漢明帝永平十七年（74）改天水爲漢陽。治冀縣（今甘肅天水市西北）。

[8]【今注】耿恭：字伯宗，扶風茂陵（今陝西興平市東北）人。東漢名將。傳見本書卷一九。

[9]【李賢注】故城在今洮州。

[10]【今注】南部都尉：官名。秦在各郡皆置郡尉，掌武事。西漢更名爲都尉，秩比二千石。東漢省内郡都尉，但於邊郡仍置都尉。且往往在一郡之内分部設置都尉。

[11]【今注】元和：東漢章帝劉炟年號（84—87）。

章和元年，[1]育上請發隴西、張掖、酒泉各五千人，[2]諸郡太守將之，育自領漢陽、金城五千人，[3]合二萬兵，與諸郡剋期擊之，令隴西兵據河南，[4]張掖、酒泉兵遮其西。並未及會，育軍獨進。迷吾聞之，徙廬落去。[5]育選精騎三千窮追之，夜至建威南三兜谷，[6]去虜數里，須旦擊之，不設備。迷吾乃伏兵三百人，夜突育營，營中驚壞散走，[7]育下馬手戰，殺十餘人而死，死者八百八十人。及諸郡兵到，羌遂引去。育，北地人也。顯宗初，爲臨羌長，與捕虜將軍馬武等擊羌滇吾，功冠諸軍；及在武威，威聲聞於匈奴。食禄數十年，秩奉盡贍給知友，妻子不免操井臼。肅宗下詔追褒美之。封其子毅爲明進侯，七百户。以隴西太守張紆代爲校尉，將萬人屯臨羌。

[1]【今注】章和：東漢章帝劉炟年號（87—88）。

[2]【今注】張掖：郡名。西漢武帝元鼎六年（前111）分酒泉郡置。初治張掖縣（今甘肅武威市東南），西漢後期及東漢治觻得縣（今甘肅張掖市甘州區西北）。　酒泉：郡名。西漢武帝元狩二年（前121）置。兩漢均治禄福縣（今甘肅酒泉市肅州區）。

[3]【今注】漢陽：郡名。東漢明帝永平十七年（74）改天水爲漢陽。治冀縣（今甘肅天水市西北）。

[4]【今注】河南：郡名。兩漢皆治雒陽縣（今河南洛陽市東）。

[5]【今注】案，落，大德本誤作“浴”。

[6]【今注】建威：城邑名。故址在今青海湟中縣南黄河北岸。一説在今甘肅西和縣北。

[7]【今注】案，壞，大德本誤作“懷”。

迷吾既殺傅育，狃忕邊利。[1]章和元年，復與諸種步騎七千人入金城塞。張紆遣從事司馬防將千餘騎及金城兵會戰於木乘谷，迷吾兵敗走，因譯使欲降，紆納之。遂將種人詣臨羌縣，[2]紆設兵大會，施毒酒中，羌飲醉，紆因自擊，伏兵起，誅殺酋豪八百餘人。斬迷吾等五人頭，以祭育冢。復放兵擊在山谷間者，斬首四百餘人，得生口二千餘人。迷吾子迷唐及其種人向塞號哭，與燒何、當煎、當闐等相結，[3]以子女及金銀娉納諸種，[4]解仇交質，將五千人寇隴西塞，太守寇盱與戰於白石，迷唐不利，引還大、小榆谷，北招屬國諸胡，會集附落，種衆熾盛，張紆不能討。永元元年，[5]紆坐徵，以張掖太守鄧訓代爲校尉，稍以賞賂離間之，由是諸種少解。

[1]【李賢注】狃忕，慣習也。狃音女九反。忕音時制反。

[2]【今注】案，種，大德本、殿本作“衆”。

[3]【今注】當煎：部族名。或爲先零羌之一支。活動在金城郡允街縣（今甘肅永登縣南）附近一帶。 當闐：部族名。西羌的一個部落。居住在今青海東部、甘肅東南部一帶。

[4]【今注】案，娉，殿本作“聘”。

[5]【今注】永元：東漢和帝劉肇年號（89—105）。

東吾子東號立。是時號吾將其種人降。校尉鄧訓遣兵擊迷唐，迷唐去大、小榆谷，徙居頗巖谷。和帝永元四年，[1]訓病卒，蜀郡太守聶尚代爲校尉。尚見前人累征不克，欲以文德服之，乃遣驛使招呼迷唐，使還居大、小榆谷。迷唐既還，遣祖母卑缺詣尚，尚自送至塞下，爲設祖道，令譯田汜等五人護送至廬落。迷唐因而反叛，遂與諸種共生屠裂汜等，以血盟詛，復寇金城塞。五年，尚坐徵免，居延都尉貫友代爲校尉。友以迷唐難用德懷，終於叛亂，乃遣驛使搆離諸種，[2]誘以財貨，由是解散。友乃遣兵出塞，攻迷唐於大、小榆谷，獲首虜八百餘人，收麥數萬斛，遂夾逢留大河築城塢，作大航，造河橋，欲度兵擊迷唐。[3]迷唐乃率部落遠依賜支河曲。至八年，友病卒，漢陽太守史充代爲校尉。充至，遂發湟中羌胡出塞擊迷唐，而羌迎敗充兵，殺數百人。明年，充坐徵，代郡太守吴祉代爲校尉。其秋，迷唐率八千人寇隴西，殺數百人，乘勝深入，脅塞内諸種羌共爲寇盜，衆羌復悉與相應，合步騎三萬人，擊破隴西兵，殺大夏長。[4]遣行征西將軍劉尚、越騎校尉趙代副，[5]將北軍五營、黎陽、雍營、三輔積射及邊兵羌胡三萬人討之。[6]尚屯狄道，代屯枹罕。尚遣司馬寇盱監諸郡兵，四面並會。迷唐懼，棄老弱奔入臨洮南。尚等追至高山。迷唐窮迫，率其精强大戰。盱斬虜千餘人，得牛馬羊萬餘頭。迷唐引去。漢兵死傷亦多，不能復追，乃還入塞。明年，尚、代並坐畏懦徵下獄，免。謁者王信領尚營屯枹罕，謁者耿譚領代營屯白石。[7]譚乃設購賞，諸種頗來内附。迷唐恐，乃請降。信、譚遂受降罷兵，遣迷唐詣闕。其餘種人不滿二千，飢窘不立，入居金城。和帝令迷唐將其種人還大、小榆谷。迷唐以爲漢作河橋，兵來無常，故地不可復居，辭以種人飢餓，不肯遠出。吴祉等乃多賜迷唐金帛，令糴穀市畜，促使出塞，種人更懷猜驚。十二年，遂復背叛，乃脅將湟中諸胡，寇鈔而去。王信、耿譚、吴祉皆坐徵，以酒泉太守周鮪代爲校尉。明年，迷唐復還賜支河曲。

[1]【今注】和帝：東漢和帝劉肇，公元 88 年至 105 年在位。紀見本書卷四。

[2]【今注】案，驛，殿本作“譯”。

[3]【今注】案，度兵，殿本作“渡河”。

[4]【李賢注】大夏，縣名，屬隴西郡。

[5]【今注】征西將軍：官名。漢四征將軍之一，在將軍中地位較高。東漢初始置，主征伐。

[6]【李賢注】五營即五校也。雍營即扶風都尉屯也。黎陽營解見《南匈奴傳》也。【今注】黎陽：縣名。治所在今河南浚縣東。東漢置黎陽營於此，爲當時的軍事重鎮。　雍營：軍營名。即右扶風都尉屯。因西羌數犯三輔，故而使右扶風都尉將兵護園陵。因都尉居雍縣（今陝西寶雞市鳳翔區西南），故稱雍營。　積射：弓箭手。又作“積射士”，其字面意義爲“追尋形迹而射擊的士兵”。積，同“迹”。

[7]【今注】耿譚：東漢官吏。和帝初，隨竇憲出征，大破北匈奴。後復招降西羌迷唐部衆。

初，累姐種附漢，[1] 迷唐怨之，[2] 遂擊殺其酋豪，由是與諸種爲讎，黨援益疏。其秋，[3] 迷唐復將兵向塞，周鮪與金城太守侯霸，及諸郡兵、屬國湟中月氏諸胡、隴西牢姐羌，合三萬人，出塞至允川，與迷唐戰。周鮪還營自守，唯侯霸兵陷陳，斬首四百餘級。羌衆折傷，種人瓦解，降者六千餘口，分徙漢陽、安定、隴西。[4]迷唐遂弱，其種衆不滿千人，遠踰賜支河首，依發羌居。[5]明年，周鮪坐畏懦徵，侯霸代爲校尉。[6]安定降羌燒何種脅諸羌數百人反叛，郡兵擊滅之，悉没入弱口爲奴婢。

[1]【今注】案，大德本無"種"字。

[2]【今注】案，迷，大德本誤作"还"。

[3]【今注】案，秋，紹興本誤作"狄"。

[4]【今注】安定：郡名。西漢時治高平縣（今寧夏固原市），東漢時治臨涇縣（今甘肅鎮原縣東南）。安帝、順帝時曾兩次内徙，僑治右扶風境内。

[5]【今注】發羌：部族名。《新唐書》卷二一六《吐蕃傳》認爲其爲吐蕃之祖先。但有研究認爲，《新唐書》之前的文獻未有此説，且從文獻和考古來看，西藏地區早已有人類活動，吐蕃當非發羌後裔（參見馬長壽《氐與羌》，上海人民出版社 1984 年版）。要之，發羌所居賜支河首在青海中部，其地後世爲吐蕃所據，發羌當亦融於其中。稱發羌與後來的藏族有一定的淵源關係，或無大誤。

[6]【今注】案，代，大德本作"伐"。

時西海及大、小榆谷左右無復羌寇。隃麋相曹鳳上言：[1]"西戎爲害，前世所患，臣不能紀古，且以近事言之。自建武以來，其犯法者，常從燒當種起。所以然者，以其居大、小榆谷，土地肥美，又近塞内，諸種易以爲非，難以攻伐。南得鍾存以廣其衆，北阻大河因以爲固，又有西海魚鹽之利，緣山濱水，以廣田畜，故能彊大，常雄諸種，恃其權勇，招誘羌胡。今者衰困，黨援壞沮，親屬離叛，餘勝兵者不過數百，亡逃棲竄，[2]遠依發羌。臣愚以爲宜及此時，建復西海郡縣，規固二榆，廣設屯田，隔塞羌胡交關之路，遏絶狂狡窺欲之源。又殖穀富邊，省委輸之役，國家可以無西方之憂。”於是拜鳳爲金城西部都尉，將徙士屯龍耆。[3]後金城長史上官鴻上開置歸義、建威屯田二十七部，侯霸復上置東西邯屯田五部，[4]增留、逢二部，帝皆從之。列屯夾河，合三十四部。其功垂立。至永初中，[5]諸羌叛，乃罷。迷唐失衆，病死。有一子來降，户不滿數十。[6]

[1]【李賢注】隃麋，縣名，屬右扶風。

[2]【今注】案，亡逃，殿本作“逃亡”。

[3]【李賢注】龍耆即龍支也，今鄯州縣。

[4]【李賢注】邯，水名。邯分流左右，今在廓州。

[5]【今注】永初：東漢安帝劉祜年號（107—113）

[6]【今注】案，十，大德本、殿本誤作“千”。

東號子麻奴立。初隨父降，居安定。時諸降羌布在郡縣，皆爲吏人豪右所徭役，積以愁怨。安帝永初元年夏，[1]遣騎都尉王弘發金城、隴西、漢陽羌數百千騎征西域，弘迫促發遣，群羌懼遠屯不還，行到酒泉，多有散叛。諸郡各發兵儌遮，或覆其廬落。於是勒姐、當煎大豪東岸等愈驚，遂同時奔潰。麻奴兄弟因此遂與種人俱西出塞。

［1］【今注】安帝：東漢安帝劉祜，公元106年至125年在位。紀見本書卷五。

先零别種滇零與鍾羌諸種大爲寇掠，斷隴道。時羌歸附既久，無復器甲，或持竹竿木枝以代戈矛，或負板案以爲楯，或執銅鏡以象兵，郡縣畏懦不能制。冬，遣車騎將軍鄧騭，[1]征西校尉任尚副，將五營及三河、三輔、汝南、南陽、潁川、太原、上黨兵合五萬人，[2]屯漢陽。明年春，諸郡兵未及至，鍾羌數千人先擊敗騭軍於冀西，殺千餘人。校尉侯霸坐衆羌反叛徵免，以西域都護段禧代爲校尉。其冬，騭使任尚及從事中郎司馬鈞率諸郡兵與滇零等數萬人戰於平襄，[3]尚軍大敗，死者八千餘人。[4]於是滇零等自稱"天子"於北地，招集武都、参狼、上郡、西河諸雜種，[5]衆遂大盛，東犯趙、魏，南入益州，殺漢中太守董炳，[6]遂寇鈔三輔，斷隴道。湟中諸縣粟石萬錢，百姓死亡不可勝數。朝廷不能制，而轉運難劇，遂詔騭還師，留任尚屯漢陽，爲諸軍節度。朝廷以鄧太后故，[7]迎拜騭爲大將軍，[8]封任尚樂亭侯，食邑三百户。

［1］【今注】鄧騭（zhì）：字昭伯，南陽新野（今河南新野縣）人。東漢將領，太傅鄧禹之孫，和熹皇后兄。傳見本書卷一六。

［2］【今注】三河：指河南、河東、河内三郡，相當於今河南

北部、中部及山西西南部地區。在十三州之外，由司隸校尉部負責監察。　汝南：郡名。兩漢皆治平輿縣（今河南平輿縣北）。　南陽：郡名。兩漢皆治宛縣（今河南南陽市卧龍區）。　潁川：郡名。兩漢皆治陽翟縣（今河南禹州市）。潁，大德本作“潁”。　太原：郡名。兩漢皆治晉陽縣（今山西太原市西南）。　上黨：郡名。兩漢皆治長子縣（今山西長子縣西南）。

[3]【李賢注】縣名，屬漢陽郡。【今注】從事中郎：官名。漢制，三公及大將軍均設從事中郎，位在長史、司馬下，秩六百石，職参謀議。

[4]【今注】案，千，大德本誤作“十”。

[5]【今注】西河：郡名。西漢時治富昌縣（今内蒙古准格爾旗東南），一説治平定縣（今内蒙古准格爾旗西南）。東漢前期治平定縣，後期徙治離石縣（今山西吕梁市離石區）。

[6]【今注】漢中：郡名。秦及西漢初年治南鄭縣（今陝西漢中市），後遷治西城縣（今陝西安康市西），東漢時復治南鄭縣。

[7]【今注】鄧太后：東漢和帝之后，名綏，東漢太傅鄧禹孫女。和帝死後，被尊爲皇太后。紀見本書卷一〇上。

[8]【今注】大將軍：武官名。西漢武帝起領尚書事，爲中朝官領袖，地位因人而異，與三公相上下。東漢時位比三公，多授予貴戚，常兼録尚書事，與太傅、太尉等共同主持政務，秩萬石。

三年春，復遣騎都尉任仁督諸郡屯兵救三輔。仁戰每不利，衆羌乘勝，漢兵數挫。當煎、勒姐種攻没破羌縣，鍾羌又没臨洮縣，生得隴西南部都尉。明年春，滇零遣人寇褒中，[1]燔燒郵亭，大掠百姓。於是漢中太守鄭勤移屯褒中。軍營久出無功，有廢農桑，乃詔任尚將吏兵還屯長安，罷遣南陽、潁川、汝南吏士，置京兆虎牙都尉於長安，[2]扶風都尉於雍，如西京三輔都尉故事。[3]時羌復攻褒中，鄭勤欲擊之。主簿段崇諫，以爲虜乘勝，鋒不可當，宜堅守待之。勤不從，出戰，大敗，死者三千餘人，段崇及門下史王宗、原展以身扞刃，與勤俱死。於是徙金城郡居襄武。[4]任仁戰累敗，而兵士放縱，檻車徵詣廷尉詔獄死。段禧病卒，復以前校尉侯霸代之，遂移居張掖。五年春，任尚坐無功徵免。羌遂入寇河東，[5]至河内，[6]百姓相驚，多奔南度河。使北軍中候朱寵將五營士屯孟津，[7]詔魏郡、趙國、常山、中山繕作塢候六百一十六所。[8]

［1］【李賢注】縣名，屬漢中郡。

［2］【今注】京兆虎牙都尉：官名。西漢京師三輔各有都尉，掌兵事。東漢罷三輔都尉，安帝時因羌人進擾，復置右扶風都尉、京兆虎牙都尉。京兆，京兆尹。郡級政區名，亦爲官名。西漢都長安，京畿地區設“三輔”進行管轄，京兆尹爲其中之一，其轄境大約在今陝西西安市以東至渭南市華州區之間。武帝時改右内史置，職掌如郡太守。京兆尹是京兆地區的最高行政官員，因治京師，又得參與朝政，故又有中央官性質。地位高於郡守，位列諸卿，秩中二千石（一説秩二千石）。東漢中興，改都洛陽，但以陵廟所在，故不變稱號，惟減其秩爲二千石。兩漢均治長安縣（今陝西西安市西北）。

［3］【李賢注】西京左輔都尉都高陵，右輔都尉都郿也。

［4］【李賢注】襄武，縣名，屬隴西郡。

［5］【今注】河東：郡名。兩漢均治安邑縣（今山西夏縣西北）。

［6］【今注】河内：郡名。兩漢均治懷縣（今河南武陟縣西南）。

[7]【今注】北軍中候：官名。東漢時將北軍八校尉省併爲五校尉，並置北軍中候監察五校。秩六百石。　孟津：津渡名。孟，地名，在洛北。孟津故址在今河南孟津縣東北、孟州市西南的黄河上。一名“武濟”，又名“富平津”。俗名“治戍津”。也作“盟津”。

[8]【今注】魏郡：兩漢均治鄴縣（今河北臨漳縣西南）。　趙國：兩漢均治邯鄲縣（今河北邯鄲市）。　常山：郡國名。兩漢均治元氏縣（今河北元氏縣西北）。　中山：郡國名。兩漢均治盧奴縣（今河北定州市）。　繕：整治。　塢候：土堡，小障礙物。當爲站崗、瞭望之用。

羌既轉盛，而二千石、令、長多内郡人，並無守戰意，[1]皆争上徙郡縣以避寇難。朝廷從之，遂移隴西徙襄武，[2]安定徙美陽，[3]北地徙池陽，[4]上郡徙衙。[5]百姓戀土，不樂去舊，遂乃刈其禾稼，發徹室屋，夷營壁，破積聚。時連旱蝗飢荒，而驅蹙劫略，流離分散，隨道死亡，或棄捐老弱，或爲人僕妾，喪其太半。[6]復以任尚爲侍御史，[7]擊衆羌於上黨羊頭山，破之，[8]誘殺降者二百餘人，乃罷孟津屯。其秋，漢陽人杜琦及弟季貢、同郡王信等與羌通謀，聚衆入上邽城，[9]琦自稱安漢將軍。於是詔購募得琦首者，封列侯，賜錢百萬，羌胡斬琦者賜金百斤，銀二百斤。漢陽太守趙博遣刺客杜習刺殺琦，封習討姦侯，賜錢百萬。而杜季貢、王信等將其衆據樗泉營。侍御史唐喜領諸郡兵討破之，斬王信等六百餘級，没入妻子五百餘人，收金錢綵帛一億已上。[10]杜貢亡從滇零。[11]六年，任尚復坐徵免。滇零死，子零昌代立，年尚幼少，同種狼莫爲其計策，以杜貢爲將軍，[12]别居丁奚城。[13]七年夏，騎都尉馬賢與侯霸掩擊零昌别部牢羌於安定，首虜千人，得驢騾駱駝馬牛羊二萬餘頭，以畀得者。[14]

[1]【今注】案，守戰，殿本作“戰守”。

[2]【李賢注】縣名，屬隴西郡。【今注】襄武：縣名。治所在今甘肅隴西縣東南。

[3]【李賢注】縣名，屬右扶風。【今注】美陽：縣名。治所在今陝西武功縣西北。

[4]【李賢注】縣名，屬左馮翊（馮，大德本作“扶”）。【今注】池陽：縣名。治所在今陝西涇陽縣西北。

[5]【李賢注】縣名，屬馮翊。衙音牙。【今注】衙：縣名。治所在今陝西白水縣東北。

[6]【今注】案，太，殿本作“大”。

[7]【今注】侍御史：官名。周有柱下史。秦漢改稱侍御史，爲御史大夫屬官，秩六百石。其中十五人由御史中丞領録，給事殿中，職掌監察、檢舉非法或奉使出外執行指定任務。

[8]【李賢注】羊頭山在上黨郡穀遠縣。

[9]【今注】上邽：縣名。治所在今甘肅天水市秦州區。

[10]【今注】案，錢，大德本、殿本作“銀”。　綵：彩色絲綢。

[11]【今注】案，大德本、殿本“杜”後有“季”字。

[12]【今注】案，大德本、殿本“杜”後有“季”字。

[13]【今注】丁奚城：城邑名。故址在今寧夏靈武市。奚，一作“溪”。

[14]【李賢注】畀音必四反。【今注】畀（bì）：給與。

元初元年春，[1]遣兵屯河内，通谷衝要三十三所，皆作塢壁，設鳴鼓。零昌遣兵寇雍城，[2]又號多與當煎、勒姐大豪共脅諸種，分兵鈔掠武都、漢中。巴郡板楯蠻將兵救之，[3]漢中五官掾程信率壯士與蠻共擊破之。[4]號多退走，還斷隴道，與零昌通謀。侯霸、馬賢將湟中吏人及降羌胡於枹罕擊之，斬首二百餘級。涼州刺史皮楊擊羌於狄道，大敗，死者八百餘人，楊坐徵免。侯霸病卒，漢陽太守龐參代爲校尉。參以恩信招誘之。二年春，號多等率衆七千餘人詣參降，遣詣闕，賜號多侯印綬遣之。參始還居令居，通河西道。而零昌種衆復分寇益州，遣中郎將尹就將南陽兵，因發益部諸郡屯兵擊零昌黨吕叔都等。至秋，蜀人陳省、羅横應募，刺殺叔都，皆封侯賜錢。又使屯騎校尉班雄屯三輔，遣左馮翊司馬鈞行征西將軍，[5]督右扶風仲光、安定太守杜恢、北地太守盛包、京兆虎牙都尉耿溥、右扶風都尉皇甫旗等，[6]合八千餘人，又龐參將羌胡兵七千餘人，與鈞分道並北擊零昌。參兵至勇士東，爲杜季貢所敗，[7]於是引退。鈞等獨進，攻拔丁奚城，大克獲。杜秀貢率衆僞逃。鈞令光、恢、包等收羌禾稼，光等違鈞節度，散兵深入，羌乃設伏要擊之。鈞在城中，怒而不救，光並没，死者三千餘人。鈞乃遁還，坐徵自殺。龐參以失期軍敗抵罪，[8]以馬賢代領校尉事。後遣任尚爲中郎將，將羽林、緹騎、五營子弟三千五百人，[9]代班雄屯三輔。尚臨行，懷令虞詡説尚曰：[10]“使君頻奉國命討逐寇賊，三州屯兵二十餘萬人，棄農桑，疲苦徭役，而未有功效，勞費日滋。若此出不克，誠爲使君危之。”尚曰：“憂惶久矣，不知所如。”詡曰：“兵法弱不攻强，走不逐飛，自然之埶也。[11]今虜皆馬騎，[12]日行數百，來如風雨，去如絶弦，[13]以步追之，埶不相及，所以曠而無功也。爲使君計者，莫如罷諸郡兵，各令出錢數千，二十人共市一馬，如此，可捨甲胄，馳輕兵，以萬騎之衆，逐數千之虜，追尾掩截，[14]其道自窮。便人利事，大功立矣。”尚大喜，即上言用其計。乃遣輕騎鈔擊杜季貢於丁奚城，斬首四百餘級，獲牛馬羊數千頭。

[1]【今注】元初：東漢安帝劉祜年號（114—120）。

[2]【今注】雍城：城名。即今陝西寶雞市鳳翔區西南雍縣故城。

[3]【今注】巴郡：兩漢皆治江州縣（今重慶市北）。　板楯蠻：部族名。秦漢時西南與南方少數民族蠻族的一支。分布在今重慶市及湖北西北一帶。漢初，板楯蠻曾隨劉邦還定三秦，獲得漢廷免除賦役等獎賞。以羅、樸、督、鄂、度、夕、龔七姓爲其内部七大部族之首領。

[4]【今注】五官掾：漢代地方郡太守自辟的屬吏之意。職掌春秋祭祀。若功曹史缺，或其他曹有員缺，則署理或代行其事。在郡屬吏中，地位與功曹史相當。

[5]【今注】左馮翊：郡級政區名，亦爲官名。西漢武帝時改左内史置。《漢書·百官公卿表上》注：“馮，輔也。翊，佐也。”職掌相當於郡太守，轄區相當於一郡。西漢時治所在長安城，東漢出治高陵縣（今陝西西安市高陵區）。轄境範圍相當於今陝西渭河以北、涇河以東洛河中下游地區。

［6］【今注】右扶風：郡級政區名，亦爲官名。秦及漢初設主爵中尉，掌列侯。西漢武帝時改名右扶風，掌治内史右地。職掌相當於郡太守。西漢時治長安縣（今陝西西安市西北），東漢出治槐里縣（今陝西興平市東南）。東漢光武帝建武十五年（39）爲光武帝皇子右翊公劉輔封國。建武十七年劉輔封中山王，復爲右扶風郡。　耿溥：東漢將軍。耿恭之子。安帝時，隨軍征討南單于。後與先零羌戰於丁奚，中伏而死。事見本書卷一九《耿恭傳》。　右扶風都尉：官名。西漢京師三輔各有都尉，掌兵事。東漢罷三輔都尉，安帝時因羌人進擾，復置右扶風都尉、京兆虎牙都尉。

［7］【李賢注】勇士，縣名，屬天水郡。

［8］【今注】案，殿本無“寵”字。

［9］【今注】羽林：即羽林騎。皇帝衛軍名。西漢武帝太初元年（前104），初置建章營騎，後更名爲羽林騎，取意星象中的羽林星，爲國羽翼。東漢因之，分左騎、右騎，分由羽林左監、右監主之。　緹騎：着赤黄色服裝的騎士。漢制，執金吾屬下有緹騎二百人，持戟五百二十人。執金吾之輿服號爲光鮮，可知緹騎是具有儀仗性質的騎兵。

［10］【今注】懷：縣名。治所在今河南武陟縣西南。　令：官名。漢因秦制，縣置令、長，爲一縣最高長官。萬户以上爲令，秩千石至六百石。萬户以下爲長，秩五百石至三百石。新莽時曾改縣令長爲縣宰，東漢復舊。　虞詡：字升卿，陳國武平（今河南鹿邑縣西北）人。東漢安帝、順帝朝官吏，以敢於言事見稱。傳見本書卷五八。

［11］【今注】案，執，殿本作“勢”。本段下同不注。

［12］【今注】案，今，大德本作“令”。

［13］【今注】案，弦，紹興本作“絃”。

［14］【李賢注】尾猶尋也。

明年夏，度遼將軍鄧遵率南單于及左鹿蠡王須沈萬騎，擊零昌於靈州，[1]斬首八百餘級，封須沈爲破虜侯，金印紫綬，賜金帛各有差。任尚遣兵擊破先零羌於丁奚城。秋，築馮翊北界候塢五百所。任尚又遣假司馬募陷陳士，擊零昌於北地，殺其妻子，得牛馬羊二萬頭，燒其廬落，斬首七百餘級，得僭號文書及所没諸將印綬。

[1]【李賢注】縣名，屬北地郡。

四年春，尚遣當闐種羌榆鬼等五人刺殺杜季貢，封榆鬼爲破羌侯。其夏，尹就以不能定益州，坐徵抵罪，以益州刺史張喬領尹就軍屯。[1]招誘叛羌，稍稍降散。秋，任尚復募效功種號封刺殺零昌，封號封爲羌王。冬，任尚將諸郡兵與馬賢並進北地擊狼莫，賢先至安定青石岸，狼莫逆擊敗之。會尚兵到高平，[2]因合執俱進，[3]狼莫等引退，乃轉營迫之，至北地，相持六十餘日，戰於富平河上，大破之，[4]斬首五千級，還得所略人男女千餘人，[5]牛馬驢羊駱駞十餘萬頭，狼莫逃走，於是西河虔人種羌萬一千口詣鄧遵降。

[1]【今注】張喬：東漢大臣。安帝時以益州刺史就軍屯，多次招降、擊敗諸羌。順帝時，任交阯刺史，安撫交阯蠻夷。復以執金吾行車騎將軍事，率兵五萬屯三輔，御衆羌。後羌兵降散，乃罷車騎將軍職。

[2]【李賢注】縣名，屬安定郡。【今注】高平：縣名。治所

在今寧夏固原市原州區。

[3]【今注】案，執，殿本作“勢”。

[4]【李賢注】富平，縣，屬北地郡。【今注】富平：縣名。治所在今寧夏吴忠市西南。

[5]【今注】案，略，大德本、殿本作“掠”。

五年，鄧遵募上郡全無種羌雕何等刺殺狼莫，賜雕何爲羌侯，封遵武陽侯，[1]三千户。遵以太后從弟故，爵封優大。任尚與遵争功，又詐增首級，受賕枉法，臧千萬已上，檻車徵棄市，没入田廬奴婢財物。自零昌、狼莫死後，諸羌瓦解，三輔、益州無復寇儆。

[1]【今注】武陽：縣名、侯國名。治所在今四川眉山市彭山區東、岷江東岸。

自羌叛十餘年間，兵連師老，不暫寧息。軍旅之費，轉運委輸，用二百四十餘億，府帑空竭。延及内郡，邊民死者不可勝數，并涼二州遂至虚耗。[1]

[1]【今注】并：并州。西漢武帝時所置十三刺史部之一。因東漢將朔方州併入并州，故其所轄郡數遠較西漢爲多。下轄上黨、太原、上郡、西河、五原、雲中、雁門、朔方、北地、代郡。

六年春，勒姐種與隴西種羌號良等通謀欲反，馬賢逆擊之於安故，斬號良及種人數百級，皆降散。

永寧元年春，[1]上郡沈氐種羌五千餘人復寇張掖。[2]其夏，馬賢將萬人擊之。初戰失利，死者數百人，明日復戰，破之，斬首千八百級，獲生口千餘人，馬牛羊以萬數，餘虜悉降。時當煎種大豪飢五等，[3]以賢兵在張掖，乃乘虚寇金城，賢還軍追之出塞，斬首數千級而還。燒當、燒何種聞賢軍還，率三千餘人復寇張掖，殺長吏。初，飢五同種大豪盧忽、忍良等千餘户别留允街，而首施兩端。[4]建光元年春，[5]馬賢率兵召盧忽斬之，因放兵擊其種人，首虜二千餘人，掠馬牛羊十萬頭，忍良等皆亡出塞。璽書封賢安亭侯，食邑千户。忍良等以麻奴兄弟本燒當世嫡，而賢撫恤不至，常有怨心。秋，遂相結共脅將諸種步騎三千人寇湟中，攻金城諸縣。賢將先零種赴擊之，戰於牧死，[6]兵敗，死者四百餘人。麻奴等又敗武威、張掖郡兵於令居，因脅將先零、沈氐諸種四千餘户，緣山西走，寇武威。賢追到鸞鳥，招引之，[7]諸種降者數千，麻奴南還湟中。延光元年春，[8]賢追到湟中，麻奴出塞度河，賢復追擊戰破之，種衆散遁，詣涼州刺史宗漢降。麻奴等孤弱飢困，其年冬，將種衆三千餘户詣漢陽太守耿种降。[9]安帝假金印紫綬，賜金銀綵繒各有差。是歲，虔人種羌與上郡胡反，攻穀羅城，[10]度遼將軍耿夔將諸郡兵及烏桓騎赴擊破之。[11]三年秋，隴西郡始還狄道焉。[12]麻奴弟犀苦立。

[1]【今注】永寧：東漢安帝劉祜年號（120—121）。

[2]【今注】沈氐：部族名。羌族的一支。主要聚居於今甘肅隴西縣一帶。

［3］【今注】案，紹興本無“五”字。

［4］【李賢注】首施猶首鼠也。

［5］【今注】建光：東漢安帝劉祜年號（121—122）。

［6］【今注】案，死，殿本作“苑”，是。

［7］【李賢注】鸞鳥，縣名。屬武威郡。鸞音爵。

［8］【今注】延光：東漢安帝劉祜年號（122—125）。

［9］【今注】耿种：東漢官吏。安帝時駐守美稷，爲南匈奴所圍，最終獲救。後爲漢陽太守，招降西羌麻奴部。种，大德本作“仲”。

［10］【今注】穀羅城：地名。在今内蒙古准格爾旗西南。

［11］【今注】耿夔：字定公，扶風茂陵（今陝西興平市東北）人。東漢名將。其伯父耿弇爲東漢開國功臣，雲臺二十八將之一。傳見本書卷一九。　烏桓：部族名。又作“烏丸”“赤山”“赤沙”。一説烏桓即蒙古語“烏蘭”之轉音，意爲“紅色”。本爲東胡的一支。秦末，東胡被匈奴擊敗，其中一支退保烏桓山，故名。西漢武帝以後附漢，遷至上谷、漁陽、右北平、遼東、遼西等五塞外。漢廷置護烏桓校尉監領之。漢末，曹操遷烏桓萬餘落於中原，部分留居長城一帶，後漸與各地漢族及其他少數民族融合。

［12］【今注】狄道：縣名。治所在今甘肅臨洮縣。

順帝永建元年，[1]隴西鍾羌反，校尉馬賢將七千餘人擊之，戰於臨洮，斬首千餘級，皆率種人降。進封賢都鄉侯。自是涼州無事。

［1］【今注】順帝：東漢順帝劉保，公元125年至144年在位。紀見本書卷六。　永建：東漢順帝劉保年號（126—132）。

至四年，尚書僕射虞詡上疏曰：“臣聞子孫以奉祖爲孝，君上以安民爲明，此高宗、周宣所以上配湯、武也。《禹貢》雍州之域，[1]厥田惟上。[2]且沃野千里，穀稼殷積，又有龜兹鹽池以爲民利。[3]水草豐美，土宜産牧，牛馬銜尾，群羊塞道。北阻山河，乘阨據險。因渠以溉，水舂河漕。[4]用功省少，而軍糧饒足。故孝武皇帝及光武築朔方，[5]開西河，置上郡，皆爲此也。而遭元元無妄之灾，衆羌内潰，[6]郡縣兵荒二十餘年。夫棄沃壤之饒，損自然之財，不可謂利；離河山之阻，守無險之處，難以爲固。今三郡未復，園陵單外，[7]而公卿選懦，容頭過身，[8]張解設難，但計所費，不圖其安。宜開聖德，考行所長。"書奏，帝乃復三郡。使謁者郭璜督促徙者，各歸舊縣，繕城郭，置候驛。既而激河浚渠爲屯田，省内郡費歲一億計。遂令安定、北地、上郡及隴西、金城常儲穀粟，令周數年。

［1］【今注】雍州：古九州之一。故地在今陝西、甘肅及青海東部地區。

［2］【今注】厥：其。

［3］【李賢注】上郡龜兹縣有鹽官（官，大德本作"宫"），即雍州之域也。

［4］【李賢注】水舂，即水碓也。

［5］【今注】築朔方：西漢武帝元朔元年（前128），衛青率部擊破盤踞在河南地（今河套平原）的匈奴白羊王、樓煩王，置朔方郡，築朔方城。朔方郡，西漢治朔方縣（今内蒙古杭錦旗東北），東漢治臨戎縣（今内蒙古磴口縣北），順帝永和五年（140）後僑置於五原界内。朔方城遺址當即今内蒙古杭錦旗獨貴塔拉鎮沙日召蘇木什拉召附近的沙日召古城。（參見孟洋洋《西漢朔方郡屬縣治

城考》,《西夏研究》2016年第3期)

[6]【李賢注】《前書音義》曰:“無妄者,無所望也。萬物無所望於天,灾異之大也。”

[7]【李賢注】園陵謂長安諸陵園也。單外謂無守固。

[8]【李賢注】《前書音義》曰(殿本無“曰”字):“選懦,柔怯也。”懦音而掾反。

馬賢以犀苦兄弟數背叛,因繫質於令居。[1]其冬,賢坐徵免,右扶風韓皓代爲校尉。明年,犀苦詣皓自言求歸故地,皓復不遣。因轉湟中屯田,置兩河間,以逼群羌。皓復坐徵,張掖太守馬續代爲校尉。兩河間羌以屯田近之,恐必見圖,乃解仇詛盟,各自儆備。續欲先示恩信,乃上移屯田還湟中,羌意乃安。至陽嘉元年,[2]以湟中地廣,更增置屯田五部,并爲十部。二年夏,復置隴西南部都尉如舊制。[3]

[1]【李賢注】令音零(殿本無此注)。

[2]【今注】陽嘉:東漢順帝劉保年號(132—135)。

[3]【李賢注】《前書》南部都尉都隴西郡臨洮縣。

三年,鍾羌良封等復寇隴西、漢陽,詔拜前校尉馬賢爲謁者,鎮撫諸種。馬續遣兵擊良封,斬首數百級。四年,馬賢亦發隴西吏士及羌胡兵擊殺良封,斬首千八百級,獲馬牛羊五萬餘頭,良封親屬並詣實降。[1]賢復進擊鍾羌且昌,且昌等率諸種十餘萬詣涼州刺史降。永和元年,[2]馬續遷度遼將軍,復以馬賢代爲校尉。初，武都塞上白馬羌攻破屯官，反叛連年。二年春，廣漢屬國都尉擊破之，[3]斬首六百餘級，馬賢又擊斬其渠帥飢指累祖等三百級，於是隴右復平。[4]明年冬，燒當種那離等三千餘騎寇金城塞，馬賢將兵赴擊，斬首四百餘級，獲馬千四百匹。那離等復西招羌胡，殺傷吏民。

［1］【今注】案，實，殿本作"賢"，是。

［2］【今注】永和：東漢順帝劉保年號（136—141）。

［3］【今注】屬國都尉：官名。掌邊郡安置歸附的少數民族。西漢武帝時，置屬國都尉，東漢沿置。都尉一人，秩比二千石，丞一人。屬國都尉分治所屬縣，職掌與郡守同。

［4］【今注】隴右：地區名。指隴山以西地區。古代以西爲右，故名。約相當於今甘肅六盤山以西、黄河以東地區。

四年，馬賢將湟中義從兵及羌胡萬餘騎掩擊那離等，斬之，獲首虜千二百餘級，得馬騾羊十萬餘頭。徵賢爲弘農太守，[1]以來機爲并州刺史，劉秉爲涼州刺史，並當之職。大將軍梁商謂機等曰：[2]"戎狄荒服，蠻夷要服，[3]言其荒忽無常。而統領之道，亦無常法，臨事制宜，略依其俗。今三君素性疾惡，欲分明白黑。孔子曰：'人而不仁，疾之已甚，亂也。'[4]況戎狄乎！其務安羌胡，防其大故，忍其小過。"機等天性虐刻，遂不能從。[5]到州之日，多所擾發。

［1］【今注】弘農：郡名。兩漢皆治弘農縣（今河南靈寶市東

部）。

［2］【今注】梁商：字伯夏，安定烏氏（今寧夏固原市東南）人。東漢外戚。順帝梁皇后及梁冀之父。順帝時擔任大將軍，有寬容謙和、舉賢任能之名。傳見本書卷三四。

［3］【李賢注】荒服，在九州之外也，言其荒忽無常。要服，在九州之內，侯衞之外，言以文德要來之。

［4］【李賢注】《論語》文也。鄭玄注云："不仁之人，當以風化之，疾之已甚，是又使之爲亂行。"

［5］【李賢注】"虐"或作"庯"。庯，薄也。

五年夏，且凍、傅難種羌等遂反叛，攻金城，與西塞及湟中雜種羌胡大寇三輔，殺害長吏。機、秉並坐徵。於是發京師近郡及諸州兵討之，拜馬賢爲征西將軍，以騎都尉耿叔副，將左右羽林、五校士及諸州郡兵十萬人屯漢陽。[1]又於扶風、漢陽、隴道作塢壁三百所，置屯兵，以保聚百姓。且凍分遣種人寇武都，燒隴關，掠苑馬。六年春，馬賢將五六千騎擊之，到射姑山，[2]賢軍敗，賢及二子皆戰殁。順帝愍之，賜布三千匹，穀千斛，封賢孫光爲舞陽亭侯，租入歲百萬。遣侍御史督録征西營兵，存恤死傷。

［1］【今注】五校：即五校所領東漢中央禁軍。西漢禁軍設八校尉，東漢則改併爲屯騎、越騎、步兵、射聲、長水，共五校。秩皆比二千石，掌宿衞兵。其中長水領兵三千零六十七人，餘者各領兵七百人。

［2］【李賢注】射音夜。

於是東西羌遂大合。鞏唐種三千餘騎寇隴西，[1]又燒園陵，掠關中，殺傷長吏，郃陽令任頵追擊，戰死。[2]遣中郎將龐浚募勇士千五百人頓美陽，爲涼州援。武威太守趙沖追擊鞏唐羌，斬首四百餘級，得馬牛羊驢萬八千餘頭，羌二千餘人降。詔沖督河西四郡兵爲節度。罕種羌千餘寇北地，北地太守賈福與趙沖擊之，不利。秋，諸種八九千騎寇武威，涼部震恐。於是復徙安定居扶風，北地居馮翊，遣行車騎將軍執金吾張喬將左右羽林、五校士及河内、南陽、汝南兵萬五千屯三輔。漢安元年，[3]以趙沖爲護羌校尉。沖招懷叛羌，罕種乃率邑落五千餘户詣沖降。[4]於是罷張喬軍屯。唯燒何種三千餘落據參䜌北界。[5]三年夏，趙沖與漢陽太守張貢掩擊之，斬首千五百級，得牛羊驢十八萬頭。冬，沖擊諸種，斬首四千餘級。詔沖一子爲郎。沖復追擊於阿陽，斬首八百級。[6]於是諸種前後三萬餘户詣涼州刺史降。

[1]【今注】鞏唐種：部族名。西羌的一支，主要活動在今甘肅隴西縣及其以東地區。

[2]【李賢注】郃陽，同州縣也。頵音於筠反。【今注】郃陽：縣名。西漢置，治所在今陝西合陽縣東南夏陽鎮南。東漢同。

[3]【今注】漢安：東漢順帝劉保年號（142—144）。

[4]【今注】案，種，大德本作“衆”。

[5]【李賢注】參䜌，縣名，屬安定郡。䜌音力全反。【今注】案，唯，紹興本誤作“准”。

[6]【李賢注】阿陽，縣，屬漢陽郡。

建康元年春,[1]護羌從事馬玄遂爲諸羌所誘，將羌衆亡出塞，領護羌校尉衞瑶追擊玄等，斬首八百餘級，得牛馬羊二十餘萬頭。趙沖復追叛羌到建威鸇陰河。[2]軍度竟,[3]所將降胡六百餘人叛走，沖將數百人追之，遇羌伏兵，與戰殁。沖雖身死，而前後多所斬獲，羌由是衰耗。永嘉元年，封沖子愷義陽亭侯。以漢陽太守張貢代爲校尉。左馮翊梁並稍以恩信招誘之，於是離湳、狐奴等五萬餘户詣並降,[4]隴右復平。並，大將軍冀之宗人。[5]封爲鄠侯,[6]邑二千户。

[1]【今注】建康：東漢順帝劉保年號（144）。

[2]【李賢注】《續漢書》“建威”作“武威”。鸇陰，縣名，屬安定郡。【今注】鸇陰河：今甘肅靖遠縣西北的一段黄河。鸇陰，縣名。西漢爲“鶉陰”縣，屬安定郡。東漢改名“鸇陰”，屬武威郡。在今甘肅靖遠縣西北。

[3]【今注】案，度竟，大德本作“渡夫竟”，殿本作“渡未竟”。

[4]【今注】離湳：部族名。羌人的一支。主要活動在今甘肅一帶。　狐奴：縣名。西漢置，治所在今北京市順義區東北。東漢同。

[5]【今注】冀：梁冀，字伯卓，安定烏氏（今寧夏固原市東南）人。東漢權臣。傳見本書卷三四。

[6]【今注】鄠（hù）：縣名。治所在今陝西西安市鄠邑區。東漢沖帝永嘉元年（145）、靈帝建寧元年（168）、獻帝初平二年（191）先後爲梁並、竇紹、董旻侯國。

自永和羌叛，至乎是歲，十餘年間，費用八十餘億。諸將多斷盜牢稟，私自潤入，[1]皆以珍寶貨賂左右，上下放縱，不恤軍事，士卒不得其死者，白骨相望於野。

[1]【李賢注】《前書音義》曰："牢，價直。"

桓帝建和二年，[1]白馬羌寇廣漢屬國，殺長吏。是時西羌及湟中胡復畔爲寇，益州刺史率板楯蠻討破之，斬首招降二十萬人。

[1]【今注】桓帝：東漢桓帝劉志，公元146年至167年在位。紀見本書卷七。　建和：東漢桓帝劉志年號（147—149）。

永壽元年，[1]校尉張貢卒，以前南陽太守弟五訪代爲校尉，甚有威惠，西垂無事。延熹二年，[2]訪卒，以中郎將段熲代爲校尉。[3]時燒當八種寇隴右，熲擊大破之。四年，零吾復與先零及上郡沈氏、牢姐諸種并力寇并、涼及三輔。會段熲坐事徵，以濟南相胡閎代爲校尉。閎無威略，羌遂陸梁，[4]覆没營塢，寇患轉盛，中郎將皇甫規擊破之。[5]五年，沈氏諸種復寇張掖、酒泉，皇甫規招之，皆降。事已具《規傳》。鳥吾種復寇漢陽，隴西、金城諸郡兵共擊破之，各還降附。至冬，滇那等五六千人復攻武威、張掖、酒泉，燒民廬舍。六年，隴西太守孫羌擊破之，斬首溺死三千餘人。胡閎疾，復以段熲爲校尉。

［1］【今注】永壽：東漢桓帝劉志年號（155—158）

［2］【今注】延熹：東漢桓帝劉志年號（158—167）。

［3］【今注】段熲（jiǒng）：字紀明，武威姑臧（今甘肅武威市）人。東漢名將，曾駐守涼州，屢敗諸羌。傳見本書卷六五。

［4］【今注】陸梁：囂張、猖獗。

［5］【今注】皇甫規：字威明，安定朝那（今寧夏彭陽縣東）人。東漢官吏。傳見本書卷六五。

永康元年，[1]東羌岸尾等脅同種連寇三輔，中郎將張奂追破斬之，[2]事已具《奂傳》。當煎羌寇武威，破羌將軍段熲復破滅之，餘悉降散。事已具《熲傳》。靈帝建寧三年，[3]燒當羌奉使貢獻。中平元年，[4]北地降羌先零種因黄巾大亂，乃與漢中羌、義從胡北宫伯玉等反，[5]寇隴右。事已具《董卓傳》。興平元年，[6]馮翊降羌反，寇諸縣，郭汜、樊稠擊破之，斬首數千級。

［1］【今注】永康：東漢桓帝劉志年號（167）。

［2］【今注】張奂：字然明，敦煌淵泉（今甘肅瓜州縣東）人。東漢將領。長期擔任邊將，擊退匈奴、烏桓、鮮卑、羌之内侵。東漢靈帝時，受宦官曹節所矯之詔，攻破欲殺宦官之大將軍竇武。後復因與宦官對抗被禁錮，閉門著書，卒於家。傳見本書卷六五。

［3］【今注】靈帝：東漢靈帝劉宏，公元 168 年至 189 年在位。紀見本書卷八。　建寧：東漢靈帝劉宏年號（168—172）。

［4］【今注】中平：東漢靈帝劉宏年號（184—189）。

［5］【今注】義從胡：湟中月氏胡住張掖者的稱號。又稱湟

“中義從胡”，其先爲大月氏之別支，在張掖、酒泉地。霍去病開湟中，月氏來降，與漢人錯居。有七大種，勝兵合九千餘人，分在湟中及令居。又數百户在張掖，號曰義從胡。

［6］【今注】興平：東漢獻帝劉協年號（194—195）。

自爰劍後，子孫支分凡百五十種。其九種在賜支河首以西，及在蜀、漢徼北，前史不載口數。唯參狼在武都，勝兵數千人。其五十二種衰少，不能自立，分散爲附落，或絶滅無後，或引而遠去。其八十九種，唯鍾最强，勝兵十餘萬。其餘大者萬餘人，小者數千人，更相鈔盜，盛衰無常，無慮順帝時勝兵合可二十萬人。[1]發羌、唐旄等絶遠，[2]未嘗往來。氂牛、白馬羌在蜀、漢，其種别名號，皆不可紀知也。建武十三年，廣漢塞外白馬羌豪樓登等率種人五千餘户内屬，光武封樓登爲歸義君長。至和帝永元六年，蜀郡徼外大牂夷種羌豪造頭等率種人五十餘萬口内屬，拜造頭爲邑君長，賜印綬。至安帝永初元年，蜀郡徼外羌龍橋等六種萬七千二百八十口内屬。明年，蜀郡徼外羌薄申等八種三萬六千九百口復舉土内屬。冬，廣漢塞外參狼種羌二千四百口復來内屬。桓帝建和二年，白馬羌千餘人寇廣漢屬國，殺長吏，益州刺史率板楯蠻討破之。

［1］【李賢注】無慮猶都凡也。

［2］【今注】唐旄：部族名。漢時羌族的一支。主要聚居在今西藏拉薩市以北一帶，納木錯湖以東、以南廣大地區。一説唐旄即

後來吐蕃族的主要祖先之一。

湟中月氏胡，其先大月氏之别也，[1]舊在張掖、酒泉地。月氏王爲匈奴冒頓所殺，[2]餘種分散，西踰葱領。[3]其羸弱者南入山阻，依諸羌居止，遂與共婚姻。及驃騎將軍霍去病破匈奴，[4]取西河地，開湟中，於是月氏來降，與漢人錯居。雖依附縣官，而首施兩端。其從漢兵戰鬬，隨埶强弱。被服飲食言語略與羌同，亦以父名母姓爲種。其大種有七，勝兵合九千餘人，分在湟中及令居。又數百户在張掖，號曰義從胡。中平元年，與北宫伯玉等反，殺護羌校尉泠徵、金城太守陳懿，[5]遂寇亂隴右焉。

［1］【今注】大月氏：游牧民族。最早居於中國西北部，後遷徙至中亞的阿姆河流域。

［2］【今注】案，爲，紹興本誤作“與”。

［3］【今注】葱領：又作“葱嶺”。即今帕米爾高原。

［4］【今注】驃騎將軍：或作“膘騎將軍”，又作“票騎將軍”。漢代高級武官名。西漢武帝元狩二年（前121）封霍去病爲驃騎將軍，取騎兵勁疾驍勇之意，定令驃騎將軍禄秩與大將軍相等。武帝之後時置時罷。領京師衛戍屯兵，備皇帝顧問應對，參與中朝謀議決策。加大司馬號、録尚書事則爲中朝官首領，預政定策，進而成爲最有權勢的軍政大臣。位在大將軍之下，車騎將軍、衛將軍及前、後、左、右將軍之上。金印紫綬。　霍去病：河東平陽（今山西臨汾市西南）人。西漢名將，武帝皇后衛子夫之外甥。傳見《史記》卷一一一、《漢書》卷五五。

［5］【今注】案，泠，大德本、殿本作“冷”。

論曰：羌戎之患，自三代尚矣。漢世方之匈奴，頗爲衰寡，而中興以後，邊難漸大。朝規失綏御之和，戎帥騫然諾之信。其内屬者，或倥傯於豪右之手，[1]或屈折於奴僕之勤。塞候時清，則憤怒而思禍；桴革暫動，則屬鞬以鳥驚。[2]故永初之間，群種蜂起。遂解仇嫌。結盟詛，招引山豪，轉相嘯聚，揭木爲兵，負柴爲械。穀馬揚埃，陸梁於三輔；建號稱制，恣睢於北地。[3]東犯趙、魏之郊，南入漢、蜀之鄙，塞湟中，斷隴道，燒陵園，剽城市，傷敗踵係，羽書日聞。[4]并、涼之士，特衝殘斃，壯悍則委身於兵場，女婦則徽纆而爲虜，[5]發冢露胔，死生塗炭。[6]自西戎作逆，未有陵斥上國若斯其熾也。和熹以女君親政，威不外接。朝議憚兵力之損，情存茍安。或以邊州難援，宜見捐棄；或懼疽食浸淫，莫知所限。謀夫回遑，猛士疑慮，遂徙西河四郡之人，雜寓關右之縣。發屋伐樹，塞其戀土之心；燔破貲積，[7]以防顧還之思。於是諸將鄧騭、任尚、馬賢、皇甫規、張奂之徒，争設雄規，更奉征討之命，徵兵會衆，以圖其隙。馳騁東西，奔救首尾，摇動數州之境，日耗千金之資。至於假人增賦，借奉侯王，引金錢縑綵之珍，[8]徵糧粟鹽鐵之積。所以賂遺購賞，轉輸勞來之費，前後數十巨萬。或梟剋酋健，摧破附落，降俘載路，牛羊滿山。軍書未奏其利害，而離叛之狀已言矣。[9]故得不酬失，功不半勞。暴露師徒，連年而無所勝。官人屈竭，烈士憤喪，段熲受事，專掌軍任，資山西之猛性，練戎俗之態情，窮武思盡飆鋭以事之。被羽前登，身當百死之陳，[10]蒙没冰雪，經履千折之道，始殄西種，[11]卒定東寇。若乃陷擊之所殲傷，追走之所崩籍，頭顱斷落於萬丈之山，支革判解於重崖之上，不可校計。[12]其能穿竄草石，自脱於鋒鏃者，百不一二。而張奂盛稱“戎狄一氣所生，不宜誅盡，流血汙野，傷和致妖”。是何言之迂乎！羌雖外患，實深内疾，若攻之不根，是養疾疴於心腹也。[13]惜哉寇敵略定矣，而漢祚亦衰焉。嗚呼！昔先王疆理九土，判别畿荒，知夷貊殊性，難以道御，故斥遠諸華，薄其貢職，唯與辭要而已。若二漢御戎之方，失其本矣。何則？先零侵境，趙充國遷之内地；[14]當煎作寇，馬文淵徙之三輔。[15]貪其暫安之埶，信其馴服之情，計日用之權宜，忘經世之遠略，豈夫識微者之爲乎？故微子垂泣於象箸，[16]辛有浩歎於伊川也。[17]

[1]【今注】倥偬：艱難困苦。

[2]【李賢注】桴，擊鼓槌也。革，甲也。鞬，箭服也。《左傳》晉文公曰：“右屬櫜鞬。”鞬音紀言反。【今注】桴（fú）革：桴，鼓槌。革，皮甲。引申指兵事、戰争。

[3]【李賢注】《前書》班固曰：“乃始恣睢，奮其威詐。”恣睢，肆怒之貌也。睢音火季反。【今注】恣（zì）睢（suī）：放肆、暴戾。

[4]【李賢注】羽書即檄書也。《魏武奏事》曰“邊有警急（警，大德本、殿本作‘驚’），即插羽以示急”也。

[5]【李賢注】《説文》曰：“徽，糾繩也。纆，索也。”【今

注】徽纆（mò）：捆人的繩索，引申爲捆綁。

［6］【李賢注】胔音才賜反。【今注】胔（zì）：肉未爛盡的骨殖。

［7］【今注】案，貲，大德本、殿本誤作“胔”。

［8］【今注】縑：絲織物的一種。雙絲所織的淺黄色細絹。經絲細密，結實耐用。漢以後，多用作賞賜酬謝之物，或作貨幣。《釋名·釋綵帛》：“縑，兼也。其絲細緻，數兼於絹，染兼五色，細緻不漏水也。”漢代的絹多爲粗絹，經緯較疏，顔色泛黄，不可與縑同日而語。

［9］【李賢注】奏猶上也。

［10］【李賢注】《前書》楊雄曰“蒙盾負羽”也。

［11］【今注】案，殄，大德本、殿本作“殄”。

［12］【李賢注】顱音盧。《廣雅》曰：“顱，顎顙也。”支謂四支。革，皮也。

［13］【李賢注】根謂盡其根本。【今注】案，痾，大德本、殿本作“痾”。

［14］【李賢注】宣帝時，後將軍趙充國擊先零，還，於金城郡置屬國，以處降羌。

［15］【今注】馬文淵：即馬援。

［16］【李賢注】《帝王紀》曰：“紂作象箸，箕子爲父師，歎曰：‘象箸不施於土簋，不盛於菽藿，必須犀玉之杯，食熊蹯豹胎。’”臣賢案：《史記》及《韓子》並云“箕子”（子，紹興本作“一”），今云“微子”，蓋誤。【今注】微子：姓子，名啓，商紂王庶兄。封於微，故稱微子。紂王荒淫暴虐，他多次進諫，紂不聽，遂出走。周武王滅商，微子降周。周公旦誅滅武庚後，被封於宋，爲宋國始祖。今案，如李賢注所言，此處或爲“箕子”之誤。箕子，名胥餘。紂之叔父，一説爲紂庶兄。官太師，封子爵，國於箕（今山西晉中市太谷區東）。紂暴虐，箕子諫而不聽。箕子懼，披髮佯狂爲奴，爲紂所囚。周武王滅商，釋放箕子，封於朝

鮮。據説其到達朝鮮半島後，教化當地，爲當地百姓所尊崇，史稱其政權爲“箕子朝鮮”。箕子與微子、比干，並稱“殷末三仁”，《論語·微子》：“微子去之，箕子爲之奴，比干諫而死，殷有三仁焉。”

［17］【李賢注】《左傳》曰：“周平王之東遷也。大夫辛有適伊川，見被髮而祭於野者，曰：‘不及百年，此其戎乎（大德本無“其”字）！’”後秦遷陸渾戎于伊川。言中國之地不宜徙戎狄居之（紹興本“中”“狄”兩字處爲墨點），後將爲患也。

贊曰：金行氣剛，播生西羌。氐豪分種，遂用殷彊。虔劉隴北。假僭涇陽。[1]朝勞内謀，兵憊外攘。[2]

［1］【李賢注】涇陽，縣，屬安定郡。【今注】涇陽：縣名。治所在今甘肅平涼市西北。秦置，東漢廢。

［2］【李賢注】憊，疾亟也，音白拜反。【今注】憊（bèi）：疲乏。

後漢書　卷八八

列傳第七十八

西域[1]

[1]【今注】西域：廣義上的西域泛指玉門關、陽關以西的地區，狹義上的西域指玉門關、陽關以西，帕米爾高原以東，天山以南，昆侖山以北的地區。

武帝時，西域内屬，有三十六國。漢爲置使者校尉領護之。[1]宣帝改曰都護。[2]元帝又置戊己二校尉，屯田於車師前王庭。[3]哀平間，自相分割爲五十五國。王莽篡位，貶易侯王，由是西域怨叛，[4]與中國遂絶，並復役屬匈奴。匈奴斂税重刻，諸國不堪命，建武中，皆遣使求内屬，願請都護。光武以天下初定，未遑外事，竟不許之。會匈奴衰弱，莎車王賢誅滅諸國，賢死之後，遂更相攻伐。小宛、精絶、戎盧、且末爲鄯善所并。[5]渠勒、皮山爲于寘所統，[6]悉有其地。郁立、單桓、孤湖、烏貪訾離爲車師所滅。[7]後其國並復立。永平中，北虜乃脅諸國共寇河西郡縣，城門晝閉。

十六年，明帝乃命將帥，北征匈奴，取伊吾盧地，[8]置宜禾都尉以屯田，[9]遂通西域，于寘諸國皆遣子入侍。西域自絶六十五載，乃復通焉。明年，始置都護、戊己校尉。及明帝崩，焉耆、龜兹[10]攻没都護陳睦，悉覆其衆，匈奴、車師圍戊己校尉。建初元年春，酒泉太守段彭大破車師於交河城。章帝不欲疲敝中國以事夷狄，乃迎還戊己校尉，不復遣都護。二年，復罷屯田伊吾，匈奴因遣兵守伊吾地。時軍司馬班超留于寘，綏集諸國。和帝永元元年，大將軍竇憲大破匈奴。二年，憲因遣副校尉閻槃將二千餘騎掩擊伊吾，破之。三年，班超遂定西域，因以超爲都護，居龜兹。復置戊己校尉，領兵五百人，居車師前部高昌壁，[11]又置戊部候，居車師後部候城，[12]相去五百里。六年，班超復擊破焉耆，於是五十餘國悉納質内屬。其條支、安息諸國至于海瀕四萬里外，皆重譯貢獻。[13]九年，班超遣掾甘英窮臨西海而還。[14]皆前世所不至，《山經》所未詳，莫不備其風土，傳其珍怪焉。於是遠國蒙奇、兜勒皆來歸服，[15]遣使貢獻。

[1]【李賢注】《前書》曰："自李廣利征討大宛之後，屯田渠犂，置使者領護營田，以供使外國也。"【今注】使者校尉：官職名。始置時間及秩級不詳，或以其爲西域都護的前身（參見張維華《西域都護通考》，載《漢史論集》，齊魯書社 1980 年版，第 251 頁；余太山《兩漢西域都護考》，載《兩漢魏晉南北朝與西域關係史研究》，中國社會科學出版社 1995 年版，第 233—235 頁）。還有學者認爲，此處的"使者校尉"當斷作"使者、校尉"，即並

不存在“使者校尉”這樣一個官職（參見李大龍《西漢西域屯田與使者校尉考辨》,《西北史地》1989 年第 3 期）。

［2］【李賢注】宣帝時，鄭吉以侍郎田渠犂，發兵攻車師，遷衞司馬，使護鄯善以西南道。其後匈奴日逐王降吉，漢以吉前破車師，後降日逐，遂并令護車師以西北道，號曰都護。都護之置，始自於吉也（吉，紹興本作“告”）。

［3］【李賢注】《漢官儀》曰:“戊己中央，鎮覆四方，又開渠播種，以爲厭勝，故稱戊己焉。”車師有前王、後王國也。【今注】戊己二校尉：戊校尉和己校尉。對於二者和戊己校尉的關係，主要有以下幾種觀點:“戊己校尉”即“戊校尉”和“己校尉”的合稱，有漢一代，“戊己校尉”始終是分設二職（參見黄文弼《羅布淖爾漢簡考釋》,《西北史地論叢》，上海人民出版社 1981 年版，第 309—354 頁）；西漢時僅設戊己校尉一職，東漢時分設兩個戊己校尉（參見林劍鳴《西漢戊己校尉考》,《歷史研究》1990 年第 2 期）；西漢時僅設戊己校尉一職，東漢時分設戊己校尉和戊校尉（參見吴仁傑《西漢刊誤補遺》，臺灣商務印書館影印文淵閣本 1983 年版）；西漢時僅設戊己校尉，東漢時分設戊校尉和己校尉（參見勞榦《漢代的西域都護與戊己校尉》，《勞榦學術論文集甲編》，臺北藝文印書館 1976 年版，第 867—878 頁）；西漢從元帝到哀帝時期，分設戊、己兩校尉，從平帝至新莽時期合爲戊己校尉一職，東漢明帝時復設戊、己兩校尉，和帝及桓、靈時期則設戊己校尉一職（參見李炳泉《兩漢戊己校尉建制考》，《史學月刊》2002 年第 6 期）；“戊校尉”和“己校尉”是戊己校尉的部屬（參見張維華《西域都護通考》，載《漢史論集》，第 245—308 頁；余太山《兩漢戊己校尉考》，載《兩漢魏晉南北朝與西域關係史研究》，第 258—270 頁）。關於戊己校尉的隸屬、性質和組織結構等，可以參看王素《高昌戊己校尉的設置——高昌戊己校尉系列研究之一》（《新疆師範大學學報》2005 年第 3 期）、《高昌戊己校尉的組

織——高昌戊己校尉系列研究之二》(《中國歷史文物》2005年第4期)。

［4］【李賢注】《前書》曰:"莽即位,改匈奴單于印璽爲章,和親遂絶,西域亦瓦解焉。"

［5］【李賢注】且音子余反(子,紹興本作"于")。【今注】小宛:西域南道緑洲國。據《漢書》卷九六《西域傳》其王治扜零城,一般認爲在今新疆和田市安迪爾老河床東岸的安得悦遺址。　精絶:西域南道緑洲國。余太山認爲,"精絶"與"鄯善"當爲同名異譯,兩者或都爲Sacarauli人所建。一般認爲,精絶國王治精絶城在今新疆民豐縣北的尼雅遺址(參見余太山《兩漢魏晉南北朝正史西域傳要注》,商務印書館2013年版,第92—93頁)。　戎盧:西域南道緑洲國。據《漢書·西域傳》其王治卑品城,應在今尼雅河流域、民豐縣附近。　且末:西域南道緑洲國。據《漢書·西域傳》其王治且末城,一般認爲在今新疆且末縣西南的來利勒克古城。余太山認爲,位於且末縣北、阿牙克河古道旁的一處古城遺址,也有可能是漢且末城之所在(余太山:《兩漢魏晉南北朝正史西域傳要注》,第93頁)。　鄯善:西域南道緑洲國,位於塔里木盆地的東南部。本名樓蘭,西漢昭帝元鳳四年(前77)改稱鄯善。鄯善(樓蘭)都城的位置,一直存在比較大的争議,學界主要有以下幾種觀點:其一,羅布泊西北岸的LA古城。這一觀點最早見於清代新疆地方官員郝永剛所著的《探路記》一書。1901年瑞典探險家斯文·赫定於該處掘得大量漢文和佉盧文文書,將其交由德國學者卡爾·希姆萊和孔好古整理,從中釋讀出多處帶有"樓蘭"(原音Kroraina)的内容,1902年希姆萊在《皮特曼學報》上發表《斯文·赫定在古羅布泊旁的發掘》,對整理成果進行了説明,提出LA古城遺址爲古樓蘭國都城的觀點。此後,該處又陸續出土了一些與樓蘭相關的文書。這一觀點是學界的主流意見。其二,原在今羅布泊西北岸的LA古城遺址,樓蘭更名爲鄯善後,遷至今若

羌縣政府駐地附近的扜泥城（參見侯燦《論樓蘭城的發展及其衰廢》，載穆舜英、張平主編《樓蘭文化研究論集》，新疆人民出版社 1995 年版，第 20—55 頁）。其三，在 LA 古城遺址以北的庫魯克河北岸一帶（參見黄文弼《樓蘭國歷史及其在西域交通上之地位》，《西域史地考古論集》1981 年版，第 173—209 頁）。其四，米蘭遺址，即今若羌縣東部農二師 36 團場所在之米蘭鎮附近。由英國探險家斯坦因於 1921 年在《西域考古圖記》中提出。其五，始終位於今若羌縣政府駐地附近。此觀點爲馮承鈞、馬雍、孟凡人、余太山等人主張（參見馮承鈞《樓蘭鄯善問題》，載《西域南海史地考證論著彙輯》，中華書局 1957 年版，第 25—35 頁；孟池《從新疆歷史文物看漢代在西域的政治措施和經濟建設》，《文物》1975 年第 7 期；孟凡人《樓蘭新史》，光明日報出版社 1990 年版，第 168—232 頁；余太山《關於鄯善國王治的位置》，《塞種史研究》，商務印書館 2012 年版，第 295—323 頁）。其六，羅布泊北岸的 LE 古城遺址（參見林梅村《樓蘭國始都考》，《文物》1995 年第 6 期）。其七，元鳳四年（前 77）前在今孔雀河下游的鹹水泉古城遺址（參見胡興軍、何麗萍《新疆尉犁縣鹹水泉古城的發現與初步認識》，《西域研究》2017 年第 2 期）。

［6］【今注】渠勒：西域南道緑洲國。據《漢書・西域傳》其王治鞬都城，一般認爲在今新疆策勒縣達瑪溝鎮的烏尊塔提遺址附近。

［7］【今注】郁立：西域北道緑洲國，《漢書・西域傳》作“郁立師”，王治内咄谷。余太山認爲其位置應在三台附近之河谷。（本傳注釋所引余太山的觀點，未特别注明出處的，均來自《〈後漢書・西域傳〉要注》一文，《歐亞學刊》第 4 輯）。　單桓：西域北道緑洲國。據《漢書・西域傳》其王治單桓城，余太山認爲其可能在今呼圖壁或昌吉一帶。　孤湖：西域國名。余太山認爲此即《漢書・西域傳》中的“狐胡”國，其王治車師柳谷大致位於今雅爾湖之西，托克遜東北。湖，大德本、殿本作“胡”。　烏貪訾離：

西域北道緑洲國。據《漢書·西域傳》其王治於婁谷，余太山認爲其可能在今瑪納斯附近。

［8］【李賢注】在今伊州伊吾縣也。【今注】伊吾盧地：本書卷二《明帝紀》李賢注“伊吾盧城”：“本匈奴中地名，既破呼衍，取其地置宜禾都尉，以爲屯田，今伊州納職縣伊吾故城是也”，與本傳李賢注所謂“今伊州伊吾縣”不同。學界多取《明帝紀》注文的説法，而唐代納職縣一般認爲在今新疆哈密市五堡鎮博斯坦村拉甫却克古城遺址（參見孟凡人《北庭史地研究》，新疆人民出版社 1985 年版，第 135 頁），亦即漢代伊吾盧城所在。也有觀點認爲漢代的伊吾盧城在今新疆哈密市區的範圍内（參見張坤、程正榮、趙叢蒼《哈密地區烽燧的調查與初步研究》，《文博》2021 年第 1 期）。

［9］【今注】宜禾都尉：東漢設置在西域負責管理屯田和戍守的職官，其治所在當時的伊吾盧城。案，漢代曾設置過兩個宜禾都尉：一個治所在西域伊吾盧城，明帝永平十六年（73）所設，亦即此處所説的“宜禾都尉”，其性質或以爲屬於專管軍屯的田官（管東貴：《漢代屯田的組織與功能》，《史語所集刊》第 48 本第 4 分，第 501—527 頁），或以爲是敦煌郡部都尉〔陳連慶：《東漢的屯田制》，《東北師大學報（自然科學版）》1957 年第 3 期〕。參考西漢時期爲屯田、鎮撫而在西域設置的伊循都尉，有學者通過爬梳與其有關的簡牘材料，認爲它“具有屬國都尉和部都尉的雙重性質”（李炳泉：《西漢西域伊循屯田考論》，《西域研究》2003 年第 2 期），西域之宜禾都尉或與其相似。另一個是敦煌郡部都尉之一，約在武帝時設置，據《漢書·地理志》，其治所在廣至縣境内的昆侖障。對於昆侖障的具體位置，學界存在不同的看法：一是今甘肅瓜州縣南岔鎮六工村西的六工破城遺址（參見李并成《漢敦煌郡廣至縣城及其有關問題考》，《敦煌研究》1991 年第 4 期）；二是今甘肅瓜州縣東的小宛破城（李并成：《漢敦煌郡宜禾、中部都尉有關問題考》，《西北師大學報》1995 年第 2 期；《漢敦煌郡宜禾都尉府

與曹魏敦煌郡宜禾縣城考辨》，《敦煌學輯刊》1996 年第 2 期）；三是今甘肅瓜州縣東邊的長城綫上（張俊民：《有關漢代廣至縣的幾個問題——以懸泉置出土文書爲中心的考察》，《秦漢研究》第 7 輯，第 55—71 頁）。此外，《漢書·地理志》敦煌郡效穀縣下注引桑欽説："孝武元封六年，濟南崔不意爲魚澤尉"，《唐沙州圖經》則引作魚澤都尉，可知西漢武帝時敦煌郡下或曾設有名爲"魚澤都尉"的部都尉，但此都尉不見於《漢志》正文。據出土文獻，敦煌郡宜禾都尉之下設有廣漢、美稷、昆侖、魚澤、宜禾五個候官，王國維據此推測，魚澤都尉與宜禾都尉實爲一部，其治所曾多次遷徙："其先當治魚澤，故孝武時有魚澤都尉。其後蓋徙治宜禾，故又稱宜禾都尉。後徙治昆侖障，仍用宜禾之號"（王國維：《敦煌漢簡跋十二》，《觀堂集林》卷一七，河北教育出版社 2003 年版，第 533 頁）。但吴礽驤認爲，田野調查資料和簡牘資料均無宜禾都尉曾治魚澤候官的證據，"魚澤尉"當爲"魚澤塞尉"或"魚澤障尉"的省稱；至於宜禾都尉的治所，則先在宜禾候官，元帝後東遷至昆侖候官轄區，"但是否治於昆侖障，則尚有疑問"（吴礽驤：《河西漢塞調查與研究》，文物出版社 2005 年版，第 94 頁）。另，陳直提出"魚澤尉"是宜禾都尉的屬官，與吴礽驤的觀點相近（《從秦漢史料中看屯田、採礦、鑄錢三種制度》，《歷史研究》1955 年第 6 期）。但他僅據"宜禾"這一名稱便將敦煌郡宜禾都尉定性爲農都尉，屬於望文生義，與該都尉轄有候官的事實不符。還有學者認爲，敦煌郡之宜禾都尉與西域之宜禾都尉實爲一職，祇不過一度將治所由昆侖障遷到了西域伊吾盧城而已〔陳連慶：《東漢的屯田制》，《東北師大學報（自然科學版）》1957 年第 3 期〕。案，西漢敦煌郡之宜禾都尉，負責敦煌郡東部防務，是敦煌郡四個部都尉中距離西域最遠的一個，將其徙治西域，與情理不合，這一觀點恐怕難以成立。

［10］【李賢注】龜兹讀曰丘慈，下並同。

［11］【今注】高昌壁：西域漢軍營壘，後來成爲戊己校尉的

駐地。一般認爲，高昌壁就在今新疆吐魯番的高昌故城遺址。余太山認爲，“高昌”是 Gasiani 的對譯；王素則認爲，高昌之得名，源於敦煌高昌里，蓋因始建高昌壁的士兵多來自敦煌高昌里，遂以之爲名（參見王素《高昌得名新探》，《西北史地》1992 年第 3 期）。

［12］【今注】車師後部候城：一般認爲此即本書卷一九《耿恭傳》中的“金蒲城”。余太山認爲，金蒲城故址可能在今吉木薩爾縣泉子街東大龍溝古城遺址（參見余太山《漢晉正史“西域傳”所見西域諸國的地望》，《歐亞學刊》第 2 輯）。另有吉木薩爾縣泉子街小西溝古城遺址（參見薛宗正《絲綢之路北庭研究》，新疆人民出版社 2008 年版，第 73—79 頁）、烏魯木齊南的烏拉泊古城之西北子城（參見李樹輝《烏拉泊古城新考》，《敦煌研究》2016 年第 3 期）等觀點。

［13］【今注】重譯：輾轉翻譯。從甲國語言翻譯成乙國語言，再從乙國語言翻譯成丙國語言……直至翻譯成本國語言。

［14］【李賢注】《續漢書》“甘英”作“甘菟”。

［15］【今注】蒙奇兜勒：國家名。具體所指不詳，學界主要有以下幾種推測：一是認爲“蒙奇”爲馬其頓（Macedonia）之譯音，“兜勒”爲吐火羅（Tuhara）之譯音〔張星烺：《中西交通史料彙編（第一册）》，中華書局 1977 年版，第 24 頁〕；二是認爲“蒙奇”爲馬其頓（Macedonia）之音譯，“兜勒”爲地中海東岸城市推羅（Tyre）之音譯（林梅村：《公元 100 年羅馬商團的中國之行》，《中國社會科學》1991 年第 4 期）；三是認爲“蒙奇”指馬其頓（Macedonia），“兜勒”則指色雷斯（Thrace）（莫任南：《中國和歐洲直接交往始於何時》，《中外關係史論叢》第 1 輯）；四是認爲“蒙奇”實指安息邊緣省份馬爾基亞納（Margiana），“兜勒”則由大夏（Tukhāra）之異譯 Thuhāra 對譯而來，此時帕提亞王權衰落，馬爾基亞納處於獨立或半獨立狀態，而大夏雖屬貴霜，但尚有一定的自主權，故皆有遣使東漢之舉（余太山：《兩漢魏晉南北朝正史西域傳要注》，第 243 頁）；五是認爲二者分別指濛池和怛羅斯

(JohnE. Hill, Through the JadeGate－China to Roma, A Study of the Silk Routes 1st to 2nd Centuries CE, New Updated and Expanded Edition, Vol. Ⅰ, pp. 132—134)；六是認爲“蒙奇”和“兜勒”實爲一國，二者合爲馬其頓（Macedonia）之音譯（楊共樂：《誰是第一批來華經商的西方人》，《世界歷史》1993 年第 4 期）；七是認爲“兜勒”可能是塞琉古王朝幼發拉底河中游城市 Dura－Europos 中 Dura 的譯音〔［日］長澤和俊：《絲綢之路史研究》，天津古籍出版社 1990 年版，第 429 頁〕。

及孝和晏駕，西域背畔。安帝永初元年，頻攻圍都護任尚、段禧等，[1]朝廷以其險遠，難相應赴，詔罷都護。自此遂弃西域。北匈奴即復收屬諸國，共爲邊寇十餘歲。敦煌太守曹宗患其暴害，元初六年，乃上遣行長史索班，[2]將千餘人屯伊吾以招撫之，[3]於是車師前王及鄯善王來降。數月，北匈奴復率車師後部王共攻没班等，遂擊走其前王。鄯善逼急，求救於曹宗，宗因此請出兵擊匈奴，[4]報索班之耻，復欲進取西域。鄧太后不許，但令置護西域副校尉，居敦煌，復部營兵三百人，羈縻而已。[5]其後北虜連與車師入寇河西，朝廷不能禁，議者因欲閉玉門、陽關，以絶其患。[6]

［1］【李賢注】禧音喜基反。

［2］【今注】行長史：本傳後文有“至永寧元年，後王軍就及母沙麻反畔，殺後部司馬及敦煌行事”，李賢注曰“行事謂前行長史索班”，則此處之“行長史”當指“行長史事”。秦漢時期，當某些職位空缺或主官臨時不在署時，會安排其他官吏臨時代行或兼任該職，或稱“行某官事”，或稱“守某官”，或稱“假某官”。對

於三者之間的區别，學界分歧較大，尚未形成統一的認識〔參見［日］大庭脩著，徐世虹等譯《秦漢法制史研究》，中西書局 2017 年版，第 371—385 頁；孫聞博《里耶秦簡"守""守丞"新考——兼談秦漢的守官制度》，《簡帛研究（二〇〇一）》；安作璋、熊鐵基《秦漢官制史稿》，齊魯書社 2007 年版，第 861 頁；高震寰《試論秦漢簡牘中"守""假""行"》，《出土文獻與法律史研究》第 4 輯；王偉《秦守官、假官制度綜考——以秦漢簡牘資料爲中心》，《簡帛研究（二〇一六秋冬卷）》；高天霞、何茂活《漢代"守令""令史""守令史"考辨——兼論〈肩水金關漢簡〉中的相關官稱》，《西華師範大學學報》2015 年第 5 期；楊宗兵《里耶秦簡縣"守""丞""守丞"同義説》，《北方論叢》2004 年第 6 期；鄒水傑《秦代縣行政主官稱謂考》，《湖南師範大學社會科學學報》2006 年第 2 期；王剛《秦漢假官、守官問題考辨》，《史林》2005 年第 2 期；鄔文玲《"守""主"稱謂與秦代官文書用語》，《出土文獻研究》第 12 輯；袁延勝、時軍軍《再論里耶秦簡中的"守"和守官》，《古代文明》2019 年第 2 期；［日］鷹取祐司著，魏永康譯《漢代的"守"和"行某事"》，《法律史譯評》卷六；張俊《漢代守官制度研究》，博士學位論文，廈門大學，2010 年〕。"行某官事"無論在傳世文獻還是出土文獻中，都極少省略"事"字，此處但稱"行長史"，或有脱文。

［3］【今注】伊吾：即前文所説的"伊吾盧"。

［4］【今注】案，大德本無"宗"字。

［5］【今注】案，而，大德本作"面"。

［6］【李賢注】玉門、陽關，二關名也（殿本無"也"字），在敦煌西界。【今注】玉門陽關：關名。玉門關故址在今甘肅敦煌市西北，陽關故址在今甘肅敦煌市西南。

延光二年，敦煌太守張璫上書陳三策，以爲"北虜呼衍王常展轉蒲類、秦海之間，[1]專制西域，共爲寇鈔。今以酒泉屬國吏士二千餘人集昆侖塞，[2]先擊呼衍王，絶其根本，因發鄯善兵五千人脅車師後部，此上計也。若不能出兵，可置軍司馬，將士五百人，四郡供其犂牛、穀食，出據柳中，此中計也。[3]如又不能，則宜弃交河城，收鄯善等悉使入塞，此下計也”。朝廷下其議。尚書陳忠上疏曰：“臣聞八蠻之寇，莫甚北虜。漢興，高祖窘平城之圍，太宗屈供奉之恥。[4]故孝武憤怒，深惟久長之計，命遣虎臣，浮河絶漠，窮破虜庭。[5]當斯之役，黔首隕於狼望之北，財幣縻於盧山之壑，[6]府庫單竭，杼柚空虚，筭至舟車，貲及六畜。[7]夫豈不懷，慮久故也。[8]遂開河西四郡，以隔絶南羌，[9]收三十六國，斷匈奴右臂。是以單于孤特，鼠竄遠藏。至於宣、元之世，遂備蕃臣，[10]關徼不閉，羽檄不行。[11]由此察之，戎狄可以威服，難以化狎。西域内附日久，區區東望扣關者數矣，此其不樂匈奴慕漢之效也。今北虜已破車師，埶必南攻鄯善，[12]弃而不救，則諸國從矣。若然，則虜財賄益增，膽埶益殖，[13]威臨南羌，[14]與之交連。如此，河西四郡危矣。河西既危，不得不救，[15]則百倍之役興，不訾之費發矣。議者但念西域絶遠，卹之煩費，不見先世苦心勤勞之意也。方今邊境守禦之具不精，内郡武衛之備不脩，[16]敦煌孤危，遠來告急，復不輔助，内無以慰勞吏民，[17]外無以威示百蠻。蹙國減土，經有明誡。[18]臣以爲敦煌宜置校尉，案舊增四郡屯兵，以西撫諸國。

庶足折衝萬里，震怖匈奴。”[19]帝納之，乃以班勇[20]爲西域長史，[21]將弛刑士五百人，[22]西屯柳中。勇遂破平車師。自建武至于延光，西域三絶三通。順帝永建二年，勇復擊降焉耆。於是龜兹、疏勒、于寘、莎車等十七國皆來服從，而烏孫、葱領已西遂絶。[23]六年，帝以伊吾舊膏腴之地，傍近西域，匈奴資之，以爲鈔暴，復令開設屯田如永元時事，置伊吾司馬一人。自陽嘉以後，朝威稍損，諸國驕放，轉相陵伐。元嘉二年，長史王敬爲于寘所没。永興元年，車師後王復反攻屯營。雖有降首，[24]曾莫懲革，[25]自此浸以疏慢矣。班固記諸國風土人俗，皆已詳備《前書》。今撰建武以後其事異於先者，以爲《西域傳》，皆安帝末班勇所記云。

［1］【李賢注】大秦國在西海西，故曰秦海也。【今注】呼衍王：匈奴呼衍氏的首領。呼衍氏是匈奴内部的一個重要氏族，長期與匈奴單于所屬的攣鞮氏保持姻親關係，在匈奴政治中發揮着重要的作用。　案，常，大德本作“當”。

［2］【李賢注】《前書》：敦煌郡廣至縣有昆侖障也，宜禾都尉居也。廣至故城在今瓜州常樂縣東。【今注】昆侖塞：即前文注釋“宜禾都尉”條所説的昆侖障。

［3］【李賢注】武帝初置酒泉、武威、張掖、敦煌，列四郡，據兩關焉。柳中，今西州縣也。【今注】柳中：西域古城，曾爲西域長史駐地，在今新疆鄯善縣魯克沁鎮。

［4］【李賢注】窘，困也。高帝自擊匈奴至平城，爲冒頓單于圍於白登，七日乃得解。太宗，文帝也。賈誼上疏曰：“匈奴嫚侮侵掠，而漢歲致金絮繒綵以奉之。夷狄徵令（令，紹興本作

‘今’），人主之操（大德本、殿本‘人’前有‘是’字）。天子供貢，是臣下之禮。”故云恥也。

［5］【李賢注】沙土曰漠，直度曰絶也。

［6］【李賢注】狼望，匈奴中地名也。《前書》楊雄曰：“前代豈樂無量之費，快心於狼望之北，填盧山之壑，而不悔也。”

［7］【李賢注】武帝時國用不足，筭至車舩（舩，紹興本、大德本作“舟”），租及六畜，言皆計其所得以出筭。軺車一筭，商賈車二筭，舩五丈以上一筭。六畜無文。以此言之，無物不筭。

［8］【李賢注】懷，思也。

［9］【李賢注】《前書》云：“起敦煌、酒泉、張掖，以隔婼羌，裂匈奴之右臂也（右，紹興本作‘石’）。”

［10］【李賢注】宣帝、元帝時，呼韓邪單于數入朝，稱臣奉貢。

［11］【今注】羽檄：插有鳥羽的檄，通常用於傳遞緊急軍情。檄是漢代的一種文書形式，用途廣泛，其文多含有勸說、訓誡和警示的内容，在上行、下行和平行文書中都有使用。

［12］【今注】案，執，殿本作“勢”，本段下同。

［13］【李賢注】殖，生也。

［14］【今注】南羌：羌人的一支。又稱南山羌，居處於今甘肅、青海之間的祁連山一帶。

［15］【今注】案，不得不救，大德本作“不得救”。

［16］【今注】内郡：指除邊郡和京畿地區以外的各郡。漢代的内郡和邊郡在行政管理體制和文化風俗上存在着明顯區别，不僅僅是有無障徼邊境這樣簡單，大體來説邊郡在文化風俗上往往受周邊各族的影響較深，管理體制的軍事化色彩明顯，這一點在東漢罷黜内郡都尉和都試制度後，愈發顯得明顯。

［17］【今注】案，民，大德本作“人”。

［18］【李賢注】《毛詩》曰“昔先王受命，有如邵公，日辟

國百里，今也日蹙國百里”也。

［19］【李賢注】《淮南子》曰“修政於廟堂之上，而折衝千里之外”也。

［20］【李賢注】班勇，班超之子。

［21］【今注】西域長史：官名。初設時間不詳。最初爲西域都護的屬官，安帝永初元年（107）東漢罷都護，撤出西域，從此不再設置西域都護一職。延光二年（123）東漢重返西域，以西域長史代行原西域都護的職權，負責管理西域事務，西域長史成爲漢帝國在西域的最高軍政長官。

［22］【今注】弛刑士：漢代的一種囚徒身份，亦稱“弛刑”“弛刑徒”“施刑”“施刑徒”等。秦漢時期，朝廷時或徵發一些刑徒去邊境服役，被徵發的刑徒會得到皇帝的赦令詔書，去掉身上的刑具和囚衣，故稱“弛刑”或“施刑”。弛刑士除了作爲士兵參與戰鬬、候望等軍事活動外，還需從事屯田、修築工事、傳遞郵書等勞役活動，在服役期滿後纔可獲得釋放。在秦及西漢時期，弛刑士通常用來應急或用作常規兵力的補充，到東漢時，隨着徵兵制度的廢弛，弛刑士已經成爲邊防部隊的主要兵源之一。（參見張鶴泉《略論漢代的弛刑徒》，《東北師大學報》1984 年第 4 期；吴榮曾《漢簡中所見的刑徒制》，《先秦兩漢研究》，中華書局 1995 年版，第 276 頁；孫志敏《秦漢刑徒兵制與謫戍制考辨》，《古代文明》2017 年第 4 期；張建國《漢代的罰作、復作與弛刑》，《中外法學》2006 年第 5 期；陳冰倩《西北漢簡中的弛刑徒研究》，碩士學位論文，西北師範大學，2019 年；孫志敏《秦漢刑役研究》，博士學位論文，東北師範大學，2017 年，第 177—178 頁）

［23］【今注】案，領，殿本作“嶺”。

［24］【李賢注】首猶服也，音式救反。

［25］【今注】懲革：鑒於前失而有所改變。

西域内屬諸國，東西六千餘里，南北千餘里，東極玉門、陽關，西至葱領。[1]其東北與匈奴、烏孫相接。南北有大山，[2]中央有河。[3]其南山東出金城，[4]與漢南山屬焉。[5]其河有兩源，一出葱領東流，[6]一出于窴南山下北流，與葱領河合，東注蒲昌海。[7]蒲昌海一名鹽澤，去玉門三百餘里。

[1]【今注】葱領：即今帕米爾高原。案，領，紹興本、大德本、殿本作“嶺”。本卷下文“領”，他本多作“嶺”，不再出注説明。

[2]【今注】案，北山爲天山，南山爲喀喇昆侖山、昆侖山和阿爾金山。

[3]【今注】案，爲塔里木河。

[4]【今注】金城：郡名。西漢昭帝始元六年（前81）置，始置當在金城縣（今甘肅蘭州市西），後西遷至允吾縣（今甘肅永靖縣西北）。

[5]【今注】南山：今祁連山。

[6]【李賢注】葱嶺，山名也。《西河舊事》云：“其山高大，生葱，故名。”

[7]【今注】蒲昌海：澤藪名。今稱羅布泊。也有學者認爲，蒲昌海並非真正的“海”，而是指有“大沙海”之稱的沙漠“莫賀延磧”（薛宗正：《車師考——兼論前、後二部的分化及車師六國諸問題》，《蘭州學刊》2009年第8期）。

自敦煌西出玉門、陽關，涉鄯善，北通伊吾千餘里，自伊吾北通車師前部高昌壁千二百里，自高昌壁北通後部金滿城五百里。此其西域之門户也，故戊己校尉更互屯焉。伊吾地宜五穀、桑麻、蒲萄。其北又有柳中，皆膏腴之地。[1]故漢常與匈奴爭車師、伊吾，以制西域焉。

[1]【今注】案，膏，紹興本、大德本作“高”。

自鄯善踰葱領出西諸國，有兩道。傍南山北，陂河西行[1]至莎車，爲南道。南道西踰葱領，則出大月氏、安息之國也。自車師前王庭隨北山，陂河西行至疏勒，爲北道。北道西踰葱領，出大宛、康居、奄蔡、焉耆。[2]

[1]【李賢注】循河曰陂，音彼義反。次下亦同。《史記》曰：“陂山通道。”

[2]【今注】大宛：西域國名。在今中亞費爾干納盆地一帶。其都城貴山城一般認爲在今塔吉克斯坦的苦盞，也有觀點認爲其在今烏兹別克斯坦的卡桑賽（參見余太山《大宛和康居綜考》，《西北民族研究》1991年第1期）。

出玉門，經鄯善、且末、精絶三千餘里至拘彌。

拘彌[1]

拘彌國居寧彌城，[2]去長史所居柳中四千九百里，[3]去洛陽萬二千八百里。領户二千一百七十三，口七千二百五十一，勝兵千七百六十人。

［1］【今注】拘彌：南道緑洲國，即《漢書》卷九六上《西域傳上》中的“扜彌”。

［2］【今注】寧彌城：拘彌國都城，即《漢書·西域傳上》中的扜彌城。對於該城的位置，主要有兩種觀點：一種認爲是在今新疆策勒縣達瑪溝鎮的烏尊塔提遺址處，另一種認爲其在策勒縣城北偏東的丹丹烏里克遺址附近。近年有學者提出，扜彌國的都城起初在今于田縣城北 230 千米、克里雅河古河道尾閭東部的圓沙古城，宣帝時期遷至東南方向 41 千米處的喀拉墩古城，並改國名爲寧彌（參見陳曉露《扜彌國都考》，《考古與文物》2016 年第 3 期）。

［3］【李賢注】《續漢書》曰：“寧彌國王本名拘彌（王，大德本作‘主’）。”

順帝永建四年，于寘王放前殺拘彌王興，自立其子爲拘彌王，而遣使者貢獻於漢。敦煌太守徐由上求討之，帝赦于寘罪，令歸拘彌國，放前不肯。陽嘉元年，徐由遣疏勒王臣槃發二萬人擊于寘，破之，斬首數百級，放兵大掠，更立興宗人成國爲拘彌王而還。至靈帝熹平四年，于寘王安國攻拘彌，大破之，殺其王，死者甚衆，戊己校尉、西域長史各發兵輔立拘彌侍子定興爲王。時人衆裁有千口。其國西接于寘三百九十里。

于寘國居西城，[1]去長史所居五千三百里，去洛陽萬一千七百里。領户三萬二千，口八萬三千，勝兵三萬餘人。

［1］【今注】于寘：南道緑洲國。　西城：于寘國都。對其位

置，學界一直存在比較大的争議，主要觀點有以下幾種：其一，位於今新疆和田市西 11 千米處的巴格其鄉艾拉曼村的約特干遺址。最早由法國杜特雷伊考察團成員格倫納提出，斯坦因、白井長助、松田壽男、馮承鈞等皆主此説。其二，位於今新疆洛浦縣城西北 17 千米處的阿克斯皮力古城（參見黄文弼《古代于闐國都之研究》，《史學季刊》1940 年第 1 卷第 1 期）。其三，位於今新疆和田市南 25 千米處玉龍喀什河西岸的買里克阿瓦提遺址。黄文弼在 20 世紀 50 年代放棄原有觀點轉而主張此説（參見黄文弼《塔里木盆地考古記》，科學出版社 1958 年版，第 42—53 頁）。其四，位於約特干遺址東南方向的奈加拉・哈奈（參見殷晴《于闐都城研究——和田緑洲變遷之探索》，《西域史論叢》第 3 輯，新疆人民出版社 1990 年版，第 133—155 頁）。其五，位於今新疆和田市西的阿拉勒巴格（參見李吟屏《古代于闐國都再研究》，《新疆大學學報》1989 年第 3 期）。其六，位於今新疆于田縣北約 240 千米處的喀拉墩遺址（參見譚吴鐵《于闐故都新探》，《西北史地》1992 年第 3 期）。

建武末，莎車王賢强盛，攻并于竇，徙其王俞林爲驪歸王。明帝永平中，于竇將休莫霸反莎車，自立爲于竇王。休莫霸死，兄子廣德立，後遂滅莎車，其國轉盛。從精絶西北至疏勒十三國皆服從。而鄯善王亦始强盛。自是南道自葱領以東，唯此二國爲大。

順帝永建六年，于竇王放前遣侍子詣闕貢獻。元嘉元年，長史趙評在于竇病癰死，評子迎喪，道經拘彌。拘彌王成國與于竇王建素有隙，乃語評子云：“于竇王令胡醫持毒藥著創中，故致死耳。”評子信之，還入塞，以告敦煌太守馬達。明年，以王敬代爲長史，達令敬隱覈其事。敬先過拘彌，成國復説云：“于竇國人欲以我爲王，今可因此罪誅建，[1]于寘必服矣。”敬貪立功名，且受成國之説，前到于寘，設供具請建，[2]而陰圖之。或以敬謀告建，建不信，曰：“我無罪，王長史何爲欲殺我？”旦日，[3]建從官屬數十人詣敬。坐定，建起行酒，敬叱左右執之，吏士並無殺建意，官屬悉得突走。時成國主簿秦牧隨敬在會，持刀出曰：“大事已定，何爲復疑？”即前斬建。于寘侯將輸僰等遂會兵攻敬，[4]敬持建頭上樓宣告曰：[5]“天子使我誅建耳。”于寘侯將遂焚營舍，燒殺吏士，上樓斬敬，懸首於市。輸僰欲自立爲王，國人殺之，而立建子安國焉。馬達聞之，欲將諸郡兵出塞擊于寘，桓帝不聽，徵達還，而以宋亮代爲敦煌太守。亮到，開募于寘，令自斬輸僰。時輸僰死已月，[6]乃斷死人頭送敦煌，而不言其狀。亮後知其詐，而竟不能出兵。于寘恃此遂驕。

[1]【今注】案，今，大德本作“合”。

[2]【今注】供具：陳設酒食的器具，亦可代指酒食。

[3]【今注】旦日：明日，第二天。

[4]【今注】案，敬，大德本作“敵衆”。

[5]【今注】案，大德本無“敬持”二字。

[6]【今注】案，紹興本、殿本、大德本“已”字後有“經”字。

自于寘經皮山，[1]至西夜、子合、德若焉。

［1］【今注】皮山：南道緑洲國。一般認爲皮山國王治皮山城在今新疆皮山縣附近。

西夜國一名漂沙，[1]去洛陽萬四千四百里。户二千五百，口萬餘，勝兵三千人。地生白草，有毒，國人煎以爲藥，傅箭鏃，所中即死。《漢書》中誤云西夜、子合是一國，今各自有王。[2]

［1］【今注】西夜：南道緑洲國。對於"西夜"和"子合"的關係，一直存在不同的看法，《漢書》卷九六上《西域傳上》僅爲西夜國立傳，而無子合國傳，似乎當時衹有西夜國而無子合國，但是在記載其他西域國家時多次提及子合，如記烏秅國"北與子合、蒲犂，西與難兜接"，記依耐國"南與子合接，俗與相同"。清代學者徐松在《漢書·西域傳補注》中提出，《漢書·西域傳》原本是同時爲西夜、子合二國立了傳的，但是因爲原簡殘斷，導致兩傳在傳抄的過程中合在了一起，"此《傳》所言地理，證以他書，皆是子合之事。蓋《漢書》西夜國王號子，下有户口兵數及四至之文，傳本奪爛，因以號子與子合牽連爲一，范氏之論爲不察矣"。現代學者多贊同此説。余太山在《兩漢魏晉南北朝正史西域傳要注》中提出，"西夜國，王號子合王"（第100頁）。或許意味着西夜國的王族爲子合人，西夜和子合存在某種程度的融合（參見王文利、周偉洲《西夜、子合國考》，《民族研究》2010年第6期）。

［2］【李賢注】《前書》云："西夜國王號子合王。"

子合國居呼犍谷。[1]去疏勒千里。領户三百五十，口四千，勝兵千人。

［1］【李賢注】鞬音九言反。【今注】子合：南道緑洲國。呼鞬谷：子合國王治所在。關於其位置，一直存在不同的説法：其一，今新疆葉城縣南的庫克雅爾。此説見於清代編纂的《皇輿西域圖志》卷一八。譚其驤主編《中國歷史地圖集》亦采納此説。其二，今吉爾吉特河流域的博洛爾。此説見於清代學者李恢垣所著《漢西域圖考》一書。其三，今新疆葉城縣駐地喀格勒克鎮。由法國漢學家沙畹提出。其四，今阿富汗瓦罕走廊一帶（參見岑仲勉《漢書西域傳地里校釋》，中華書局 2004 年版，第 116—119 頁）。其五，今葉城縣西的 Asgan-sal 河谷。由余太山提出。

德若國領户百餘，[1]口六百七十，勝兵三百五十人。東去長史居三千五百三十里，去洛陽萬二千一百五十里，與子合相接。其俗皆同。

［1］【今注】德若：余太山認爲此即《漢書》卷九六上《西域傳上》中的烏秅國，“德若”與“烏秅”或爲同名異譯（余太山：《〈後漢書·西域傳〉要注》，《歐亞學刊》第 4 輯，中華書局 2004 年版）。烏秅國王治烏秅城，現一般認爲其應該位於今巴控克什米爾的罕薩河谷（Hunza）（參見馬雍《巴基斯坦北部所見“大魏”使者的巖刻題記》，載《西域史地文物叢考》，文物出版社 1990 年版，第 129—137 頁）。也有學者不認可“德若”與“烏秅”實爲一國的觀點，認爲德若國在今小帕米爾西部（參見蘇北海《兩漢在西域昆侖山、喀喇昆侖山及帕米爾高原的統治疆域》，《新疆師範大學學報》1982 年第 1 期）。

自皮山西南經烏秅，[1]涉懸度，[2]歷罽賓，[3]六十餘日行至烏弋山離國，地方數千里，時改名排持。

［1］【李賢注】《前書音義》："音鶚拏。"又云："烏音一加反，秅音直加反，急言之如鶚拏反（反，殿本作'也'）。"【今注】案，余太山認爲"德若"與"烏秅"當爲一國，此處或因資料來源不同而誤作兩國〔余太山：《兩漢魏晉南北朝正史西域傳要注（上册）》，第267頁〕。

［2］【今注】懸度：山名。應該在今克什米爾西北達麗爾（Darel）和吉爾吉特（Gigit）之間的印度河上游河谷地帶。

［3］【今注】罽賓：國名。一般認爲該國在犍陀羅地區，其都城循鮮城應該在今巴基斯坦境内的塔克西拉古城（參見余太山《塞種史研究》，中國社會科學出版社1992年版，144—167頁）。

復西南馬行百餘日至條支。

條支國城在山上，[1]周回四十餘里。臨西海，海水曲環其南及東北，三面路絶，唯西北隅通陸道。土地暑溼，出師子、犀牛、封牛、孔雀、大雀。[2]大雀其卵如甕。[3]

［1］【今注】條支：國名。余太山認爲，此即統治叙利亞地區的塞琉古王國，"條支"爲其都城"安條克"（Antiochia）的音譯，而此處的"條支國城"指的是安條克的外港塞琉西亞（Seleucia）。此外，還有兩河流域南部的于羅（Hira）、兩河流域南部古國Mésène等觀點（有關討論參見龔纓晏《20世紀黎軒、條支和大秦研究述評》，《中國史研究動態》2002年第8期）。

［2］【今注】師子：即獅子。　封牛：即瘤牛。　大雀：指駝鳥。

［3］【今注】案，大，大德本作"小"。

轉北而東，復馬行六十餘日至安息。後役屬條支，爲置大將，監領諸小城焉。

安息國居和櫝城，[1]去洛陽二萬五千里。北與康居接，南與烏弋山離接。地方數千里，小城數百，户口勝兵最爲殷盛。其東界木鹿城，[2]號爲小安息，去洛陽二萬里。

[1]【今注】安息：國名。即帕提亞波斯。 和櫝城：帕提亞波斯的都城，其具體所指存在争議，余太山認爲其是 Hekatompylos 之略譯（有關和櫝城的争論，參看余太山《安息與烏弋山離考》，《敦煌學輯刊》1991 年第 2 期）。

[2]【今注】木鹿城：安息城市梅爾夫（Merv），在今土庫曼斯坦城市馬雷（Mary）以東 25 千米處（參見劉未《絲綢之路東亞段古代城市之考察》，《北方民族考古》第 4 輯，科學出版社 2017 年）。

章帝章和元年，[1]遣使獻師子、符拔。[2]符拔形似麟而無角。和帝永元九年，都護班超遣甘英使大秦，抵條支。臨大海欲度，[3]而安息西界船人謂英曰："海水廣大，往來者逢善風三月乃得度，若遇遲風，[4]亦有二歲者，故入海人皆齎三歲糧。海中善使人思土戀慕，數有死亡者。"英聞之乃止。十三年，安息王滿屈復獻師子及條支大鳥，時謂之安息雀。

[1]【今注】案，年，紹興本作"帝"。

[2]【今注】符拔：又名"桃拔"，應該是今天所説的長頸鹿。

［3］【今注】案，大，紹興本作“太”。

［4］【今注】案，遇，紹興本、殿本、大德本作“還”。

自安息西行三千四百里至阿蠻國。[1]從阿蠻西行三千六百里至斯賓國。[2]從斯賓南行度河，又西南至于羅國九百六十里，[3]安息西界極矣。自此南乘海，乃通大秦。其土多海西珍奇異物焉。

［1］【今注】阿蠻：一般認爲即安息國之埃克巴坦那城（Ecbatana），在今伊朗哈馬丹〔［德］夏德：《大秦國全録》，朱傑勤譯，商務印書館 1964 年版，第 52 頁〕；也有觀點説是今天的阿曼〔張星烺：《中西交通史料彙編（第三册）》，中華書局 1977 年版，第 76—77 頁〕。

［2］【今注】斯賓：一般認爲即安息城市泰西封（Ctesiphon），在今伊拉克巴格達東南 35 千米處的底格里斯河東岸。

［3］【今注】于羅：具體所指爭議較大，主要有以下幾種觀點：一是安息之哈特拉城（Hatra），在今伊拉克的西北部（余太山主張）；二是位於安息與羅馬邊境上的杜拉—歐羅普斯城（Dura-Europos），在今叙利亞代爾祖爾省東南部、幼發拉底河的東岸上〔D. D. Leslieand K. H. J. Gardiner，*Chinese Knowledge of Western Asia during the Han*，*T' oung Pao*，Second Series，Vol. 68，Livr. 4/5（1982），pp. 284〕；三是希拉赫（Al-Hirah），在今伊拉克中南部的納傑夫附近〔［德］夏德：《大秦國全録》，朱傑勤譯，第 49—52 頁〕；四是查拉克斯（Antioch-Charax），在今伊拉克東南部、阿拉伯河下游河口附近（林梅村：《公元 100 年羅馬商團的中國之行》，《中國社會科學》1991 年第 4 期）。

大秦國一名犂鞬，[1]以在海西，亦云海西國。地方數千里，有四百餘城。小國役屬者數十。以石爲城郭。列置郵亭，皆堊塈之。[2]有松柏諸木百草。人俗力田作，多種樹蠶桑。皆髡頭而衣文繡，乘輜軿白蓋小車，[3]出入擊鼓，建旌旗幡幟。

[1]【今注】大秦：國名。“大秦”指羅馬帝國；“犂鞬”，又名“黎軒”，一般認爲原爲埃及亞歷山大城（Alexander）的略譯，後來用於稱呼托勒密埃及，羅馬征服埃及後，成爲羅馬在中國的另一個稱呼。

[2]【李賢注】塈，飾也，音火既反。郭璞曰：“堊，白土也，音惡。”

[3]【今注】輜軿：輜車和軿車，泛指四周有屏蔽的車子。

所居城邑，周圜百餘里。城中有五宫，相去各十里。宫室皆以水精爲柱，食器亦然。其王日游一宫，聽事五日而後徧。常使一人持囊隨王車，人有言事者，即以書投囊中，王至宫發省，理其枉直。各有官曹文書。置三十六將，皆會議國事。其王無有常人，皆簡立賢者。國中災異及風雨不時，輒廢而更立，受放者甘黜不怨。其人民皆長大平正，有類中國，故謂之大秦。

土多金銀奇寶，有夜光璧、明月珠、駭鷄犀、[1]珊瑚、虎魄、[2]琉璃、琅玕、朱丹、青碧。刺金縷繡，織成金縷罽、雜色綾。作黄金塗、火浣布。又有細布，或言水羊毳，野蠶繭所作也。合會諸香，煎其汁以爲蘇合。凡外國諸珍異皆出焉。

［1］【李賢注】《枹朴子》曰："通天犀有白理如綖者（紹興本'白'前有'一'字），以盛米，置群雞中，雞欲往啄米，至輒驚却，故南人名爲'駭雞'。"

［2］【今注】案，虎魄，殿本、大德本作"琥珀"。

以金銀爲錢，銀錢十當金錢一。與安息、天竺交市於海中，利有十倍。其人質直，市無二價。穀食常賤，國用富饒。鄰國使到其界首者，乘驛詣王都，至則給以金錢。其王常欲通使於漢，[1]而安息欲以漢繒綵與之交市，故遮閡不得自達。[2]至桓帝延熹九年，大秦王安敦遣使自日南徼外獻象牙、犀角、瑇瑁，[3]始乃一通焉。其所表貢，並無珍異，疑傳者過焉。

［1］【今注】案，大德本無"其王"二字。

［2］【李賢注】閡音五代反。

［3］【今注】日南：郡名。西漢武帝元鼎六年（前111）置，轄區在今越南中部一帶。其治所存在一定的爭議。《漢書·地理志》"日南郡"條將朱吾置於各縣之首（按照《漢志》體例，各郡首縣一般即爲郡治），《舊唐書·地理志》"林邑"條則明確記載漢日南郡以朱吾縣爲治所；但《水經注·温水》引應劭《地理風俗記》："日南，故秦象郡，漢武帝元鼎六年，開日南郡，治西捲縣"，以西捲（卷）縣爲漢日南郡治。近年有學者折中二説，認爲日南郡初治於朱吾縣，約在西漢末年移治西捲（卷）縣（陳國保：《兩漢交州刺史部研究》，雲南大學出版社2010年版，第103—105頁）。朱吾縣在今越南廣平省南部至廣治省北部一帶，西捲（卷）縣在今越南廣治省境内。　徼外：境外。

或云其國西有弱水、流沙，近西王母所居處，幾於日所入也。《漢書》云“從條支西行二百餘日，近日所入”，則與今書異矣。前世漢使皆自烏弋以還，莫有至條支者也。又云“從安息陸道繞海北行，出海西，至大秦，人庶連屬，十里一亭，三十里一置，[1]終無盜賊寇警。而道多猛虎、師子，遮害行旅，不百餘人，齎兵器，輒爲所食”。又言“有飛橋數百里可度海北”。諸國所生奇異玉石諸物，譎怪多不經，故不記云。[2]

[1]【李賢注】置，驛也。

[2]【李賢注】魚豢《魏略》曰：“大秦國俗多奇幻，口中出火（火，大德本作‘灭’），自縛自解，跳十二丸（十，紹興本作‘千’），巧妙非常。”

大月氏國[1]居藍氏城，[2]西接安息，四十九日行，東去長史所居六千五百三十七里，去洛陽萬六千三百七十里。户十萬，口四十萬，勝兵十餘萬人。

[1]【李賢注】氏音支。下並同。【今注】大月氏：游牧民族。最早居於中國西北部，後相繼被匈奴、烏孫擊敗，逐漸遷徙至中亞的阿姆河流域。

[2]【李賢注】《前書》“藍氏”作“監氏”。【今注】藍氏城：大月氏都城。余太山認爲，監氏城和《漢書》卷九六上《西域傳上》記載的大月氏都城“監氏城”及《史記》卷一二三《大宛列傳》所記載的大夏國都藍市城是同一座城市，認爲大月氏在征服大夏後將大夏國的都城作爲了自己的都城。藍市城一般被認爲是

中亞希臘化國家巴克特里亞王國（即所謂“大夏”）的首都巴克特拉，即今阿富汗北部的巴赫爾城的所在地。此外對藍氏城/監氏城的位置還有幾種認可度較高的觀點，分别是阿姆河北岸坎佩爾（Kampyr Tepe，又譯卡姆皮爾秋别），阿姆河以北約120千米的帕永庫爾干（Payonkurgan）和蘇爾漢河上游、阿姆河以北約120千米的卡爾恰揚（Khalchayan），三地均在今烏兹别克斯坦境内（參見楊巨平《傳聞還是史實——漢史記載中有關西域希臘化國家與城市的信息》，《西域研究》2019年第3期。另注：此文誤將卡爾恰揚的英文拼寫成Khalchayang）

初，月氏爲匈奴所滅，遂遷於大夏，[1]分其國爲休密、雙靡、貴霜、肸頓、都密，凡五部翖侯。[2]後百餘歲，貴霜翖侯丘就卻攻滅四翖侯，自立爲王，國號貴霜王。侵安息，取高附地。又滅濮達、罽賓，悉有其國。丘就卻年八十餘死，子閻膏珍代爲王。復滅天竺，置將一人監領之。月氏自此之後，最爲富盛，諸國稱之皆曰貴霜王。漢本其故號，言大月氏云。

［1］【今注】大夏：國名。應指中亞希臘化國家巴克特里亞王國，都城在巴克特拉，即今阿富汗北部的巴赫爾城所在地。

［2］【今注】五部翖侯：翖侯，又作“翕侯”，余太山認爲其爲“塞種或與塞種有關部落（諸如康居、烏孫等）常見的官職名稱”。大月氏共有五位翖侯，合稱“五部翖侯”，分别是：休密翖侯，治和墨城。余太山認爲，和墨城位於今瓦罕走廊最東端的Sarik-Chaupan一帶；姚大力則將其定位在今瓦罕走廊西側、阿富汗與塔吉克斯坦交界的伊什卡希姆（Ishkashim）地區（參見姚大力《大月氏與吐火羅的關係：一個新假設》，《復旦學報》2019年第2

期）。雙靡翖侯，治雙靡城。雙靡城位於今巴基斯坦、阿富汗和塔吉克斯坦三國交界處、興都庫什山最高峰蒂里奇米爾山以南的奇特拉爾（Chitral）山區。貴霜翖侯，治護澡城。余太山認爲護澡城即《大唐西域記》所載達摩悉鐵帝的都城昏馱多，在今瓦罕河谷西部的 Khandūd，姚大力則將其定位在今塔吉克斯坦境内的瓦赫希河（Wakhshab）流域（參見姚大力《大月氏與吐火羅的關係：一個新假設》，《復旦學報》2019 年第 2 期）。肸頓翖侯，治薄茅城。高附翖侯，治高附城。薄茅城、高附城均位於今阿富汗西北部的科克恰河（Kokcha）流域。

高附國在大月氏西南，[1]亦大國也。其俗似天竺而弱，易服。善賈販，内富於財。所屬無常，天竺、罽賓、安息三國强則得之，弱則失之，而未嘗屬月氏。《漢書》以爲五翖侯數，非其實也。後屬安息。及月氏破安息，始得高附。

[1]【今注】高附：國名。余太山認爲，此高附國"與《漢書》卷九六上《西域傳上》所見大月氏五翖侯同名，但不在一地。本傳所謂高附國位於 Paropamisadae 即喀布爾河上游地區"。

天竺國一名身毒，[1]在月氏之東南數千里。俗與月氏同，而卑溼暑熱。其國臨大水。乘象而戰。其人弱於月氏，脩浮圖道，不殺伐，遂以成俗。[2]從月氏、高附國以西，南至西海，東至磐起國，[3]皆身毒之地。身毒有别城數百，城置長。别國數十，國置王。雖各小異，而俱以身毒爲名，其時皆屬月氏。月氏殺其王而置將，令統其人。土出象、犀、瑇瑁、金、銀、銅、鐵、鉛、錫，西與大秦通，有大秦珍物。又有細布、好毾㲪、[4]諸香、石蜜、[5]胡椒、薑、黑鹽。

［1］【今注】案，天竺、身毒皆爲印度的古稱。

［2］【李賢注】浮圖即佛也。

［3］【今注】磐起國：國名。余太山認爲此即《魏略・西戎傳》中的"盤越"，應爲 Pyū（Pyū、Prome）之對譯，其地在今天的緬甸。對於磐起國的方位，另有印度河下游東部或東信德附近、印度南端的 Pandya、孟加拉或印度河口、恒河中游的 Panchalas 等多種説法（參見楊巨平《兩漢中印關係考——兼論絲路南道的開通》，《西域研究》2013 年第 4 期）。

［4］【李賢注】毾音它闔反（闔，大德本作"聞"）。㲪音登。《埤蒼》曰："毛席也。"《釋名》曰："施之承大牀前小榻上，登以上牀也。"

［5］【今注】案，蜜，大德本、殿本作"密"。

和帝時，數遣使貢獻，後西域反畔，乃絶。至桓帝延熹二年、四年，頻從日南徼外來獻。

世傳明帝夢見金人，長大，項有光明，[1]以問群臣。或曰："西方有神，名曰佛，其形長丈六尺而黄金色。"帝於是遣使天竺問佛道法，遂於中國圖畫形像焉。楚王英始信其術，中國因此頗有奉其道者。後桓帝好神，數祀浮圖、老子，百姓稍有奉者，後遂轉盛。

［1］【今注】案，項，大德本、殿本作"頂"。

東離國居沙奇城，[1]在天竺東南三千餘里，大國也。其土氣、物類與天竺同。列城數十，皆稱王。大月氏伐之,[2] 遂臣服焉。男女皆長八尺，而怯弱。乘象、駱駝，往來鄰國。有寇，乘象以戰。

［1］【今注】東離：國名。余太山認爲，此應從《魏略·西戎傳》作“車離”，即南印度古國朱羅（Chola）。也有學者認爲“東離”是 Tamralipti 之譯音，位於今天西孟加拉邦的塔姆盧克（Tamluk）〔張星烺：《中西交通史料彙編（第六册）》，中華書局 1977 年版，第 23 頁〕。 沙奇城：東離國都城，余太山認爲其爲位於今天印度泰米爾邦東北部的坎奇普拉姆（kānchi、kanchipuram）。

［2］【今注】案，氐，紹興本、大德本、殿本作“氏”。

栗弋國屬康居。[1] 出名馬、牛、羊、蒲萄、衆果，其土水美，故蒲萄酒特有名焉。

［1］【今注】栗弋：國名。一般認爲，此即後世的粟特國，在今中亞澤拉夫善河流域的索格底亞那。

嚴國在奄蔡北,[1] 屬康居，出鼠皮以輸之。

［1］【今注】嚴國：國名。余太山認爲其或位於伏爾加河支流卡馬河（Kama）流域，“嚴”即 Kama 之對譯。

奄蔡國改名阿蘭聊國,[1] 居地城,[2] 屬康居。土氣温和，多楨松、白草。[3] 民俗衣服與康居同。

［1］【今注】奄蔡：中亞游牧部族。其活動範圍有黑海東北、

裏海北、鹹海周圍、鹹海和裏海北、北海和裏海之北五種說法（參見洪濤《關於奄蔡研究的幾個問題》，《中央民族大學學報》1991年第5期）。余太山認爲，奄蔡改名很可能是被阿蘭（Alans）征服的結果。

［2］【今注】地城：奄蔡國都，地望無考。

［3］【李賢注】《前書音義》曰："白草，草之白者。"又云："似莠而細，熟時正白，牛馬所食焉。"

莎車國西經蒲犂、無雷至大月氏，[1]東去洛陽萬九百五十里。

［1］【今注】莎車：南道緑洲國。一般認爲其王治莎車城在今新疆莎車縣附近。　蒲犂：南道緑洲國，王治蒲犂谷。一般認爲蒲犂谷在今塔什庫爾干，另有白鳥庫吉等主張在 RashamDarya 流域。　無雷：西域國名，王治盧城。余太山贊同松田壽男的主張，將其王治盧城定位在小帕米爾，"具體而言在形成 Murg-āb 上游、東北流向的 Ak-su 河以及形成 Ab-i-panja 上游、西流的 Ak-su 河這兩河的河谷"。此外還有將盧城定位在大帕米爾、今新疆塔什庫爾干等主張〔參見蘇北海《兩漢在昆侖山、喀喇昆侖山及帕米爾高原的統治疆域》，《新疆師範大學學報》1982年第1期；史念海《中國古都概說（四）》，《陝西師大學報》1990年第4期〕。

匈奴單于因王莽之亂，略有西域，唯莎車王延最强，不肯附屬。元帝時，嘗爲侍子，長於京師，慕樂中國，亦復參其典法。常勑諸子，當世奉漢家，不可負也。天鳳五年，延死，謚忠武王，子康代立。

光武初，康率傍國拒匈奴，擁衛故都護吏士妻子千餘口，檄書河西，問中國動静，自陳思慕漢家。建武五年，河西大將軍竇融乃承制立康爲漢莎車建功懷德王、西域大都尉，五十五國皆屬焉。

九年，康死，謚宣成王。弟賢代立，攻破拘彌、西夜國，皆殺其王，而立其兄康兩子爲拘彌、西夜王。十四年，賢與鄯善王安並遣使詣闕貢獻，於是西域始通。葱領以東諸國皆屬賢。十七年，賢復遣使奉獻，請都護。天子以問大司空竇融，[1]以爲賢父子兄弟相約事漢，款誠又至，宜加號位以鎮安之。帝乃因其使，賜賢西域都護印綬，及車旗黄金錦繡。敦煌太守裴遵上言："夷狄不可假以大權，又令諸國失望。"詔書收還都護印綬，更賜賢以漢大將軍印綬。其使不肯易，遵迫奪之，賢由是始恨。而猶詐稱大都護，移書諸國，諸國悉服屬焉，號賢爲單于。賢浸以驕横，重求賦税，數攻龜兹諸國，諸國愁懼。

[1]【今注】大司空：漢代一定時期内的"三公"之一。西漢成帝綏和元年（前8）改御史大夫爲大司空，並賜大司馬印綬；哀帝建平二年（前5）恢復舊制；元壽二年（前1）五月復綏和制度，並將丞相改稱大司徒；東漢光武帝建武二十七年（51），"大司空""大司徒"去"大"字，省大司馬，設太尉，形成司徒、司空和太尉並立的三公制。獻帝建安十三年（208），罷三公官，設丞相、御史大夫。

二十一年冬，車師前王、鄯善、焉耆等十八國俱遣子入侍，獻其珍寶。及得見，皆流涕稽首，願得都護。天子以中國初定，北邊未服，皆還其侍子，厚賞賜之。是時賢自負兵强，欲并兼西域，攻擊益甚。諸國聞都護不出，而侍子皆還，大憂恐，乃與敦煌太守檄，願留侍子以示莎車，言侍子見留，都護尋出，冀且息其兵。裴遵以狀聞，天子許之。二十二年，賢知都護不至，遂遺鄯善王安書，令絶通漢道。安不納而殺其使。賢大怒，發兵攻鄯善。安迎戰，兵敗，亡入山中。賢殺略千餘人而去。其冬，賢復攻殺龜兹王，遂兼其國。鄯善、焉耆諸國侍子久留敦煌，愁思，皆亡歸。鄯善王上書，願復遣子入侍，更請都護。都護不出，誠迫於匈奴。天子報曰："今使者大兵未能得出，如諸國力不從心，東西南北自在也。"於是鄯善、車師復附匈奴，而賢益横。

嫣塞王自以國遠，[1]遂殺賢使者，賢擊滅之，立其國貴人駟鞬爲嫣塞王。賢又自立其子則羅爲龜兹王。賢以則羅年少，乃分龜兹爲烏壘國，[2]徙駟鞬爲烏壘王，又更以貴人爲嫣塞王。數歲，龜兹國人共殺則羅、駟鞬，而遣使匈奴，更請立王。匈奴立龜兹貴人身毒爲龜兹王，龜兹由是屬匈奴。

[1]【今注】嫣塞：國名。具體位置不詳。余太山認爲，此或嫣水（即今阿姆河）流域塞種人之稱王者。唐代曾在今阿姆河流域設立嫣塞州羈縻都督府，不知其得名是否與該國有關。

[2]【今注】烏壘：北道諸國之一。其都城烏壘城同時也是西漢時西域都護府的治所。關於烏壘城的位置，歷來争議比較大，主要有四種説法：其一，今新疆輪臺縣策大雅（參見譚其驤主編《中

國歷史地圖集》第 2 册，中國地圖出版社 1982 年版，第 37—38 頁)；其二，今新疆輪臺縣野雲溝（參見黄文弼《塔里木盆地考古記》，科學出版社 1958 年版，第 10 頁；中國社會科學院考古研究所考古科技實驗研究中心、漢唐考古研究室《新疆庫爾勒至輪臺間古代城址的遥感探查》，《考古》1997 年第 7 期)；其三，今新疆庫爾勒市庫爾楚鄉，瑞典考古學家貝格曼主張（參見貝格曼《新疆考古記》，王安洪譯，新疆人民出版社 1997 年版，第 50 頁)；其四，今新疆輪臺縣奎玉克協海爾古城（參見林梅村《考古學視野下的西域都護府今址研究》，《歷史研究》2013 年第 6 期)。

賢以大宛貢税減少，自將諸國兵數萬人攻大宛，大宛王延留迎降，賢因將還國，徙拘彌王橋塞提爲大宛王。而康居數攻之，橋塞提在國歲餘，亡歸，賢復以爲拘彌王，而遣延留還大宛，使貢獻如常。賢又徙于窴王俞林爲驪歸王，立其弟位侍爲于窴王。歲餘，賢疑諸國欲畔，召位侍及拘彌、姑墨、子合王，[1]盡殺之，不復置王，[2]但遣將鎮守其國。位侍子戎亡降漢，封爲守節侯。

[1]【今注】姑墨：北道緑洲國。余太山認爲，“姑墨”或與“且末”爲同名異譯。一般認爲其王治在今新疆阿克蘇市附近，也有觀點認爲在今新疆温宿縣的哈拉玉爾滚附近。

[2]【今注】案，王，殿本作“正”。

莎車將君得在于窴暴虐，百姓患之。明帝永平三年，其大人都末出城，見野豕，欲射之。豕乃言曰：“無射我，我乃爲汝殺君得。”都末因此即與兄弟共殺君得。而大人休莫霸復與漢人韓融等殺都末兄弟，自立爲于寘王，復與拘彌國人攻殺莎車將在皮山者，引兵歸。於是賢遣其太子、國相，將諸國兵二萬人擊休莫霸，霸迎與戰，莎車兵敗走，殺萬餘人。賢復發諸國數萬人，自將擊休莫霸，霸復破之，斬殺過半，賢脱身走歸國。休莫霸進圍莎車，中流矢死，兵乃退。

于寘國相蘇榆勒等共立休莫霸兄子廣德爲王。匈奴與龜兹諸國共攻莎車，不能下。廣德承莎車之敝，使弟輔國侯仁將兵攻賢。賢連被兵革，乃遣使與廣德和。先是廣德父拘在莎車數歲，於是賢歸其父，而以女妻之，結爲昆弟，廣德引兵去。明年，莎車相且運等[1]患賢驕暴，密謀反城降于寘。[2]于寘王廣德乃將諸國兵三萬人攻莎車。賢城守，[3]使使謂廣德曰："我還汝父，與汝婦，汝來擊我何爲？"廣德曰："王，我婦父也，久不相見，願各從兩人會城外結盟。"賢以問且運，且運曰："廣德女壻至親，宜出見之。"賢乃輕出，廣德遂執賢。而且運等因内于寘兵，虜賢妻子而并其國。鎖賢將歸，歲餘殺之。

[1]【李賢注】且音子余反。下同。

[2]【李賢注】反音番。

[3]【今注】案，賢，紹興本作"寶"。

匈奴聞廣德滅莎車，遣五將發焉耆、尉黎、龜兹十五國兵三萬餘人圍于寘，[1]廣德乞降，以其太子爲質，約歲給罽絮。[2]冬，匈奴復遣兵將賢質子不居徵立爲莎車王，廣德又攻殺之，更立其弟齊黎爲莎車王，章帝元和三年。時長史班超發諸國兵擊莎車，大破之，由是遂降漢。事已具《班超傳》。

［1］【今注】尉黎：又名“尉犁”，北道綠洲國。其都城尉犁城的位置有多種推測，主要包括：其一，在今新疆紫泥泉子附近，最早見於清代編纂的《皇輿西域圖志》，岑仲勉亦主此説〔參見岑仲勉《漢書西域傳地里校釋（下册）》，中華書局2004年版，第416頁〕。其二，在今新疆焉耆縣的四十里城子古城，由黄文弼提出（參見黄文弼《西北史地論叢》，上海人民出版社1981年版，第281—283頁）。其三，在今新疆焉耆縣的錫科沁古城（七格星古城），亦由黄文弼提出（參見黄文弼《新疆考古發掘報告》，文物出版社1983年版，第229頁）。其四，在今新疆庫爾勒市的夏渴蘭旦古城，由陳戈提出（參見陳戈《焉耆尉犁危須都城考》，《西北史地》1985年第2期）。

［2］【今注】罽絮：毛織品和做工較粗糙的絲綿。《爾雅》：“氂，罽也。”邢昺疏：“罽者，織毛爲之。”《急就篇》：“絳緹絓紬絲綿絮。”顔注：“漬繭擘之，精者爲綿，粗者爲絮。”

莎車東北至疏勒。疏勒國去長史所居五千里，[1]去洛陽萬三百里。領户二萬一千，[2]勝兵三萬餘人。

［1］【今注】疏勒：北道綠洲國。其王治疏勒城一般認爲在今新疆喀什附近。另外，漢代西域還有另外一個疏勒城，本書卷一九《耿恭傳》中耿恭所堅守的疏勒城就是後者，一般認爲其在今新疆奇臺縣半截溝子鎮古城子遺址。

［2］【今注】案，户，紹興本作“兵”。

明帝永平十六年，龜兹王建攻殺疏勒王成，自以龜兹左侯兜題爲疏勒王。冬，漢遣軍司馬班超劫縛兜題，而立成之兄子忠爲疏勒王。忠後反畔，超擊斬之。事已具《超傳》。

安帝元初中，疏勒王安國以舅臣磐有罪，徙於月氏，月氏王親愛之。後安國死，無子，母持國政，與國人共立臣磐同産弟子遺腹爲疏勒王。臣磐聞之，請月氏王曰："安國無子，種人微弱，若立母氏，我乃遺腹叔父也，[1]我當爲王。"月氏乃遣兵送還疏勒。國人素敬愛臣磐，又畏憚月氏，即共奪遺腹印綬，迎臣磐立爲王，更以遺腹爲磐稾城侯。後莎車畔于寘，[2]屬疏勒，疏勒以强，故得與龜兹、于寘爲敵國焉。

[1]【今注】案，也，大德本作"比"。

[2]【今注】案，大德本、殿本"畔"前有"連"字。

順帝永建二年，臣磐遣使奉獻，帝拜臣磐爲漢大都尉，兄子臣勳爲守國司馬。五年，臣磐遣侍子與大宛、莎車使俱詣闕貢獻。陽嘉二年，臣磐復獻師子、封牛。至靈帝建寧元年，疏勒王漢大都尉於獵中爲其季父和得所射殺，[1]和得自立爲王。三年，[2]涼州刺史孟佗遣從事任涉將敦煌兵五百人，[3]與戊己司馬曹寬、西域長史張晏，將焉耆、龜兹、車師前後部，合三萬餘人，討疏勒，攻楨中城，[4]四十餘日不能下，引去。其後疏勒王連相殺害，朝廷亦不能禁。

［1］【今注】案，大德本、殿本“漢”前有“與”字。

［2］【今注】案，三，紹興本作“五”。

［3］【今注】從事：漢代州之屬吏，又稱“從事史”或“從事掾”，分都官從事、功曹從事、别駕從事、簿曹從事、兵曹從事、部郡國從事等。關於“從事”之名的由來，嚴耕望認爲：“考《史記·蕭相國世家》：‘爲沛主吏掾……秦御史監郡者與從事，常辨之。’《漢書·王尊傳》注引如淳曰：‘《漢儀注》，刺史得擇所部二千石卒史與從事。’又《漢儀注》上：‘丞相、刺史常以秋分行部，御史爲駕四封乘傳，到所部郡國，各遣吏一人迎界上，得載別駕，自言受命移郡國，與刺史從事，盡界罷。’是‘從事’者本爲動詞，非職官名也。蓋出督之官本無屬吏，但每到一郡，即擇郡縣屬吏之佳者與從事而已。行之既久，始確定制度，遂因從事之名耳。”（嚴耕望：《秦漢地方行政制度》，北京聯合出版公司 2020 年版，第 305—306 頁）

［4］【今注】楨中城：西域古城。具體位置無考。

東北經尉頭、温宿、姑墨、龜兹至焉耆。[1]

［1］【今注】尉頭：西域國名。其王治尉頭谷一般認爲在今新疆巴楚縣的脱庫孜薩來遺址附近（參見榮新江《所謂“Tumshuqese”文書中的“gyāźdi”》，《内陸アジア言語研究》7，1991 年版，第 1—12 頁），也有觀點認爲其在今新疆阿合奇縣境内（參見林梅村《疏勒語考》，《傳統文化與現代化》1995 年第 4 期）。温宿：北道緑洲國。一般認爲其在今新疆烏什縣境内。

焉耆國王居南河城，[1]北去長史所居八百里，東去洛陽八千二百里。户萬五千，口五萬二千，勝兵二萬餘人。其國四面有大山，與龜兹相連，道險阸易守。

有海水曲入四山之内，周匝其城三十餘里。

［1］【今注】焉耆：北道緑洲國。　南河城：焉耆國都，一般認爲即《漢書》卷九六下《西域傳下》中的“員渠城”。關於其位置，争議較大，現在認可度最高的説法是今焉耆縣城西南二十千米的博格達沁古城（四十里城子古城）（參見陳戈《焉耆尉犁危須都城考》，《西北史地》1985年第2期）。此外，也有今焉耆縣城以南的黑格達（參見馮承鈞編、陸峻嶺增訂《西域地名》，中華書局1980年版）、今哈拉木登古城（參見黄文弼《塔里木盆地考古記》，科學出版社1958年版，第1、135、136頁；《焉耆博斯騰湖周圍三個古國考》，載《西北史地論叢》，上海人民出版社1981年版，第277—285頁；《新疆考古發掘報告》，文物出版社1983年版，第25—26頁）、今北哈拉毛坦古城（參見孟凡人《尉犁城、焉耆都城及焉耆鎮城的方位》，《中國邊疆史地研究》1991年第1期）等説法。

永平末，焉耆與龜兹共攻没都護陳睦、副校尉郭恂，殺吏士二千餘人。至永元六年，都護班超發諸國兵討焉耆、危須、尉黎、山國，[1]遂斬焉耆、尉黎二王首，傳送京師，縣蠻夷邸。[2]超乃立焉耆左侯元孟爲王，尉黎、危須、山國皆更立其王。至安帝時，西域背畔。延光中，超子勇爲西域長史，復討定諸國。元孟與尉黎、危須不降。永建二年，勇與敦煌太守張朗擊破之，元孟乃遣子詣闕貢獻。

［1］【今注】危須：北道緑洲國。現在一般認爲其都城危須城在今新疆和碩縣曲惠古城（參見陳戈《焉耆尉犁危須都城考》，

《西北史地》1985 年第 2 期）。 山國：西域國名。王先謙《漢書補注》卷六六下引王念孫言："此山國亦當作'墨山國'，'王'下當有'治墨山城'四字。據《河水注》：'國與城皆以墨山得名'，墨山國王治墨山城，猶上文之皮山國王治皮山城也。寫者脱之。"先謙案："據酈《注》'山'上當有'墨'字，'王'下當有'治墨山城'四字，然《後漢·和帝紀》及《焉耆傳》下兩見並作'山國'，則非寫脱，蓋所據本異也。"山國（墨山國）的位置在今庫魯克塔格山一帶，其王治所在有多種觀點：其一，今辛格爾（Singer）或克孜爾辛格爾（Kizil-sangir）緑洲一帶。由斯坦因提出，目前在學界認可度較高。其二，今新疆尉犁縣的營盤遺址（參見黄文弼《漢西域諸國之分布及種族問題》，載《黄文弼歷史考古論集》，文物出版社 1989 年版，第 22—36 頁）。其三，在辛格爾以東，庫魯克塔格山南麓蘇蓋提布拉克山谷中的夏爾托卡依古城（參見羊毅勇《論漢晉時期羅布淖爾地區與外界的交通》，載穆舜英等編《樓蘭文化研究論集》，新疆人民出版社 1995 年版，第 310—315 頁）。山國（墨山國）處於溝通天山南北、聯接羅布洼地和吐魯番盆地的交通要道上，曾在兩漢魏晉時期西域地區的政治和軍事活動當中扮演過重要的角色（參見羅新《墨山國之路》，載《國學研究》卷五，北京大學出版社 1998 年版，第 483—519 頁）。

[2]【李賢注】蠻夷皆置邸以居之，若今鴻臚寺也。【今注】縣：通"懸"。懸掛。

蒲類國居天山西疏榆谷，[1] 東南去長史所居千二百九十里，去洛陽萬四百九十里。户八百餘，口二千餘，勝兵七百餘人。廬帳而居，逐水草，頗知田作。有牛、馬、駱駞、羊畜。[2] 能作弓矢。國出好馬。

[1]【今注】蒲類：天山北麓緑洲國。 疏榆谷：蒲類王治，

當在今巴里坤湖一帶。

［2］【今注】駱駞：即駱駝。

蒲類本大國也，前西域屬匈奴，而其王得罪單于，單于怒，徙蒲類人六千餘口，内之匈奴右部阿惡地，因號曰阿惡國。南去車師後部馬行九十餘日。人口貧羸，逃亡山谷閒，故留爲國云。

移支國居蒲類地。[1]户千餘，口三千餘，勝兵千餘人。其人勇猛敢戰，以寇鈔爲事。皆被髪，隨畜逐水草，不知田作。所出皆與蒲類同。

［1］【今注】移支：西域國名。余太山認爲其可能在今巴里坤湖一帶。也有人認爲，移支可能在《漢書》卷九六下《西域傳下》中蒲類後國所在的位置（江戍疆：《蒲類、蒲類海、婆悉海考》，《喀什師範學院學報》1987 年第 2 期）。還有學者認爲，“移支”與《隋書》卷八四《鐵勒傳》中的“也咥”均爲“Igdir”的對音，此部乃Utʃ oq集團諸部族之一〔李樹輝：《烏古斯部族諸部落史迹考（下）——烏古斯和回鶻研究系列之三》，《喀什師範學院學報》2000 年第 3 期〕。關於蒲類後國，余太山認爲，其當位於蒲類國之西北二百七十里，一説位於大石頭緑洲一帶。

東且彌國東去長史所居八百里，[1]去洛陽九千二百五十里。户三千餘，口五千餘，勝兵二千餘人。廬帳居，逐水草，頗田作。其所出有亦與蒲類同。所居無常。

［1］【今注】東且彌：天山北麓緑洲國。據《漢書》卷九六下《西域傳下》，治兑虚谷。余太山認爲兑虚谷可能在今新疆烏魯木齊市南郊水西溝一帶。

車師前王居交河城。[1]河水分流繞城，故號交河。去長史所居柳中八十里，東去洛陽九千一百二十里。領户千五百餘，口四千餘，勝兵二千人。後王居務塗谷，[2]去長史所居五百里，去洛陽九千六百二十里。領户四千餘，口萬五千餘，勝兵三千餘人。

［1］【今注】車師前王：西域國家車師前國的君主。車師前國係由原車師國分裂而來。車師又名姑師，其部衆兼營農牧，是西域地區的一股重要勢力，原在今新疆鄯善縣境内，與樓蘭相鄰，因屢屢功劫漢使，於西漢武帝元封三年（前 108）被驃騎將軍趙破奴率領的漢軍擊破。餘衆遂西遷至今博格達山一帶，横跨山脈南北而居。西遷後的車師國因扼守連接天山南北的重要孔道，成爲漢朝和匈奴反復争奪的對象。宣帝時期，在漢朝與匈奴的反復拉鋸中，車師國分裂爲前、後兩部，前部居於山南，主要從事農業；後部居於山北，主要從事游牧業（參見余太山《兩漢魏晉南北朝正史西域傳要注》第 15、38、200、202—203 頁；薛宗正《車師考——兼論前、後二部的分化及車師六國諸問題》，《蘭州學刊》2009 年第 8 期）。　交河城：車師前國的都城，在今新疆吐魯番市以西的雅爾和圖（Yar-Khoto）。

［2］【今注】後王：車師後王，西域國家車師後國的君主。車師後國爲宣帝神爵二年（前 60）西漢擊敗車師後，從原車師國分裂出來的。同車師前國不同，車師後國的居民主要從事游牧業。　務塗谷：車師後國王庭所在，一般認爲在今新疆吉木薩爾縣南部，主要包括以下幾種説法：其一，今吉木薩爾縣泉子街鎮吾塘溝〔參

見陳戈《别失八里（五域）名義考實》，《新疆社會科學》1986年第1期；薛宗正《務塗谷、金蒲、疏勒考》，《新疆文物》1988年第2期〕。其二，今吉木薩爾縣千佛洞（參見孟凡人《北庭史地研究》，新疆人民出版社1985年版，第17、62頁）。其三，今吉木薩爾縣可汗浮圖城遺址，具體而言，是在今吉木薩爾縣小西溝疙瘩梁遺址（參見戴良佐《務塗谷今地考》，《西北史地》1997年第4期）。主張這一觀點的學者認爲，"務塗"即"浮屠"或"浮圖"，爲Buddha之音譯，其得名或與佛教有關。

前後部及東且彌、卑陸、蒲類、移支，是爲車師六國，[1]北與匈奴接。前部西通焉耆北道，後部西通烏孫。

［1］【今注】車師六國：《漢書》卷九六下《西域傳下》中有"山北六國"，或以爲"車師六國"係由"山北六國"發展而來，二者所包含的國家均係由原車師國分裂而來；也有學者認爲，"山北六國"與"車師六國"是兩個具有部落聯盟性質的組織，二者的成員有一定重合，但彼此之間並非直接的繼承關係。前者以蒲類爲盟主，形成於西漢以前，範圍局限在天山北麓東段，也從未接納車師前、後部爲其成員；後者由車師後部主導，約形成於新莽時期，除車師前、後部外，還吸收了原屬"山北六國"的部分成員，勢力範圍遍及整個東部天山地區。兩個聯盟的成員國，衹有車師前、後部是從原車師國分裂出來的。（參見薛宗正《車師考——兼論前、後二部的分化及車師六國諸問題》，《蘭州學刊》2009年第8期）

建武二十一年，與鄯善、焉耆遣子入侍，光武遣還之，乃附屬匈奴。明帝永平十六年，漢取伊吾盧，通西域，車師始復内屬。匈奴遣兵擊之，復降北虜。和帝永元二年，大將軍竇憲破北匈奴，車師震慴，前後王各遣子奉貢入侍，並賜印綬金帛。八年，戊己校尉索頵欲廢後部王涿鞮，立破虜侯細致。涿鞮忿前王尉卑大賣己，[1]因反擊尉卑大，獲其妻子。明年，漢遣將兵長史王林，[2]發涼州六郡兵及羌虜胡二萬餘人，以討涿鞮，[3]獲首虜千餘人。涿鞮入北匈奴，漢軍追擊，斬之，立涿鞮弟農奇爲王。至永寧元年，後王軍就及母沙麻反畔，殺後部司馬及敦煌行事。[4]至安帝延光四年，長史班勇擊軍就，大破，斬之。

[1]【今注】案，大德本無“卑大”二字。

[2]【今注】將兵長史：官名。東漢邊郡太守的佐貳官，負責協助管理軍務。西漢時期，西漢邊郡於丞之外別置長史一職，輔佐太守處理軍務。東漢光武帝建武十四年（38），“罷邊郡太守丞，長史領丞職”，後來蓋因軍務繁忙，又在一些邊郡於長史之外另設將兵長史一職佐理軍政，其職掌大約與西漢時的邊郡長史相近（參見嚴耕望《秦漢地方行政制度》，北京聯合出版公司 2020 年版，第102—103 頁）。

[3]【今注】案，鞮，紹興本作“鞬”。

[4]【李賢注】司馬即屬戊校尉所統也。和帝時，置戊己校尉，鎮車師後部。行事謂前行長史索班。【今注】案，殿本無“後”字。

順帝永建元年，勇率後王農奇子加特奴及八滑等，發精兵擊北虜呼衍王，破之。勇於是上立加特奴爲後王，八滑爲後部親漢侯。陽嘉三年夏，車師後部司馬率加特奴等千五百人，掩擊北匈奴於閶吾陸谷，[1]壞其廬落，斬數百級，獲單于母、季母及婦女數百人，[2]牛羊十餘萬頭，車千餘兩，兵器什物甚衆。四年春，北匈奴呼衍王率兵侵後部，帝以車師六國接近北虜，爲西域蔽扞，[3]乃令敦煌太守發諸國兵，及玉門關候、伊吾司馬，合六千三百騎救之，掩擊北虜於勒山，[4]漢軍不利。秋，呼衍王復將二千人攻後部，破之。桓帝元嘉元年，呼衍王將三千餘騎寇伊吾，伊吾司馬毛愷遣吏兵五百人於蒲類海東與呼衍王戰，悉爲所没，呼衍王遂攻伊吾屯城。夏，遣敦煌太守司馬達將敦煌、酒泉、張掖屬國吏士四千餘人救之，出塞至蒲類海，呼衍王聞而引去，漢軍無功而還。[5]

[1]【今注】閶吾陸谷：具體位置不詳。

[2]【李賢注】季母，叔母也。

[3]【今注】蔽扞：屏障。

[4]【今注】勒山：山名。具體位置不詳。

[5]【今注】案，大德本無“還”字。

永興元年，車師後部王阿羅多與戊部候嚴皓不相得，遂忿戾反畔，攻圍漢屯田且固城，[1]殺傷吏士。後部候炭遮領餘人畔阿羅多詣漢吏降。阿羅多迫急，將其母妻子從百餘騎亡走北匈奴中，敦煌太守宋亮上立後部故王軍就質子卑君爲後部王。後阿羅多復從匈奴中還，與卑君争國，頗收其國人。戊校尉閻詳慮其招引北虜，將亂西域，乃開信告示，許復爲王，阿羅多乃詣詳降。於是收奪所賜卑君印綬，更立阿羅多爲王，仍將卑君還敦煌，以後部人三百帳别屬役之，食其税。帳者，猶中國之户數也。

[1]【今注】且固城：西域古城。具體位置不詳。

論曰：西域風土之載，前古未聞也。漢世張騫懷致遠之略，[1]班超奮封侯之志，[2]終能立功西遐，[3]羈服外域。自兵威之所肅服，財賂之所懷誘，莫不獻方奇，[4]納愛質，露頂肘行，東向而朝天子。故設戊己之官，分任其事；建都護之帥，總領其權。先馴則賞籯金而賜龜綬，[5]後服則繫頭顙而釁北闕。[6]立屯田於膏腴之野，列郵置於要害之路。[7]馳命走驛，[8]不絶於時月；商胡販客，日款於塞下。其後甘英乃抵條支而歷安息，臨西海以望大秦，拒玉門、陽關者四萬餘里，[9]靡不周盡焉。若其境俗性智之優薄，産載物類之區品，[10]川河領障之基源，氣節凉暑之通隔，梯山棧谷繩行沙度之道，身熱首痛風災鬼難之域，[11]莫不備寫情形，[12]審求根實。[13]至於佛道神化，興自身毒，而二漢方志莫有稱焉。張騫但著地多暑溼，乘象而戰，班勇雖列其奉浮圖，不殺伐，而精文善法導達之功靡所傳述。余聞之後説也，其國則殷乎中土，玉燭和氣，[14]靈聖之所降集，賢懿之所挺生，[15]神迹詭怪，則理絶人區，[16]感驗明顯，則事出天外。[17]而騫、超無聞者，[18]豈其道閉往運，數開叔葉乎？[19]不然，何誣異之甚也！漢自楚英始盛齋戒之祀，桓帝又修華蓋之飾。將微義未譯，而但神明之邪？詳其清心釋累之訓，空有兼遣之宗，道書之流也。[20]且好仁惡殺，蠲敝崇善，所以賢達君子多愛其法焉。然好大不經，奇譎無已，[21]雖鄒衍談天之辯，莊周蝸角之論，[22]尚未足以槩其萬一。又精靈起滅，因報相尋，若曉而昧者，故通人多惑焉。[23]蓋導俗無方，適物異會，取諸同歸，措夫疑説，則大道通矣。

[1]【李賢注】《前書》（書，大德本作‘漢’）：“張騫，漢中人，爲博望侯。武帝時，上言大夏及安息、大宛之屬，大國奇物，誠得而以義屬之，則地廣萬里。帝從之。”

[2]【李賢注】超少時家貧，投筆歎曰：“丈夫當如傅介子、張騫，立功西域，以取封侯，安能久事筆硯乎！”語見《超傳》。

[3]【今注】案，“功西”二字底本殘缺，據紹興本、大德本、殿本補。

[4]【今注】案，“所懷誘莫”四字底本殘缺，據紹興本、大德本、殿本補。

[5]【李賢注】龜謂印文也。《漢舊儀》曰：“銀印皆龜紐，其文刻曰‘某官之章（章，大德本作“革”）’。”【今注】籯金：一籯的黄金，用來代指錢財。籯是一種竹子編的容器。　龜綬：高官或列侯的官印及繫印的絲帶，用以代指高等官爵。漢代二千石以上的官員和列侯，所用官印印鈕作龜形，因此這裏用“龜”來指代官印。

[6]【今注】頭顙：頭顱。　釁：血祭。　北闕：從前後文來看，此句描述當是西漢故事，因此這裏的“北闕”所指當爲西漢未央宫北闕。闕是宫殿外門兩旁高出的建築物，西漢未央宫在北宫門

和東宮門外兩側有闕，分别稱北闕和東闕。北闕在漢代具有重要的政治功能，統治者於其處設有公車機構，管理吏民上書奏事，因此吏民上書也稱“上書北闕”。“縶頭顙而釁北闕”指將不服從漢朝的蠻夷君長斬殺並懸首北闕。西漢這種事情發生過多次，如樓蘭王嘗歸（《漢書》卷九六上《西域傳上》：“介子遂斬王嘗歸首，馳傳詣闕，縣首北闕下”）、大宛王毋寡（《漢書》卷五四《蘇建傳》：“宛王殺漢使者，頭縣北闕”）和南越王趙建德（《史記》卷一一〇《匈奴列傳》：“南越王頭已懸於漢北闕”）等，有學者認爲，西漢接待四夷賓客的蠻夷邸位於正對未央宫北闕的横門大街（藁街），懸首北闕可以對往來長安的四夷賓客起到警戒作用（參見王静《漢代蠻夷邸論考》，《史學月刊》2000 年第 3 期；徐暢《西漢長安城未央宫北闕的地理位置及政治功能》，《四川文物》2012 年第 4 期）。

［7］【今注】郵置：秦漢時的通信機構。“郵”在秦及漢初是最基層的通信機構，廣設於全國各地，除負責傳遞文書外，還需爲過往的官吏提供飲食及臨時休息的場所。“置”的功能和結構則較爲複雜，設有承擔公文傳遞的“驛”、飼養馬匹的“厩”、負責行旅膳食的“厨”、專爲皇帝和朝廷投送軍情急報的“騎置”、提供行旅住宿的“傳舍”等内部機構。應劭《風俗通》記載“漢改郵爲置”，張傳璽考證此事當發生在武帝元朔元年（前 128）到元狩四年（前 119）之間。然而在出土文獻中，直到東漢仍有“郵”這一機構存在，有學者推測，新莽至東漢時期可能重新恢復了“郵”的建置，以“置”的附屬機構的形式存在（熊鐵基：《秦代的郵傳制度——讀雲夢秦簡札記》，《學術研究》1979 年第 3 期；張傳璽：《釋“郵亭驛置徒司空、褒中縣官寺”》，《考古與文物》1981 年第 4 期；高敏：《秦漢郵傳制度考略》，《歷史研究》1985 年第 3 期；王子今：《秦漢交通史稿》，中共中央黨校出版社 1994 年版，第 455—466 頁；郝樹聲、張德芳：《懸泉漢簡研究》，甘肅文化出版社 2009 年版，第 9—36 頁；于振波：《秦漢時期的郵人》，《簡牘與

秦漢社會》湖南大學出版社 2012 年版，第 93—102 頁）。

［8］【今注】馳命：奔走效命。

［9］【今注】案，大德本無“門陽關者”四字。

［10］【今注】案，大德本無“産載物類”四字。

［11］【李賢注】《前書》杜欽曰：“罽賓本漢所立，殺漢使者，今悔過來順，使者送至懸度，歷大頭痛、小頭痛之山，赤土身熱之阪，臨峥嶸不測之深（深，殿本作‘淵’），行者騎步相持，繩索相引。”釋法顯《游天竺記》云（顯，大德本作“頭”）：“西度流沙，屢有熱風惡鬼，過之必死。葱領冬夏有雪。有毒龍，若犯之，則風雨晦冥，飛砂揚礫。過此難者，萬無一全也。”

［12］【今注】案，寫，紹興本、大德本作“焉”。

［13］【今注】案，大德本無“實”字。

［14］【李賢注】《天竺國記》云：“中天竺人般樂無户籍，耕王地者輸地利。又其土和適，無冬夏之異，草木常茂，種田無時節。”《爾雅》曰：“四時和謂之玉燭（玉，大德本作‘王’）。”

［15］【李賢注】《本行經》曰：“釋迦菩薩在兜率陁天，爲諸天無量無邊諸衆説法。又觀我今何處成道，利益衆生。乃觀見宜於南閻浮提生有大利益。”又云“誰中與我爲父母者。觀見宜於天竺刹利種迦毗羅城白浄王摩邪夫人，可爲父母”。又云“四生之中，何生利益。觀見同衆生、胎生、我若化生，諸外道等即誹謗我是幻術也。爾時菩薩觀己，示同諸天五衰相現。命諸同侣，波斯匿王等諸王中生，皆作國王，與我爲檀越。命阿難及諸人等，同生爲弟子。命舍利弗等（弗，大德本、殿本作‘佛’），外道中生我，成道時當受我化，回邪入正。又有無量衆生，同隨菩薩於天竺受生，多所利益”也。【今注】案，紹興本無“降”字。

［16］【李賢注】《維摩經》曰：“以四大海水入一毛孔（大德本、殿本‘孔’後有‘中’字），不橈魚鼈等（橈，殿本作‘撓’），而彼大海本相如故。又舍利弗住不思議菩薩（弗，大德

本、殿本作‘佛’），斷取三千大千國界，如陶家輪著右掌中，擲過恒河沙國界之外，其中衆生不覺不知，又復還本處，都不使人有往來相。”

[17]【李賢注】《涅盤經》曰：“阿闍王令醉象蹋佛，佛以慈善根力，舒其五指，遂爲五師子兒（兒，紹興本、大德本、殿本作‘見’），爾時醉象惶懼而退。又五百群賊劫奪人庶（大德本無‘又五百’三字），波斯匿王收捉，剜其兩目，弃入阬中（大德本無‘阬中’二字）。爾時群賊苦痛不已（大德本無‘爾時’二字），同時發聲念南無佛。陁達摩佛以慈善根力（大德本無‘以’字），雪山吹藥，令入賊眼，皆悉平復如本。”

[18]【今注】案，大德本無“而騫超”三字。

[19]【今注】叔葉：末代、衰世。

[20]【李賢注】清心謂忘思慮也。釋累謂去貪欲也。不執著爲空，執著爲有。兼遣謂不空不有，虛實兩忘也。維摩詰云：“我及涅槃，此二皆空。”老子云：“常無，欲觀其妙；常有，欲觀其徼。”故曰道書之流也。

[21]【李賢注】《維摩經》曰：“爾時毗邪離有長者子名曰寶積。與五百長者子，俱持七寶蓋來詣佛，佛頭面禮足（佛，紹興本、大德本、殿本作‘所’），各以其蓋共供養佛。佛威神力令諸寶蓋合成一蓋，徧覆三千大千國界諸須彌山，乃至日月星宿，并十方諸佛説法，皆現於寶蓋中。”又維摩詰三萬二千師子坐，高八萬四千由旬，高廣嚴淨，來入維摩方丈室，包容無所妨礙。又四大海水入毛孔，須彌山入芥子等也。

[22]【李賢注】《史記》曰：“談天衍（衍，紹興本作‘行’）。”劉向《别録》曰：“鄒衍之所言五德終始，天地廣大，其書言天事，故曰談天。”《莊子》曰：“有國於蝸之左角者曰觸氏，有國於蝸之右角者曰蠻氏，相與争地而戰（地，紹興本作‘也’），伏尸數萬，逐北旬有五日而後反（‘有五’‘後反’四

字底本殘缺，據紹興本、大德本、殿本補)。”郭璞注《爾雅》云：“蝸牛（‘爾雅云蝸’四字底本殘缺，據紹興本、大德本、殿本補)，音瓜。”談天言大，蝸角喻小也。

［23］【李賢注】精靈起滅謂生死輪回無窮已（大德本、殿本“滅”字後有“滅”字，無“生”字)。因報相尋謂行有善惡，各緣業報也。【今注】案，“未足以槩其萬一又精靈起滅因報相尋若曉而”十九字底本殘缺，據紹興本、大德本、殿本補。

贊曰：逷矣西胡，天之外區。[1]土物琛麗，[2]人性淫虚。不率華禮，莫有典書。若微神道，何恤何拘。[3]

［1］【李賢注】逷，遠也，音它狄反。《尚書》曰：“逷矣西土之人。”

［2］【今注】案，土，紹興本作“上”。

［3］【李賢注】言無神道以制胡人，則㓙猛之性，何所憂懼，何所拘忌也。

後漢書　卷八九

列傳第七十九

南匈奴[1]

[1]【李賢注】《前書》直言“匈奴傳”，不言南北，今稱南者，明其爲北生義也。以南單于向化尤深，故舉其順者以冠之。《東觀記》稱“匈奴南單于列傳”，范曄因去其“單于”二字。

南匈奴醢落尸逐鞮單于比者，[1]呼韓邪單于之孫，[2]烏珠留若鞮單于之子也。[3]自呼韓邪後，諸子以次立，至比季父孝單于輿時，[4]以比爲右薁鞬日逐王，部領南邊及烏桓。[5]

[1]【李賢注】醢音火兮反。【今注】匈奴：秦漢時期北方游牧民族，又稱“胡”。戰國時，分布於秦、趙、燕以北的地區。秦朝時，爲蒙恬擊敗而北遷。秦末至漢初，陸續統治了大漠南北及河西走廊地區。西漢武帝時，爲衞青、霍去病等所敗，退守漠北。宣帝、元帝時發生内亂，南匈奴臣服於漢廷，北匈奴郅支單于被殺。兩漢之際匈奴一度獨立，東漢光武帝末年，匈奴因天災再次分裂。居於漠北者爲北匈奴，南下附漢者爲南匈奴。北匈奴保持相對獨立

地位。和帝初年，竇憲率兵與南匈奴共破北匈奴。北匈奴就此衰落，後逐漸西遷。南匈奴屯居朔方、五原、雲中郡一帶，即今内蒙古河套地區等處。東漢末，曹操分南匈奴爲左、右、南、北、中五部。西晉滅亡後，曾先後建立前趙、夏、北涼等國，後逐漸融合於漢族。

［2］【李賢注】《前書》曰："單于者，廣大之貌也，言其象天單于然也。"呼韓邪即冒頓單于八代孫，虚閭權渠單于子也（紹興本脱"子"字），名稽侯狦。狦音山諫反。《東觀書》曰（書，殿本作"記"）："單于比，匈奴頭曼十八代孫。"臣賢案：頭曼即冒頓單于父，自頭曼單于至比，父子相承十代，以單于相傳乃十八代也。【今注】呼韓邪單于：名稽侯狦。西漢宣帝時，匈奴内亂，稽侯狦被尊爲呼韓邪單于。因不敵其庶兄郅支單于，乃在西漢宣帝、元帝時歸附漢朝，統治匈奴故地。事迹見《漢書》卷九四《匈奴傳》。

［3］【李賢注】匈奴謂孝爲若鞮。自呼韓邪單于降後，與漢親密，見漢帝謚常爲孝，慕之。至其子復珠累單丁以下皆稱若鞮（丁，紹興本、大德本、殿本作"于"，是），南單于比以下直稱鞮也。

［4］【今注】案，大德本、殿本無"孝"字，是。據《漢書·匈奴傳》輿號爲呼都而尸單于，其前任烏累單于咸曾被王莽軟禁並封爲孝單于，輿無此號。

［5］【李賢注】薁音於六反。鞬音九言反（紹興本"九"字處爲墨點）。下並同。【今注】烏桓：部族名。又作烏丸、赤山、赤沙。一説烏桓即蒙古語"烏蘭"之轉音，意爲"紅色"。本爲東胡的一支。秦末，東胡被匈奴擊敗，其中一支退保烏桓山，故名。漢武帝以後附漢，遷至上谷、漁陽、右北平、遼東、遼西等五塞外。漢廷置護烏桓校尉監領之。漢末，曹操遷烏桓萬餘落於中原，部分留居長城一帶，後漸與各地漢族及其他少數民族融合。

建武初，[1]彭寵反畔於漁陽，[2]單于與共連兵，因復權立盧芳，使入居五原。[3]光武初，[4]方平諸夏，未遑外事。[5]至六年，始令歸德侯劉颯使匈奴，匈奴亦遣使來獻，漢復令中郎將韓統報命，[6]賂遺金幣，以通舊好。[7]而單于驕踞，自比冒頓，[8]對使者辭語悖慢，[9]帝待之如初。初，使命常通，而匈奴數與盧芳共侵北邊。九年，遣大司馬吴漢等擊之，[10]經歲無功，而匈奴轉盛，鈔暴日增。十三年，遂寇河東，[11]州郡不能禁。於是漸徙幽、并邊人於常山關、居庸關已東，[12]匈奴左部遂復轉居塞内。朝廷患之，增緣邊兵郡數千人，大築亭候，[13]修烽火。[14]匈奴聞漢購求盧芳，貪得財帛，乃遣芳還降，望得其賞。而芳以自歸爲功，不稱匈奴所遣，單于復恥言其計，故賞遂不行。由是大恨，入寇尤深。二十年，遂至上黨、扶風、天水。[15]二十一年冬，復寇上谷、中山，[16]殺略鈔掠甚衆，北邊無復寧歲。[17]

［1］【今注】建武：東漢光武帝劉秀年號（25—56）。

［2］【今注】彭寵：字伯通，南陽宛（今河南南陽市卧龍區）人。兩漢之際軍閥。傳見本書卷一二。寵，大德本誤作“龍”。漁陽：郡名。戰國時期燕國始置。本爲東胡之地，燕擊退東胡而置郡，因在漁水之陽而得名。秦及兩漢治所皆在漁陽縣，其故城遺址在今北京市懷柔區北房鎮梨園莊東。

［3］【李賢注】《東觀記》：“芳，安定人。屬國胡數千畔，在參蠻，芳從之，詐姓劉氏，自稱西平王。會匈奴句林王將兵來降參蠻胡，芳因隨入匈奴，留數年。單于以中國未定，欲輔立之，

遣毋樓且王求入五原，與假號將軍李興等結謀，興北至單于庭迎芳。芳外倚匈奴，内因興等，故能廣略邊郡（略，紹興本誤作‘珞’）。”【今注】盧芳：字君期，安定三水（今寧夏同心縣東）人。更始末，盧芳詐稱爲武帝曾孫，從安定三水縣起事，倚靠匈奴長期與東漢政權爲敵，終落下風。後逃入匈奴中，病死。傳見本書卷一二。　五原：郡名。兩漢均治九原縣（今内蒙古包頭市西）。

［4］【今注】光武：東漢開國皇帝劉秀，公元 25 年至 57 年在位。紀見本書卷一。

［5］【李賢注】遑，暇也。

［6］【今注】中郎將：官名。秦置，漢沿置，爲中郎的長官。西漢武帝時設中郎三將，分五官、左、右三署，隸光禄勳，秩皆比二千石。職掌護衛侍從天子。至東漢，三署中郎將主要協助光禄勳考課察舉三署諸郎。此外還增設東、西、南、北中郎將用以領兵征討。另有虎賁中郎將、使匈奴中郎將等。

［7］【李賢注】舊好謂宣帝、元帝之代與國和親（元，大德本誤作“和”）。

［8］【李賢注】冒頓，匈奴單于頭曼之子也，即夏后氏之苗裔也，其先曰淳維。自淳維至頭曼千有餘歲。冒頓當始皇之時，爲鳴鏑弒頭曼，代立，控絃三十餘萬，强盛，與諸夏爲敵國，踞嫚無禮，窘厄高祖，戲侮吕后。事具《前書》。【今注】冒頓：匈奴單于。姓攣鞮。秦二世元年（前 209）殺父頭曼自立。建立奴隸制軍事政權，增設官職，加强軍力，東滅東胡，西逐月氏，控制西域諸國，北服丁零，南併樓煩、白羊，進占河套一帶，勢力强大。西漢初年，其所率領的匈奴經常南下，成爲漢初西北地區最强勁的敵對勢力。西漢文帝時去世。事迹見《漢書》卷九四上《匈奴傳上》。

［9］【李賢注】《前書》：“更始二年，各遣中郎將歸德侯颯、大司馬護軍陳遵使匈奴（各，紹興本、大德本、殿本作‘冬’，

是），授單于漢舊制璽綬（大德本、殿本脱‘舊’字）。單于輿驕，謂遵、颯曰：‘匈奴本與漢爲兄弟。匈奴中亂，孝宣帝輔立呼韓邪單于，故稱臣以尊漢。今漢亦大亂，爲王莽篡位，匈奴亦出擊莽，空其邊境，令天下騷動思漢（令，紹興本、大德本、殿本作“今”），莽卒以敗而漢復興，亦我力也，當復尊我。’遵與相牚距（大德本、殿本‘與’後有‘颯’字），單于終持此論。”語詞悖慢，即此類也。

［10］【今注】大司馬：官名。《周禮》中所載的夏官之長，掌武事。漢初承秦制，以太尉爲武官之長，且亦不常置，更不設大司馬一職。西漢武帝於元狩四年（前119）漠北大捷後，設大司馬爲加官，分别封衛青、霍去病。自霍光封大司馬大將軍之後，此職乃成爲常置固定之職，内朝官之領袖。成帝時改官制，又以大司馬比附漢初之太尉，位列三公之首，與大司徒、大司空並位宰相，共同負責政務。秩萬石。東漢初沿置，職掌四方兵事功課。光武建武二十七年（51）改名太尉。東漢末，則與太尉並置，位在三公之上。　吴漢：字子顔，南陽宛（今河南南陽市卧龍區）人。東漢開國名將，雲臺二十八將之一。傳見本書卷一八。

［11］【今注】河東：郡名。兩漢均治安邑縣（今山西夏縣西北）。

［12］【李賢注】《前書》代郡有常山關，上谷郡居庸縣有關。【今注】幽：幽州。西漢武帝時所置十三刺史部之一，下轄涿、廣陽、代、上谷、漁陽、右北平、遼西、遼東、玄菟、樂浪十郡。治薊縣（今北京市城區西南部的廣安門附近）。轄境約當今北京、河北北部、遼寧大部、天津海河以北及朝鮮大同江流域。刺史本爲中央派出的監察機構，東漢逐漸演變爲行政機構。　并：并州。西漢武帝時所置十三刺史部之一。因東漢承新莽將朔方州併入并州，故其所轄郡數遠較西漢爲多。下轄上黨、太原、上郡、西河、五原、雲中、雁門、朔方、北地、代郡。　常山關：關名。又名鴻上關。

即今河北唐縣西北、太行山東麓的倒馬關。　居庸關：關隘名。一作軍都關、納款關、薊門關。故址即今北京市昌平區西北居庸關。關門南北相距二十千米。兩山夾峙，巨澗中流，懸崖峭壁，稱爲絶險。《吕氏春秋》列爲天下“九大關塞”之一。

[13]【今注】亭候：漢代在邊境地區設立的監視敵人的亭障。

[14]【今注】烽火：古代邊防報警信號。又作“烽燧”。參見本書卷一下《光武帝紀下》李賢注。

[15]【今注】上黨：郡名。兩漢皆治長子縣（今山西長子縣西南）。　扶風：即右扶風。郡級政區名，亦爲官名。秦及漢初設主爵中尉，掌列侯。西漢武帝時改名右扶風，掌治内史右地。職掌相當於郡太守。西漢時治長安縣（今陝西西安市西北），東漢出治槐里縣（今陝西興平市東南）。建武十五年（39）爲光武帝皇子右翊公劉輔封國。建武十七年劉輔封中山王，復爲右扶風郡。　天水：郡名。西漢時治平襄縣（今甘肅通渭縣西），東漢時治冀縣（今甘肅天水市西北）。東漢明帝永平十七年（74）改郡名爲漢陽。

[16]【今注】上谷：郡名。戰國時期燕國始置。本爲東胡之地，燕擊退東胡而置郡。《水經注·聖水》引王隱《晉書·地道志》曰：“郡在谷之頭，故因以上谷名焉。”秦及兩漢治所皆在沮陽縣（今河北懷來縣大古城村）。　中山：諸侯王國名。治盧奴縣（今河北定州市）。東漢光武帝建武元年，封宗室劉茂爲中山王。至十三年，劉茂降爵爲單父侯，中山國除爲漢郡。建武十七年，右翊公劉輔進爵爲中山王，兼食常山郡。二十年，劉輔徙爲沛王，中山國復除爲漢郡。建武三十年，徙左翊王劉焉爲中山王。傳國至靈帝末，中山節王劉稚無子嗣爵，中山國除爲漢郡。

[17]【李賢注】言緣邊之郡無安寧之歲。

初，單于弟右谷蠡王伊屠知牙師[1]以次當左賢王。左賢王即是單于儲副。單于欲傳其子，遂殺知牙師。

知牙師者，王昭君之子也。昭君字嬙，南郡人也。[2]初，元帝時，以良家子選入掖庭。時呼韓邪來朝，帝敕以宮女五人賜之。昭君入宮數歲，不得見御，積悲怨，乃請掖庭令求行。[3]呼韓邪臨辭大會，帝召五女以示之。昭君豐容靚飾，光明漢宮，顧景裴回，竦動左右。帝見大驚，意欲留之，而難於失信，遂與匈奴。生二子。及呼韓邪死，其前閼氏子代立，[4]欲妻之，昭君上書求歸，成帝敕令從胡俗，遂復爲後單于閼氏焉。

[1]【李賢注】谷音鹿。蠡音離。

[2]【李賢注】《前書》曰："南郡秭歸人（秭，大德本誤作'
姊'）。"【今注】王昭君：名嬙（一作"牆"），字昭君。西漢元帝時出嫁匈奴呼韓邪單于，號爲寧胡閼氏。案，《漢書》卷九《元帝紀》顔師古注云王昭君爲南郡秭歸人，但陳直《漢書新證》指出，《太平御覽》卷四六三引《琴操》，稱王昭君爲齊國王襄之女，與顔注不同。又案，王昭君之後裔頗顯貴，對匈奴政局有較大影響。其與呼韓邪單于生一子，即右谷蠡王伊屠知牙師（《漢書》卷九四下《匈奴傳下》作伊屠智牙師，爲右日逐王）。後復嫁呼韓邪子復株絫若鞮單于，生二女。長女云號伊墨居次，嫁與匈奴用事大臣右骨都侯須卜當，復號爲須卜居次。云與須卜當生子名奢，後爲大且渠，此外云還有幼子，史失其名。王昭君次女嫁當于氏，號當于居次，其子爲醯櫝王。在西漢末年至新莽朝，王莽與匈奴矛盾頗多，以云、須卜當爲代表的王昭君一系力主匈奴與中原王朝修好，避免了激烈衝突。後王莽將須卜當等帶到長安，立爲須卜單于，欲以之主匈奴。當死後王莽復封其子奢爲後安公，以庶女妻之。後緑林軍推翻新莽王朝，奢等死於戰亂。在今俄羅斯南西伯利亞地區米努辛斯科平原有一處漢式宮殿遺址。有觀點認爲，此宮當

即王昭君女云所居（參見周連寬《蘇聯南西伯利亞所發現的中國式宮殿遺址》，《考古學報》1956 年第 4 期；孫家洲《“最北方的漢式宮殿”及其歷史解讀》，《文史天地》2018 年第 4 期）。　南郡：兩漢皆治江陵縣（今湖北荆州市荆州城西北）。

［3］【今注】“昭君入宮數歲”至“乃請掖庭令求行”：《西京雜記》卷二有云：“元帝後宮既多，不得常見，乃使畫工圖形，案圖召幸之。諸宮人皆賂畫工，多者十萬，少者亦不減五萬。獨王嬙不肯，遂不得見。匈奴入朝，求美人爲閼氏，於是上案圖，以昭君行。及去，召見，貌爲後宮第一，善應對，舉止閑雅。帝悔之，而名籍已定。帝重信於外國，故不復更人。乃窮案其事，畫工皆棄市，籍其家，資皆巨萬。畫工有杜陵毛延壽，爲人形，醜好老少，必得其真。安陵陳敞，新豐劉白、龔寬，並工爲牛馬飛鳥衆勢，人形好醜，不逮延壽。下杜陽望，亦善畫，尤善布色。樊育亦善布色。同日棄市。京師畫工，於是差稀。”

［4］【今注】閼氏：漢時匈奴單于、諸王之妻的統稱或尊稱。又作“焉提”“閼支”。

比見知牙師被誅，出怨言曰：[1]“以兄弟言之，右谷蠡王次當立；以子言之，我前單于長子，我當立。”遂内懷猜懼，庭會稀闊。單于疑之，乃遣兩骨都侯監領比所部兵。[2]二十二年，單于輿死，子左賢王烏達鞮侯立爲單于。復死，弟左賢王蒲奴立爲單于。比不得立，既懷憤恨。而匈奴中連年旱蝗，赤地數千里，草木盡枯，人畜飢疫，死耗太半。[3]單于畏漢乘其敝，乃遣使詣漁陽求和親。於是遣中郎將李茂報命。而比密遣漢人郭衡奉匈奴地圖，二十三年，詣西河太守求内附。[4]兩骨都侯頗覺其意，會五月龍祠，[5]因白單于，言薁鞬日逐夙來欲爲不善，若不誅，且亂國。時比弟漸將王在單于帳下，[6]聞之，馳以報比。比懼，遂斂所主南邊八部衆四五萬人，[7]待兩骨都侯還，欲殺之。骨都侯且到，知其謀，皆輕騎亡去，以告單于。單于遣萬騎擊之，見比衆盛，不敢進而還。

[1]【今注】案，大德本無“怨”字。

[2]【今注】骨都侯：匈奴部官名。匈奴單于之下，分設左右賢王、左右谷蠡、左右大將、左右大都尉、左右大當户、左右骨都侯，各有其部衆。骨都侯爲輔政之臣。

[3]【李賢注】三分損二爲太半（太，殿本作“大”）。【今注】案，太，殿本作“大”。

[4]【今注】西河：郡名。西漢武帝元朔四年（前125）置。故治平定縣（今内蒙古鄂爾多斯市東勝區）。東漢順帝永和五年（140）移治離石縣（今山西吕梁市離石區）。　太守：官名。郡最高行政長官。戰國時作爲郡守的尊稱，秦統一全國後，推行郡縣制，郡爲最高地方行政區劃，每郡置守、尉、監，郡守作爲郡的最高行政長官。西漢景帝中元二年（前148）改郡守爲太守。東漢太守掌治民，進賢勸功，決訟檢姦，秩二千石。東漢後期，太守權力漸爲州刺史侵奪。

[5]【李賢注】《前書》曰：“匈奴法，歲正月諸長小會單于庭祠，五月大會龍城，祭其先天地鬼神，八月大會蹛林，課校人畜計。”蹛音帶，又音多。

[6]【今注】案，漸，殿本作“斬”。

[7]【今注】案，部，大德本、殿本誤作“郡”。

二十四年春，[1]八部大人共議立比爲呼韓邪單于，以其大父嘗依漢得安，故欲襲其號。於是款五原塞，願永爲蕃蔽，[2]扞禦北虜。帝用五官中郎將耿國議，[3]乃許之。其冬，比自立爲呼韓邪單于。[4]

[1]【今注】案，紹興本"年春"兩字處爲墨點。

[2]【今注】案，蕃，大德本作"番"，殿本作"藩"。

[3]【今注】耿國：字叔慮。東漢開國名將耿弇之弟。東漢光武帝在位時，其多次就邊境軍事提出建議。明帝即位初，耿國去世，明帝依其建議設度遼將軍等官。傳見本書卷一九。

[4]【李賢注】《東觀記》曰："十二月癸丑，匈奴始分爲南北單于。"

二十五年春，遣弟左賢王莫將兵萬餘人擊北單于弟薁鞬左賢王，生獲之；又破北單于帳下，并得其衆合萬餘人，馬七千匹、牛羊萬頭。北單于震怖，却地千里。初，帝造戰車，可駕數牛，上作樓櫓，置於塞上，以拒匈奴。[1]時人見者或相謂曰："讖言漢九世當却北狄地千里，豈謂此邪？"及是，果拓地焉。北部薁鞬骨都侯與右骨都侯率衆三萬餘人來歸南單于，南單于復遣使詣闕，奉藩稱臣，獻國珍寶，求使者監護，遣侍子，修舊約。

[1]【李賢注】櫓即樓也。《釋名》曰："樓無屋爲櫓也（殿本無'也'字）。"

二十六年，遣中郎將段郴、[1]副校尉王郁使南單于，立其庭，去五原西部塞八十里。單于乃延迎使者。[2]使者曰："單于當伏拜受詔。"單于顧望有頃，乃伏稱臣。拜訖，令譯曉使者曰："單于新立，誠慚於左右，願使者衆中無相屈折也。"骨都侯等見，皆泣下。郴等反命，詔乃聽南單于入居雲中。[3]遣使上書，獻駱駞二頭，文馬十匹。[4]夏，南單于所獲北虜薁鞬左賢王將其衆及南部五骨都侯合三萬餘人畔歸，去北庭三百餘里，共立薁鞬左賢王爲單于。月餘日，更相攻擊，五骨都侯皆死，左賢王遂自殺，諸骨都侯子各擁兵自守。秋，南單于遣子入侍，奉奏詣闕。詔賜單于冠帶、衣裳、黄金璽、盭緺綬，[5]安車羽蓋，華藻駕駟，寶劍弓箭，黑節三，駙馬二，黄金、錦繡、繒布萬匹，[6]絮萬斤，樂器鼓車，棨戟甲兵，飲食什器。[7]又轉河東米糒二萬五千斛，[8]牛羊三萬六千頭，以贍給之。令中郎將置安集掾史將弛刑五十人，[9]持兵弩隨單于所處，參辭訟，察動静。單于歲盡輒遣奉奏，送侍子入朝，中郎將從事一人將領詣闕。漢遣謁者送前侍子還單于庭，[10]交會道路。元正朝賀，拜祠陵廟畢，漢乃遣單于使，令謁者將送，賜綵繒千匹，[11]錦四端，金十斤，太官御食醬及橙、橘、龍眼、荔支；[12]賜單于母及諸閼氏、單于子及左右賢王、左右谷蠡王、骨都侯有功善者，繒綵合萬匹。歲以爲常。

[1]【李賢注】丑吟反。

[2]【今注】案，大德本脱"使者"二字。

[3]【今注】雲中：郡名。兩漢均治雲中縣（今内蒙古托克托

縣東北）。

［4］【李賢注】杜預注《左傳》曰：“文馬，畫馬爲文也。”

［5］【李賢注】盭音戾，草名。以戾草染綬，因以爲名，則漢諸侯王制。戾，緑色。緺，古蛙反。又《説文》曰“紫青色”也（大德本、殿本無“又”字）。

［6］【今注】繒：編織物的總稱。

［7］【李賢注】有衣之戟曰棨。【今注】棨戟：有繒衣或油漆的木戟，古代官吏出行時作前導的一種儀仗。

［8］【今注】米糒（bèi）：用米製成的粉末狀的熟乾糧，屬於備用食品。

［9］【今注】案，十，殿本作“千”。

［10］【今注】謁者：官名。秦置，西漢因之，爲光禄勳屬官。掌賓贊受事，秩比六百石。東漢又有常侍謁者、給事謁者、灌謁者之分。歸謁者僕射管理。秩比千石。　案，還，大德本誤作“遷”。

［11］【今注】綵：彩色絲綢。

［12］【今注】案，支，大德本作“枝”。

匈奴俗，歲有三龍祠，常以正月、五月、九月戊日祭天神。南單于既内附，兼祠漢帝，因會諸部，議國事，走馬及駱駝爲樂。其大臣貴者左賢王，次左谷蠡王，次右賢王，次右谷蠡王，謂之四角；次左右日逐王，次左右温禺鞮王，次左右漸將王，[1]是爲六角：皆單于子弟，次第當爲單于者也。異姓大臣左右骨都侯，次左右尸逐骨都侯，其餘日逐、且渠、當户諸官號，[2]各以權力優劣、部衆多少爲高下次第焉。單于姓虚連題。[3]異姓有呼衍氏、須卜氏、丘林氏、蘭氏[4]四姓，爲國中名族，常與單于婚姻。呼衍氏爲左，蘭氏、須卜氏爲右，主斷獄聽訟，當決輕重，口白單于，無文書簿領焉。

［1］【今注】案，漸，大德本、殿本作“斬”。

［2］【李賢注】且音子余反。

［3］【李賢注】《前書》曰：“單于姓攣鞮氏，其國稱之曰‘撐犁孤屠’。匈奴謂天爲撐犁，謂子爲孤屠。”與此不同也（殿本無“也”字）。【今注】虛連題：有觀點認爲，“虛連題”與《漢書》卷九四上《匈奴傳上》所載“攣鞮”是同一詞的不同音譯。參見烏其拉圖《匈奴單于姓氏復原考釋》〔《內蒙古社會科學》（漢文版）2013年第6期〕。

［4］【李賢注】《前書》冒頓單于時，大姓有呼衍氏、蘭氏、須卜氏三姓，貴種也。

冬，前畔五骨都侯子復將其衆三千人歸南部，北單于使騎追擊。悉獲其衆。南單于遣兵拒之，逆戰不利。於是復詔單于徙居西河美稷，[1]因使中郎將段郴及副校尉王郁留西河擁護之，爲設官府、從事、掾史。[2]令西河長史歲將騎二千，[3]弛刑五百人，助中郎將衛護單于，冬屯夏罷。自後以爲常，及悉復緣邊八郡。

［1］【今注】美稷：縣名。西漢置，治所在今內蒙古准格爾旗西北。東漢末廢。

［2］【今注】從事：亦即從事史。官名。漢制，司隸校尉和州刺史，置從事，分掌政事。每郡國亦置從事一名，主督促文書，察舉非法。

［3］【今注】長史：官名。秦置。漢制，丞相、太尉、公即將

軍府屬吏均有長史。另邊陲郡守亦置長史，掌兵馬，秩六百石。

南單于既居西河，亦列置諸部王，助爲扞戍。使韓氏骨都侯屯北地，[1]右賢王屯朔方，[2]當于骨都侯屯五原，呼衍骨都侯屯雲中，郎氏骨都侯屯定襄，[3]左南將軍屯鴈門，[4]栗籍骨都侯屯代郡，[5]皆領部衆爲郡縣偵羅耳目。[6]北單于惶恐，頗還所略漢人，以示善意。鈔兵每到南部下，還過亭候，輒謝曰："自擊亡虜薁鞬日逐耳，非敢犯漢人也。"

[1]【今注】北地：郡名。秦及西漢前期當治彭陽縣（今甘肅鎮原縣東北），西漢中後期及東漢前期治馬嶺縣（今甘肅慶陽市西北馬嶺鎮）。東漢中後期，因受戰亂影響，北地郡或僑治左馮翊池陽縣（今陝西涇陽縣西北），或治富平縣（今寧夏吴忠市西南）。多次徙入徙出，最終在魏文帝時將北地郡移入原左馮翊界内。

[2]【今注】朔方：郡名。西漢治朔方縣（今内蒙古杭錦旗東北），東漢治臨戎縣（今内蒙古磴口縣北），順帝永和五年（140）後僑置於五原界内。

[3]【今注】定襄：郡名。西漢時郡治成樂縣（今内蒙古和林格爾縣西北），東漢時徙治善無縣（今山西右玉縣西）。

[4]【今注】鴈門：郡名。西漢治善無縣（今山西右玉縣西北），東漢徙治陰館縣（今山西朔州市東南）。

[5]【今注】代郡：西漢治代縣（今河北蔚縣東北），東漢徙治高柳縣（今山西陽高縣）。

[6]【李賢注】偵音丑政反（政，大德本誤作"攻"）。羅音力賀反。猶今言探候偵羅也。

二十七年，北單于遂遣使詣武威求和親，[1]天子召公卿廷議，不決。皇太子言曰："南單于新附，北虜懼於見伐，故傾耳而聽，争欲歸義耳。今未能出兵，而反交通北虜，臣恐南單于將有二心，[2]北虜降者且不復來矣。"帝然之，告武威太守勿受其使。

[1]【今注】武威：郡名。西漢宣帝地節三年（前67）置。初置時治武威縣（今甘肅民勤縣東北），西漢後期及東漢治姑臧縣（今甘肅武威市涼州區）。

[2]【今注】案，二心，大德本、殿本誤作"志"。

二十八年，北匈奴復遣使詣闕，貢馬及裘，更乞和親，并請音樂，又求率西域諸國胡客與俱獻見。帝下三府議酬答之宜。司徒掾班彪奏曰：

臣聞孝宣皇帝勑邊守尉曰："匈奴大國，多變詐。交接得其情，則卻敵折衝；應對入其數，則反爲輕欺。"今北匈奴見南單于來附，懼謀其國，故數乞和親，又遠驅牛馬與漢合市，重遣名王，多所貢獻，斯皆外示富强，以相欺誕也。臣見其獻益重，知其國益虚，歸親愈數，爲懼愈多。然今既未獲助南，則亦不宜絶北，羈縻之義，禮無不答。謂可頗加賞賜，略與所獻相當，明加曉告以前世呼韓邪、郅支行事。[1]

[1]【李賢注】呼韓單于稱臣受賞，郅支單于背德被誅（被，殿本作"受"），以此二者行事曉告之也。郅支即呼韓兄，名呼

屠吾斯，自立爲單于，擊走呼韓邪單于者也。

報答之辭，令必有適。[1]今立稿草并上，曰："單于不忘漢恩，追念先祖舊約，欲修和親，以輔身安國，計議甚高，爲單于嘉之。往者，匈奴數乖亂，[2]呼韓邪、郅支自相讎隙，[3]並蒙孝宣皇帝垂恩救護，故各遣侍子稱藩保塞。其後郅支忿戾，自絶皇澤，而呼韓附親，忠孝彌著。及漢滅郅支，[4]遂保國傳嗣，子孫相繼。今南單于攜衆南向，[5]款塞歸命。自以呼韓嫡長，次第當立，而侵奪失職，猜疑相背，數請兵將，歸埽北庭，策謀紛紜，無所不至。惟念斯言不可獨聽，又以北單于比年貢獻，欲修和親，故拒而未許，將以成單于忠孝之義。漢秉威信，總率萬國，日月所照，皆爲臣妾。殊俗百蠻，義無親疏，服順者褒賞，畔逆者誅罰，善惡之效，呼韓、郅支是也。今單于欲修和親，款誠已達，何嫌而欲率西域諸國俱來獻見？西域國屬匈奴，與屬漢何異？單于數連兵亂，國内虚耗，貢物裁以通禮，何必獻馬裘？今齎雜繒五百匹，[6]弓鞬韇丸一，矢四發，遣遺單于。[7]又賜獻馬左骨都侯、右谷蠡王雜繒各四百匹，斬馬劍各一。[8]單于前言先帝時所賜呼韓邪竽、瑟、空侯皆敗，[9]願復裁。[10]念單于國尚未安，方厲武節，以戰攻爲務，竽瑟之用不如良弓利劍，故未以齎。[11]朕不愛小物於單于，便宜所欲，遣驛以聞。”[12]

[1]【李賢注】適猶所也，言報答之辭必令得所也。

[2]【今注】案，乖，大德本誤作“乘”。

[3]【今注】案，大德本無“邪”字。

[4]【李賢注】元帝時，郅支坐殺使者谷吉，都護甘延壽與副陳湯發西域兵誅斬之。

[5]【今注】案，南向，大德本、殿本作“向南”。

[6]【今注】齎：以物送人。《周禮·天官·掌皮》：“歲終則會其財齎。”鄭玄注：“予人以物曰齎。今時詔書，或曰齎計吏。”賈公彦疏：“漢時考使謂之計吏，有詔賜與之則曰齎。”

[7]【李賢注】韃音居言反。《方言》云：“臧弓爲韃，臧箭爲韇（兩‘臧’字，殿本均作‘藏’）。”韇丸即箭箙也（大德本、殿本無“韇”字）。四矢曰發（四矢，紹興本作“矢十二”），見《漢書音義》（漢書音義，大德本、殿本作“儀禮也”）。【今注】弓韃韇丸：弓箭袋。

[8]【李賢注】尚方，少府屬官。作供御器物，故有斬馬劍。言劍利可以斬馬。

[9]【今注】空侯：樂器名。即箜篌。

[10]【李賢注】言更請裁賜也。【今注】案，大德本、殿本“裁”後有“賜”字。

[11]【李賢注】言不齎，持往遺也。

[12]【今注】案，驛，殿本作“譯”。

帝悉納從之。二十九年，賜南單于羊數萬頭。三十一年，北匈奴復遣使如前，乃璽書報答，賜以綵繒，不遣使者。

單于比立九年薨，中郎將段郴將兵赴弔，祭以酒米，分兵衞護之。比弟左賢王莫立，[1]帝遣使者齎璽書鎮慰，拜授璽綬，遺冠幘，[2]絳單衣三襲，童子佩刀、緄帶各一，[3]又賜繒綵四千匹，令賞賜諸王、骨都侯已下。其後單于薨，弔祭慰賜，以此爲常。[4]

［1］【今注】案，大德本、殿本無“比”字。

［2］【今注】幘：包髮巾。

［3］【李賢注】童子刀謂小刀也。《説文》曰：“緄，織成帶也。”音古本反。

［4］【李賢注】弔祭其薨者，慰其新立者（新，大德本作“所”）。

丘浮尤鞮單于莫，中元元年立，一年薨，弟汗立。

伊伐於慮鞮單于汗，中元二年立。永平二年，[1]北匈奴護于丘率衆千餘人來降。南部單于汗立二年薨，單于比之子適立。

［1］【今注】永平：東漢明帝劉莊年號（58—75）。

醢僮尸逐侯鞮單于適，永平二年立。五年冬，北匈奴六七千騎入于五原塞，遂寇雲中至原陽，南單于擊却之，[1]西河長史馬襄赴救，虜乃引去。

［1］【李賢注】原陽，縣名，屬雲中郡。【今注】原陽：縣名。戰國時爲趙國城邑。兩漢皆置爲縣，東漢末廢。治所在今内蒙古呼和浩特市東南二十家子古城。

單于適立四年薨，單于莫子蘇立，是爲丘除車林鞮單于。數月復薨，單于適之弟長立。

湖邪尸逐侯鞮單于長，[1]永平六年立。時北匈奴猶盛，數寇邊，朝庭以爲憂。會北單于欲合市，遣使求和親，顯宗冀其交通，[2]不復爲寇。乃許之。

[1]【今注】案，湖，大德本、殿本作“胡”。

[2]【今注】顯宗：東漢明帝劉莊，公元 57 年至 75 年在位。顯宗爲其廟號。紀見本書卷二。

八年，遣越騎司馬鄭衆北使報命，[1]而南部須卜骨都侯等知漢與北虜交使，懷嫌怨欲畔，密因北使，令遣兵迎之。鄭衆出塞，疑有異，伺候果得須卜使人，乃上言宜更置大將，以防二虜交通。由是始置度遼營，以中郎將吴棠行度遼將軍事，[2]副校尉來苗、左校尉閻章、右校尉張國將黎陽虎牙營士屯五原曼柏。[3]又遣騎都尉秦彭將兵屯美稷。[4]其年秋，北虜果遣二千騎候望朔方，作馬革船，欲度迎南部畔者，以漢有備，乃引去。復數寇鈔邊郡，焚燒城邑，殺略甚衆，河西城門晝閉。帝患之。

[1]【今注】越騎司馬：官名。越騎校尉之屬官，秩千石。鄭衆：字仲師，河南開封（今河南開封市）人。東漢明、章朝官吏、經學家。從父鄭興受《左傳》。明《三統曆》，作《春秋難記條例》，兼通《易》《詩》，知名於世。傳見本書卷三六。

[2]【今注】度遼將軍：漢雜號將軍。西漢昭帝元鳳三年（前

78）遣中郎將范明友赴遼東征討烏桓，行軍需渡遼水，故以“度遼”爲將軍名號。銀印青綬，秩二千石。後有增秩。屯紮在五原曼柏縣，與烏桓校尉合稱二營。一般流放的罪人都會發配到度遼將軍轄地。（參見李炳泉《兩漢度遼將軍新考》，《中國邊疆史地研究》2018年第4期）

［3］【李賢注】《漢官儀》曰：“光武以幽、冀、并州兵克定天下（紹興本無‘州’字），故於黎陽立營，以謁者監領兵騎千人。”【今注】黎陽：縣名。治所在今河南浚縣東。東漢置黎陽營於此，爲當時的軍事重鎮。　曼柏：縣名。本屬雲中郡，西漢武帝時改屬朔方郡。東漢獻帝建安二十年（215）廢。兩漢治所皆在今内蒙古達拉特旗東南。

［4］【今注】騎都尉：官名。又稱“騎將”。光禄勳屬官，秩比二千石，無定員，掌監羽林騎。

十六年，乃大發緣邊兵，遣諸將四道出塞，北征匈奴。南單于遣左賢王信隨太僕祭肜及吴棠出朔方高闕，[1]攻皋林温禺犢王於涿邪山。[2]虜聞漢兵來，悉度漠去。肜、棠坐不至涿邪山免，以騎都尉來苗行度遼將軍。其年，北匈奴入雲中，遂至漁陽，太守廉范擊卻之。詔遣使者高弘發三郡兵追之，無所得。

［1］【今注】太僕：官名。秦及兩漢皆置，爲九卿之一，秩中二千石。掌車馬，天子每出行，奏駕上鹵簿用；大駕則執馭駕車。　祭肜：字次孫，潁川潁陽（今河南許昌市西南）人。東漢將領。祭肜長期擔任遼東太守，首敗鮮卑，復利用鮮卑屢次擊敗匈奴、烏桓，威鎮北方。傳見本書卷二〇。　高闕：地名。戰國秦漢時期爲北邊要塞。在今内蒙古杭錦後旗東北。陰山山脈至此斷爲一缺口，

如同門闕，故名。關於其具體地點，或以爲在今内蒙古烏拉特中旗狼山山脈石蘭計山口（參見唐曉峰《内蒙古西北部秦漢長城調查記》，《文物》1977年第5期）。或以爲在今内蒙古烏拉特前旗宿亥鄉張連喜店村附近烏拉前山大溝口一帶（參見何清谷《高闕地望考》，《陝西師大學報》1986年第3期）。

［2］【今注】涿邪山：山名。一作“涿涂山”。在古代高闕塞北千餘里，今蒙古國境内滿達勒戈壁附近。

建初元年，[1]來苗遷濟陰太守，[2]以征西大將軍耿秉行度遼將軍。[3]時皋林温禺犢王復將衆還居涿邪山，南單于聞知，遣輕騎與緣邊郡及烏桓兵出塞擊之，[4]斬首數百級，降者三四千人。其年，南部苦蝗，大飢，肅宗稟給其貧人三萬餘口。[5]七年，耿秉遷執金吾，以張掖太守鄧鴻行度遼將軍。[6]八年，北匈奴三木樓訾大人稽留斯等率三萬八千人、馬二萬匹、牛羊十餘萬，款五原塞降。

［1］【今注】建初：東漢章帝劉炟年號（76—84）。

［2］【今注】濟陰：郡名。治定陶縣（今山東菏澤市定陶區西北）。西漢景帝中元六年（前144）分梁國置國，後改爲郡。東漢章帝建初四年（79）益之以東郡之離狐、陳留之長垣。

［3］【今注】征西大將軍：當爲“征西將軍”之訛。征西將軍，官名。漢四征將軍之一，在將軍中地位較高。東漢初始置，主征伐。　耿秉：字伯初，扶風茂陵（今陝西興平市東北）人。東漢名將。傳見本書卷一九。

［4］【今注】案，大德本無“及”字。

［5］【今注】肅宗：東漢章帝劉炟，公元75年至88年在位。

肅宗爲其廟號。紀見本書卷三。

［6］【今注】張掖：郡名。西漢武帝元鼎六年（前111）分酒泉郡置。初治張掖縣（今甘肅武威市東南），西漢後期及東漢治觻得縣（今甘肅張掖市甘州區西北）。

元和元年，[1]武威太守孟雲上言北單于復願與吏人合市，詔書聽雲遣驛使迎呼慰納之。北單于乃遣大且渠伊莫訾王等，[2]驅牛馬萬餘頭來與漢賈客交易。諸王大人或前至，所在郡縣爲設官邸，賞賜待遇之。南單于聞，乃遣輕騎出上郡，[3]遮略生口，鈔掠牛馬，驅還入塞。

［1］【今注】元和：東漢章帝劉炟年號（84—87）。

［2］【李賢注】且音子余反。下並同。【今注】案，大，紹興本作“夫”。

［3］【今注】上郡：兩漢均治膚施縣（今陝西榆林市東南）。

二年正月，北匈奴大人車利、涿兵等亡來入塞，凡七十三輩。時北虜衰耗，黨衆離畔，南部攻其前，丁零寇其後，鮮卑擊其左，[1]西域侵其右，不復自立，乃遠引而去。

［1］【今注】鮮卑：部族名。東胡的一支。秦末東胡爲匈奴擊破，其中一支退保鮮卑山，故名。後游牧於今内蒙古東部西拉木倫河與洮兒河一帶。北匈奴西遷後，鮮卑據其故地，日益强盛。漢魏間先後有檀石槐、步度根、軻比能等著名首領。西晉滅亡後，鮮卑族的慕容、乞伏、秃髮、宇文、拓跋等部先後在今華北及西北地區

建立政權。

單于長立二十三年薨，單于汗之子宣立。[1]

[1]【今注】案，汗，大德本誤作“汙”。

伊屠於閭鞮單于宣，元和二年立。其歲，單于遣兵千餘人獵至涿邪山，卒與北虜温禺犢王遇，[1]因戰，獲其首級而還。冬，孟雲上言：“北虜以前既和親，而南部復往鈔掠，北單于謂漢欺之，謀欲犯塞，謂宜還南所掠生口，以慰安其意。”肅宗從大僕袁安議，[2]許之。乃下詔曰：“昔獫狁、獯粥之敵中國，其所由來尚矣。[3]往者雖有和親之名，終無絲髮之效。墝埆之人，屢嬰塗炭，[4]父戰於前，子死於後。弱女乘於亭障，孤兒號於道路。老母寡妻設虚祭，飲泣淚，想望歸魂於沙漠之表，豈不哀哉！[5]傳曰：‘江海所以能長百川者，以其下之也。’[6]少加屈下，尚何足病？況今與匈奴君臣分定，辭順約明，貢獻累至，豈宜違信自受其曲。其勑度遼及領中郎將龐奮倍雇南部所得生口，以還北虜。[7]其南部斬首獲生，計功受賞如常科。”於是南單于復令薁鞬日逐王師子將輕騎數千出塞掩擊北虜，[8]復斬獲千人。北虜衆以南部爲漢所厚，又聞取降者歲數千人。

[1]【李賢注】卒音七忽反。

[2]【今注】大僕：即太僕，官名。《周禮·夏官》有太僕，

掌正王之服位。出入王之大命。秦置太僕，掌輿馬及畜牧之事。兩漢均置，爲九卿之一，秩中二千石。掌車馬。天子每出行，奏駕上鹵簿用，大駕則執馭駕車。大，紹興本、大德本、殿本作“太”。袁安：字邵公，汝南汝陽（今河南商水縣西北）人。傳見本書卷四五。

[3]【李賢注】周曰獫狁（獫，大德本、殿本作“玁”），堯曰熏粥（熏，殿本作“獯”），秦曰匈奴。【今注】獫（xiǎn）狁：中國古代北方少數民族名。也作“獫允”“玁狁”。獫，大德本、殿本作“玁”。獯粥：中國古代北方少數民族名。也作熏鬻、薰育、葷粥、葷允等，一説即獫狁。商周之際，主要分布在今陝西、甘肅北部及内蒙古西部。從事游牧。多次與中原王朝發生戰爭。公元前 8 世紀，周宣王數次出兵防禦獯粥的進襲，並在朔方築城壘。春秋時中原諸國稱之爲戎、狄。案，古代文獻多認爲獫狁、獯粥爲匈奴早期之異稱。但現代研究多認爲匈奴當爲北方多個族群融合而成，獫狁、獯粥或與匈奴有一定淵源關係，然不應簡單等同（參見林幹《匈奴史》，内蒙古人民出版社 2007 年版）。

[4]【李賢注】墝埆謂險要之地。荼（荼，殿本作“塗”），苦也。墝音苦交反。埆音苦角反。

[5]【李賢注】“父戰於前”已下，《前書》賈捐之之辭，詔增損用之也。

[6]【李賢注】《老子》曰：“江海所以能爲百谷王者，以其善下也。”

[7]【李賢注】雇，賞報也。

[8]【今注】案，韄，大德本、殿本作“鞬”。

章和元年，[1]鮮卑入左地擊北匈奴，大破之，斬優留單于，取其匈奴皮而還。北庭大亂，屈蘭、儲卑、胡都須等五十八部，口二十萬，勝兵八千人，詣雲中、五原、朔方、北地降。

［1］【今注】章和：東漢章帝劉炟年號（87—88）。

單于宣立三年薨，單于長之弟屯屠何立。

休蘭尸逐侯鞮單于屯屠何，章和二年立。時北虜大亂，加以飢蝗，降者前後而至。南單于將并北庭，會肅宗崩，竇太后臨朝。其年七月，單于上言："臣累世蒙恩，不可勝數。孝章皇帝聖思遠慮，遂欲見成就，故令烏桓、鮮卑討北虜，斬單于首級，破壞其國。今所新降虛渠等詣臣自言：'去歲三月中發虜庭，北單于創刈南兵，又畏丁令、鮮卑，[1]遯逃遠去，依安侯河西。今年正月，骨都侯等復共立單于異母兄右賢王爲單于，其人以兄弟争立，並各離散。'臣與諸王骨都侯及新降渠帥雜議方略，皆曰宜及北虜分争，出兵討伐，破北成南，并爲一國，令漢家長無北念。又今月八日，新降右須日逐鮮堂輕從虜庭遠來詣臣，言北虜諸部多欲内顧，但恥自發遣，故未有至者。若出兵奔擊，必有響應。今年不往，恐復并壹。臣伏念先父歸漢以來，被蒙覆載，嚴塞明候，大兵擁護，積四十年。臣等生長漢地，開口仰食，歲時賞賜，動輒億萬，雖垂拱安枕，慙無報効之義。[2]願發國中及諸部故胡新降精兵，遣左谷蠡王師子、左呼衍日逐王須訾將萬騎出朔方，左賢王安國、右大且渠王交勒蘇將萬騎出居延，期十二月同會虜地。臣將餘兵萬人屯五原、朔方塞，以爲拒守。臣素愚淺，又兵衆單少，不足以防内外。願遣執金吾耿秉、度遼將軍鄧鴻及西河、雲中、五原、朔方、上郡太守并力而北，令北地、安定太守各屯要害，[3]冀因聖帝威神，一舉平定。臣國成敗，要在今年。已勑諸部嚴兵馬，訖九月龍祠，悉集河上。唯陛下裁哀省察！”太后以示耿秉。秉上言：“昔武帝單極天下，欲臣虜匈奴，未遇天時，事遂無成。宣帝之世，會呼韓來降，故邊人獲安，中外爲一，生人休息六十餘年。及王莽篡位，[4]變更其號，[5]耗擾不止，單于乃畔。光武受命，復懷納之，緣邊壞郡得以還復。烏桓、鮮卑咸脅歸義，威鎮四夷，[6]其效如此。今幸遭天授，北虜分争，以夷伐夷，國家之利，宜可聽許。”秉因自陳受恩，[7]分當出命效用。太后從之。

[1]【李賢注】令音零。【今注】案，丁，紹興本誤作“可”。

[2]【今注】案，義，大德本、殿本作“地”。

[3]【今注】安定：郡名。西漢時治高平縣（今寧夏固原市），東漢時治臨涇縣（今甘肅鎮原縣東南）。東漢安帝、順帝時曾兩次内徙，僑治右扶風境内。

[4]【今注】王莽：字巨君。西漢元帝王皇后侄。漢末以外戚掌權。孺子嬰初始元年（8）稱帝，改國號爲新，年號始建國。傳見《漢書》卷九九。

[5]【李賢注】漢賜單于印文曰“匈奴單于璽”。無“漢”字。王莽改曰“新匈奴單于章”。

[6]【今注】案，四，紹興本、大德本作“西”。

[7]【今注】案，紹興本、殿本無“受”字。

永元元年，[1]以秉爲征西將軍，與車騎將軍竇憲率騎八千，[2]與度遼兵及南單于衆三萬騎，出朔方擊北虜，大破之。北單于奔走，首虜二十餘萬人。事已具《竇憲傳》。

［1］【今注】永元：東漢和帝劉肇年號（89—105）。

［2］【今注】車騎將軍：官名。位在大將軍、驃騎將軍之後，金印紫綬，地位相當於上卿，或比三公。典京師兵衛，掌宮衛。東漢末分爲左右。　竇憲：字伯度，扶風平陵（今陝西咸陽市西北）人。章帝章德皇后兄。傳見本書卷二三。

二年春，鄧鴻還大鴻臚，[1]以定襄太守皇甫棱行度遼將軍。南單于復上求滅北庭，於是遣左谷蠡王師子等將左右部八千騎出雞鹿塞，[2]中郎將耿譚遣從事將護之。[3]至涿邪山，乃留輜重，分爲二部，各引輕兵兩道襲之。左部北過西海至河雲北，[4]右部從匈奴河水西繞天山，[5]南度甘微河，[6]二軍俱會，夜圍北單于。大驚，率精兵千餘人合戰。單于被創，墯馬復上，將輕騎數十遁走，僅而免脱。得其玉璽，獲閼氏及男女五人，斬首八千級，生虜數千口而還。是時南部連剋獲納降，黨衆最盛，領户三萬四千，口二十三萬七千三百，勝兵五萬一百七十。故從事中郎將置從事二人，[7]耿譚以新降者多，上增從事十二人。

［1］【今注】大鴻臚：官名。秦置典客，西漢景帝中元六年（前144）更名爲大行令，武帝太初元年（前104）更名爲大鴻臚。

王莽時稱典樂，東漢復名大鴻臚。掌諸侯王和邊疆民族首領使臣入京朝見諸禮儀，秩中二千石。

［2］【李賢注】塞在朔方郡窳渾縣北。窳音愈。【今注】雞鹿塞：在今内蒙古磴口縣西北狼山哈隆格乃峽谷，扼陰山西段南北通道，是漢代北邊重要關隘。

［3］【今注】耿譚：東漢官吏。和帝初，隨竇憲出征，大破北匈奴。後復招降西羌迷唐部衆。事見本書卷八七《滇良傳》及本卷。

［4］【李賢注】河雲，匈奴中地名也（殿本無"中""也"二字）。【今注】西海：此指今蒙古國阿爾泰山以東、科布多東南之杜爾格湖。　河雲：地區名。故地在今蒙古國吉爾吉斯湖以西至科布多河之間。

［5］【今注】匈奴河：水名。即今蒙古國西部杭愛山脈西南端烏能烏蘇境河。在古燕然山與涿邪山之間，甘微河（今扎布汗河）上游東南。

［6］【今注】甘微河：水名。即今蒙古國東北部之扎布汗河。地處阿爾泰山脈與杭愛山脈之間。

［7］【今注】案，置，殿本作"直"。

三年，北單于復爲右校尉耿夔所破，[1]逃亡不知所在。其弟右谷蠡王於除鞬自立爲單于，將右温禺鞬王、骨都侯已下衆數千人，止蒲類海，[2]遣使款塞。大將軍竇憲上書，[3]立於除鞬爲北單于，朝廷從之。四年，[4]遣耿夔即授璽綬，賜玉劍四具，羽蓋一駟，使中郎將任尚持節衛護屯伊吾，[5]如南單于故事。方欲輔歸北庭，會竇憲被誅。五年，於除鞬自畔還北，帝遣將兵長史王輔以千餘騎與任尚共追誘將還斬之，[6]破滅其衆。

［1］【今注】耿夔：字定公，扶風茂陵（今陜西興平市東北）人。東漢名將。傳見本書卷一九。

［2］【今注】蒲類海：古湖澤名。在今新疆巴里坤縣西巴里坤湖。

［3］【今注】大將軍：官名。戰國時設，兩漢因之。金印紫綬，地位因人而異，大致與丞相、三公相當。西漢後期多領録尚書事之職，外主征戰，内秉國政，權勢超過丞相。東漢時多以貴戚擔任，位在三公之上。

［4］【今注】案，大德本脱“四年”二字。

［5］【今注】伊吾：城邑名。又稱伊吾盧、伊吾盧城。故址在今新疆哈密市城區（一説在今哈密市西北）。本爲匈奴呼衍王庭。東漢明帝永平十六年（73）取之以通西域，置宜禾都尉，爲屯田、兵鎮之所。

［6］【今注】將兵長史：官名。漢制，將軍幕府設長史和司馬，爲高級屬員，有時也可獨當一面，領兵作戰。將兵長史即爲獨當一面之長史。長史，官名。秦置。漢制，丞相、太尉、公即將軍府屬吏均有長史。另邊陲郡守亦置長史，掌兵馬，秩六百石。

單于屯屠何立六年薨，單于宣弟安國立。

單于安國，永元五年立。安國初爲左賢王而無稱譽。左谷蠡王師子素勇黠多知，前單于宣及屯屠何皆愛其氣決，故數遣將兵出塞，掩擊北庭，還受賞賜，天子亦加殊異。是以國中盡敬師子，而不附安國。由是疾師子，欲殺之。其諸新降胡初在塞外，數爲師子所驅掠，皆多怨之。安國因是委計降者，與同謀議。

安國既立爲單于，師子以次轉爲左賢王，覺單于與新降者有謀，乃别居五原界。單于每龍會議事，師子輒稱病不往。皇甫棱知之，亦擁護不遣，單于懷憤益甚。

六年春，皇甫棱免，以執金吾朱徽行度遼將軍。時單于與中郎將杜崇不相平，迺上書告崇，崇諷西河太守令斷單于章，無由自聞。而崇因與朱徽上言："南單于安國疏遠故胡，親近新降，欲殺左賢王師子及左臺且渠劉利等。又右部降者謀共迫脅安國，起兵背畔，請西河、上郡、安定爲之儆備。"和帝下公卿議，[1]皆以爲"蠻夷反覆，雖難測知，然大兵聚會，必未敢動摇。今宜遣有方略使者之單于庭，與杜崇、朱徽及西河太守并力，觀其動静。如無它變，可令崇等就安國會其左右大臣，責其部衆横暴爲邊害者，共平罪誅。若不從命，令爲權時方略，事畢之後，裁行客賜，[2]亦足以威示百蠻"。帝從之。於是徽、崇遂發兵造其庭。安國夜聞漢軍至，大驚，棄帳而去，因舉兵及將新降者欲誅師子。師子先知，乃悉將廬落入曼柏城。安國追到城下，門閉不得入。朱徽遣吏曉譬和之，安國不聽。城既不下，乃引兵屯五原。崇、徽因發諸郡騎追赴之急，衆皆大恐，安國舅骨都侯喜爲等慮并被誅，乃格殺安國。

[1]【今注】和帝：東漢和帝劉肇，公元88年至105年在位。紀見本書卷四。

[2]【李賢注】言以主客之禮裁量賜物，不多與也。

安國立一年，[1]單于適之子師子立。

[1]【今注】案，大德本、殿本"國"後衍"王"字。

亭獨尸逐侯鞮單于師子，[1]永元六年立。降胡五六百人夜襲師子，安集掾王恬將衛護士與戰，破之。於是新降胡遂相驚動，十五部二十餘萬人皆反畔，脅立前單于屯屠何子右薁鞮日逐王逢侯爲單于，[2]遂殺略吏人，燔燒郵亭廬帳，將車重向朔方，欲度漠北。於是遣行車騎將軍鄧鴻、越騎校尉馮柱、行度遼將軍朱徽將左右羽林、北軍五校士及郡國積射、緣邊兵，[3]烏桓校尉任尚將烏桓、鮮卑，[4]合四萬人討之。時南單于及中郎將杜崇屯牧師城，[5]逢侯將萬餘騎攻圍之，未下。冬，鄧鴻等至美稷，逢侯乃乘冰度隘，向滿夷谷。[6]南單于遣子將萬騎，及杜崇所領四千騎，與鄧鴻等追擊逢侯於大城塞，斬首三千餘級，得生口及降者萬餘人。馮柱復分兵追擊其別部，斬首四千餘級。任尚率鮮卑大都護蘇拔廆、[7]烏桓大人勿柯八千騎，要擊逢侯於滿夷谷，復大破之。前後凡斬萬七千餘級。逢侯遂率衆出塞，漢兵不能追。七年正月，軍還。

[1]【今注】案，尸，紹興本作"户"。

[2]【今注】案，紹興本、大德本、殿本無"右"字。鞮，紹興本、大德本、殿本作"鞬"。

[3]【李賢注】漢有迹射士，言尋迹而射之。積亦與迹同，古字通也。【今注】越騎校尉：官名。西漢武帝所置北軍八校尉之

一，掌越騎。東漢改北軍八校尉爲北軍五校，越騎仍在其列。掌宿衛兵，屬北軍中候所監督。秩比二千石。　羽林：即羽林騎。皇帝衛軍名。西漢武帝太初元年（前 104），初置建章營騎，後更名爲羽林騎，取意星象中的羽林星，爲國羽翼。東漢因之，分左騎、右騎，分由羽林左監、右監主之。　五校：即五校所領東漢中央禁軍。西漢禁軍設八校尉，東漢則改併爲屯騎、越騎、步兵、射聲、長水共五校。秩皆比二千石，掌宿衛兵。其中長水領兵三千零六十七人，餘者各領兵七百人。　積射：即積射士，指弓箭手。其字面義爲"追尋形迹而射擊的士兵"。積，同"迹"。　案，紹興本"緣邊兵"三字後復有"邊兵"二字，誤。

［4］【今注】烏桓校尉：官名。即護烏桓校尉。西漢時，烏桓内附，設護烏桓校尉管轄。後其官併於護匈奴中郎將。東漢初，由班彪建議，復置其官。校尉一人，秩比二千石，擁節，並領鮮卑。

［5］【今注】牧師城：城邑名。一名牧師苑。爲朝廷養馬之所，並於此設置主管牧地養馬之官。故址在今甘肅榆中縣西北。西漢時在今甘肅慶陽市也置有牧師苑。

［6］【今注】滿夷谷：關隘名。在今内蒙古包頭市北。

［7］【李賢注】胡罪反。

馮柱將虎牙營留屯五原，罷遣鮮卑、烏桓、羌胡兵，封蘇拔廆爲率衆王，又賜金帛。鄧鴻還京師，坐逗留失利，下獄死。[1]後帝知朱徽、杜崇失胡和，又禁其上書，以致反畔，皆徵下獄死，以鴈門太守龐奮行度遼將軍。逢侯於塞外分爲二部，自領右部屯涿邪山下，[2]左部屯朔方西北，相去數百里。八年冬，左部胡自相疑畔，還入朔方塞，龐奮迎受慰納之。其勝兵四千人，弱小萬餘口悉降，以分處北邊諸郡。[3]南單于以其右温禺犢王烏居戰[4]始與安國同謀，[5]欲考問之。烏居戰將數千人遂復反畔，出塞外山谷間，爲吏民害。秋，龐奮、馮柱與諸郡兵擊烏居戰，其衆降，於是徙烏居戰衆及諸還降者二萬餘人於安定、北地。馮柱還，遷將作大匠。[6]逢侯部衆飢窮，又爲鮮卑所擊，無所歸，竄逃入塞者駱驛不絶。[7]

[1]【李賢注】按軍法，逗留畏懦者斬。逗音豆（殿本無“逗音豆”三字）。

[2]【今注】案，山，紹興本誤作“此”。

[3]【今注】案，郡，殿本誤作“部”。

[4]【李賢注】温禺犢王名烏居戰也（殿本無“也”字）。

[5]【今注】案，大德本脱“安”字。

[6]【今注】將作大匠：官名。秦始置，名將作少府。西漢景帝時改名將作大匠。掌修作宗廟、路寢、宫室、陵園土木之功，秩二千石。東漢光武帝末省，至章帝時復置。

[7]【今注】案，入，大德本、殿本作“去”。駱驛，殿本作“絡繹”。

單于師子立四年薨，單于長之子檀立。

萬氏尸逐鞮單于檀，[1]永元十年立。[2]十二年，龐奮遷河南尹，[3]以朔方太守王彪行度遼將軍。南單于比歲遣兵擊逢侯，多所虜獲，收還生口前後以千數，逢侯轉困迫。十六年，北單于遣使詣闕貢獻，願和親，脩呼韓邪故約。和帝以其舊禮不備，未許之，而厚加賞賜，不答其使。元興元年，[4]重遣使詣敦煌貢獻，[5]

辭以國貧未能備禮，願請大使，當遣子入侍。[6]時鄧太后臨朝，[7]亦不答其使，但加賜而已。

［1］【今注】案，檀，紹興本作“壇”。

［2］【今注】案，立，紹興本誤作“上”。

［3］【今注】河南：郡名。兩漢皆治雒陽縣（今河南洛陽市東）。東漢時其地爲京師所在，地位較西漢時尊顯。

［4］【今注】元興：東漢和帝劉肇年號（105）。

［5］【今注】詣：前往、到達。

［6］【李賢注】天子降大使至國，即遣子隨大使入侍。

［7］【今注】鄧太后：東漢和帝皇后，名綏，東漢太傅鄧禹孫女。和帝死後，被尊爲皇太后。紀見本書卷一〇上。

永初三年[1]夏，漢人韓琮隨南單于入朝，既還，説南單于云：“關東水潦，[2]人民飢餓死盡，可擊也。”單于信其言，遂起兵反畔，攻中郎將耿种於美稷。[3]秋，王彪卒。冬，遣行車騎將軍何熙、副中郎龐雄擊之。四年春，檀遣千餘騎寇常山、中山，[4]以西域校尉梁慬行度遼將軍，[5]與遼東太守耿夔擊破之。事已具慬、夔《傳》。單于見諸軍並進，大恐怖，顧讓韓琮曰：“汝言漢人死盡，今是何等人也？”[6]乃遣使乞降，許之。單于脱帽徒跣，對龐雄等拜陳，道死罪。於是赦之，遇待如初，乃還所鈔漢民男女及羌所略轉賣入匈奴中者合萬餘人。[7]五年，梁慬免，以雲中太守耿夔行度遼將軍。

［1］【李賢注】安帝即位之二年也。【今注】永初：東漢安帝劉祜年號（107—113）。

［2］【今注】案，潦，大德本誤作“潰”。

［3］【今注】耿种：東漢官吏。安帝時駐守美稷，爲南匈奴所圍，最終獲救。後爲漢陽太守，招降西羌麻奴部。事見本書卷五《安帝紀》、卷八七《西羌傳》及本卷。

［4］【今注】常山：郡國名。兩漢皆治元氏縣（今河北元氏縣西北）。　中山：郡國名。兩漢皆治盧奴縣（今河北定州市）。

［5］【李賢注】慬音勤。【今注】梁慬：字伯威，北地弋居（今甘肅寧縣南）人。東漢將軍。傳見本書卷四七。

［6］【李賢注】顧，反也。讓，責也。反顧責韓琮也。

［7］【李賢注】南單于檀信韓琮之言，起兵反，既被擊敗，陳謝死罪，還所鈔之男女。

元初元年，[1]夔免，以烏桓校尉鄧遵爲度遼將軍。遵，皇太后之從弟，故始爲真將軍焉。[2]

［1］【李賢注】安帝永初六年，改爲元初元年。【今注】元初：東漢安帝劉祜年號（114—120）。

［2］【李賢注】自置度遼將軍以來，皆權行其事（大德本無“皆”“事”二字），今始以鄧遵爲正度遼將軍，此後更無行者也。

四年，逢侯爲鮮卑所破，部衆分散，皆歸北虜。五年春，逢侯將百餘騎亡還，詣朔方塞降，鄧遵奏徙逢侯於潁川郡。[1]

［1］【李賢注】逢侯本是前單于屯屠何子，右薁鞬日逐王諸

降胡餘萬人（日，大德本作“口”。餘萬，大德本、殿本作“萬餘”），脅立爲單于。既被鮮卑所破，部衆分散（散，紹興本作“明”），若留在匈奴，或恐更相招引，故徙於潁川郡也。【今注】潁川：郡名。兩漢皆治陽翟縣（今河南禹州市）。

建光元年，[1]鄧遵免，復以耿夔代爲度遼將軍。時鮮卑寇邊，夔與溫禺犢王呼尤徽將新降者連年出塞，討擊鮮卑。還，復各令屯列衝要。[2]而耿夔徵發煩劇，新降者皆悉恨謀畔。

［1］【李賢注】安帝元初七年改爲永寧元年，永寧二年改爲建光元年。【今注】建光：東漢安帝劉祜年號（121—122）。

［2］【李賢注】還使新降者屯列衝要。【今注】衝要：軍事或交通上的重要地方。

單于檀立二十七年薨，[1]弟拔立。耿夔復免，以太原太守法度代爲將軍。

［1］【今注】案，二，大德本誤作“三”。由永元十年（98）至延光三年（124），虛計恰合二十七年。

烏稽侯尸逐鞮單于拔，延光三年立。[1]夏，新降一部大人阿族等遂反畔，脅呼尤徽欲與俱去。呼尤徽曰：“我老矣，受漢家恩，寧死不能相隨！”衆欲殺之，有救者，得免。阿族等遂將妻子輜重亡去，中郎將馬翼遣兵與胡騎追擊，破之，斬首及自投河死者殆盡，[2]獲馬牛羊萬餘頭。冬，法度卒。四年，漢陽太守傅衆代爲將軍。其冬，傅衆復卒。永建元年，[3]以遼東太守龐參代爲將軍。

［1］【今注】延光：東漢安帝劉祜年號（122—125）。

［2］【李賢注】殆，近也。欲死盡，所餘無幾。

［3］【李賢注】順帝即位之年。【今注】永建：東漢順帝劉保年號（126—132）。

先是朔方以西障塞多不脩復，鮮卑因此數寇南部，殺漸將王。[1]單于憂恐，上言求復障塞，順帝從之。[2]乃遣黎陽營兵出屯中山北界，[3]增置緣邊諸郡兵，列屯塞下，[4]教習戰射。

［1］【李賢注】匈奴有左右漸將王。【今注】案，漸，殿本作“斬”。

［2］【今注】順帝：東漢順帝劉保，公元125年至144年在位。紀見本書卷六。

［3］【李賢注】黎陽先置營兵，以南單于求復障塞，恐入侵擾亂，置屯兵於中山北界。舊中山郡，今之定州是也。定州者，則在河北也。

［4］【今注】案，列，大德本作“别”。

單于拔立四年薨，弟休利立。

去特若尸逐就單于休利，永建三年立。四年，龐參遷大鴻臚，以東平相宋漢代爲度遼將軍。陽嘉二年，[1]漢遷太僕，以烏桓校尉耿曄代爲度遼將軍。[2]永和元年，[3]曄病徵，以護羌校尉馬續代爲度遼將軍。[4]

［1］【今注】陽嘉：東漢順帝劉保年號（132—135）。

［2］【今注】耿曄：字季遇。東漢將軍。其祖父耿恭曾堅守西域疏勒城。順帝時耿曄任護烏桓校尉，多次擊敗寇邊之鮮卑與匈奴。事見本書卷一九《耿恭傳》。

［3］【李賢注】陽嘉五年，改爲永和元年。【今注】永和：東漢順帝劉保年號（136—141）。

［4］【今注】護羌校尉：官名。西漢武帝時置。秩比二千石，持節管理西羌。王莽時罷。東漢光武帝時，因班彪之建議，復置此官。其屬吏有長史、司馬、主簿、從事等官。

五年夏，南匈奴左部句龍王吾斯、車紐等背畔，率三千餘騎寇西河，因復招誘右賢王，合七八千騎圍美稷，殺朔方、代郡長史。馬續與中郎將梁並、烏桓校尉王元發緣邊兵及烏桓、鮮卑、羌胡合二萬餘人，掩擊破之。吾斯等遂更屯聚，攻没城邑。天子遣使責讓單于，開以恩義，令相招降。單于本不豫謀，乃脱帽避帳，詣並謝罪。並以病徵，五原太守陳龜代爲中郎將。龜以單于本不能制下，[1]逼迫之，單于及其弟左賢王皆自殺。單于休利立十三年。龜又欲徙單于近親於内郡，而降者遂更狐疑。龜坐下獄免。[2]大將軍梁商以羌胡新反，[3]黨衆初合，難以兵服，宜用招降，乃上表曰：“匈奴寇畔，自知罪極，窮鳥困獸，皆知救死，況種類繁熾，不可單盡。[4]今轉運日增，三軍疲苦，虚内給外，非中國之利。竊見度遼將軍馬續素有謀謨，且典邊日久，深曉兵要，每得續書，與臣策合。宜令續深溝高壁，以恩信招降，宣示購賞，明爲期約。[5]如此，則醜類可服，[6]國家無事矣。”帝從之，乃詔續招降畔虜。商又移書續等曰：“中國安寧，忘戰日久。良騎野合，交鋒接矢，決勝當時，戎狄之所長，而中國之所短也。强弩乘城，堅營固守，以待其衰，中國之所長也，[7]而戎狄之所短也。[8]宜務先所長，以觀其變，設購開賞，宣示反悔，勿貪小功，以亂大謀。”續及諸郡並各遵行。於是右賢王部抑鞮等萬三千口詣續降。

[1]【李賢注】吾斯等攻没城邑，單于雖不預謀（大德本、殿本“謀”後衍“殺”字），然不能制下，即是不堪其任。

[2]【李賢注】陳龜逼迫單于及弟皆令自殺，又欲徙其近親者（近親，大德本、殿本作“親近”），遂致狐疑，此則陳龜之由也。【今注】案，免，大德本、殿本作“死”。

[3]【今注】梁商：字伯夏，安定烏氏（今寧夏固原市東南）人。東漢外戚。順帝梁皇后及梁冀之父。順帝時擔任大將軍，有寬容謙和、舉賢任能之名。傳見本書卷三四。

[4]【李賢注】單亦盡也。猶《書》云“謨謀”。孔安國曰：“謨亦謀也。”即是古書之重語。

[5]【今注】案，爲，大德本、殿本作“其”。

[6]【李賢注】醜，等也，言等類可服也（殿本無“言等類可服也”六字）。【今注】案，可，大德本作“自”。

[7]【今注】案，大德本、殿本無“也”字。

[8]【李賢注】若夫平原易地，輕車突騎，則匈奴之衆易撓亂也。勁弩長戟，射疏及遠，則匈奴之弓不能格也。堅甲利刃，

長短相雜，游弩往來，什伍俱前，匈奴之兵不能當也（殿本“匈”前有“則”字）。材官騶發，矢道同的，則匈奴之革笥木薦不能支也。下馬地鬭（地，殿本作“步”），劍戟相接，去就相簿，則匈奴之足不能給也。此中國之長技也。以此觀之，匈奴之長技三，中國之長技五。並具朝錯三章之兵體。因梁商論其長短，故備録之。此乃兵家之要。

秋，句龍吾斯等立句龍王車紐爲單于。東引烏桓，西收羌戎及諸胡等數萬人，攻破京兆虎牙營，[1]殺上郡都尉及軍司馬，[2]遂寇掠并、涼、幽、冀四州。[3]乃徙西河治離石，[4]上郡治夏陽，[5]朔方治五原。[6]冬，遣中郎將張耽將幽州烏桓諸郡營兵，[7]擊畔虜車紐等，戰於馬邑，[8]斬首三千級，獲生口及兵器牛羊甚衆。車紐等將諸豪帥骨都侯乞降，而吾斯猶率其部曲與烏桓寇鈔。六年春，馬續率鮮卑五千騎到穀城擊之，斬首數百級。張耽性勇鋭，而善撫士卒，軍中皆爲用命。遂繩索相懸，上通天山，大破烏桓，悉斬其渠帥，還得漢民，獲其畜生財物。夏，馬續復免，以城門校尉吴武代爲將軍。

[1]【李賢注】虎牙營即京兆虎牙都尉也。《西羌傳》云：“置虎牙都尉於長安，扶風都尉於雍。”《漢官儀》曰“涼州近羌，數犯三輔，京兆虎牙、扶風都尉將兵衛護園陵”也。【今注】京兆虎牙營：京兆虎牙都尉屯兵。西漢京師三輔各有都尉，掌兵事。東漢罷三輔都尉，安帝時因羌人進擾，復置右扶風都尉、京兆虎牙都尉。京兆，京兆尹。郡級政區名，亦爲官名。西漢都長安，京畿地區設“三輔”進行管轄，京兆尹爲其中之一，其轄境大約在今陝西

西安市以東至渭南市華州區之間。武帝時改右内史置，職掌如郡太守。京兆尹是京兆地區的最高行政官員，因治京師，又得參與朝政，故又有中央官性質。地位高於郡守，位列諸卿，秩中二千石（一説秩二千石）。東漢中興，改都洛陽，但以陵廟所在，故不變稱號，惟減其秩爲二千石。

［2］【今注】都尉：秦及西漢時，各郡設都尉執掌武事，輔佐太守。東漢時，内郡省都尉，併其職於太守。但在邊郡仍置都尉。

［3］【今注】涼：涼州。西漢武帝時所置十三刺史部之一，下轄隴西、天水（漢陽）、金城、安定、武威、張掖、酒泉、敦煌八郡。漢泛指涼州爲西州，範圍大致包括今甘肅中部和西北部一帶。冀：冀州。西漢武帝時所置十三刺史部之一，下轄魏、鉅鹿、常山、中山、安平、河間、清河、渤海八郡及趙國。

［4］【李賢注】離石即西河之屬縣也。【今注】離石：縣名。治所在今山西吕梁市離石區。秦置，東漢時爲西河郡治所。

［5］【今注】夏陽：縣名。兩漢治所皆在今陝西韓城南。其縣先後屬左馮翊與上郡。

［6］【李賢注】移朔方就五原郡。

［7］【今注】張耽：東漢將領。順帝時擊敗南匈奴之叛軍，復破烏桓與羌。　案，桓，紹興本作“淵聖御名”四小字，避宋欽宗趙桓名諱。

［8］【今注】馬邑：縣名。兩漢治所皆在今山西朔州市。

漢安元年[1]秋，吾斯與薁鞮臺耆、且渠伯德等復掠并部。[2]

［1］【李賢注】順帝永和七年改爲漢安元年也（永和七年，紹興本誤作“元和江左”）。【今注】漢安：東漢順帝劉保年號（142—144）。

[2]【李賢注】“薁鞮”或作“薁鞬”，《前書》兩字通，今依《前書》不改也。【今注】案，等，紹興本作“第”。

呼蘭若尸逐就單于兜樓儲先在京師，漢安二年立之。天子臨軒，大鴻臚持節拜授璽綬，引上殿。賜青蓋駕駟、鼓車、安車、駙馬騎、玉具刀劍、什物，[1]給綵布二千匹。賜單于閼氏以下金錦錯雜具，軿車馬二乘。遣行中郎將持節護送單于歸南庭。詔太常、大鴻臚與諸國侍子於廣陽城門外[2]祖會，饗賜作樂，角抵百戲。[3]順帝幸胡桃宫臨觀之。冬，中郎將馬寔募刺殺句龍吾斯，送首洛陽。建康元年，[4]進擊餘黨，斬首千二百級。烏桓七十萬餘口皆詣寔降，車重牛羊不可勝數。

[1]【李賢注】玉具，摽首鐔衛盡用玉爲之（摽，大德本、殿本作“標”）。

[2]【李賢注】廣陽，洛陽城西面南頭門。

[3]【李賢注】角抵之戲則魚龍爵馬之屬（殿本無“屬”字）。言兩兩相當，亦角而爲抵對，即今之鬭用，古之角抵也。【今注】角抵：古代的一種體育活動，後世稱“相撲”“摔跤”。

[4]【李賢注】漢安三年改爲建康元年。【今注】建康：東漢順帝劉保年號（144）。

單于兜樓儲立五年薨。

伊陵尸逐就單于居車兒，建和元年立。[1]至永壽元年，[2]匈奴左薁鞬臺耆、且渠伯德等復畔，寇鈔美稷、安定，屬國都尉張奐擊破降之。[3]事已具《奐傳》。

[1]【李賢注】桓帝即位之年。【今注】建和：東漢桓帝劉志年號（147—149）。

[2]【李賢注】桓帝永興三年改爲永壽元年。【今注】永壽：東漢桓帝劉志年號（155—158）。

[3]【今注】屬國都尉：官名。掌邊郡安置歸附的少數民族。西漢武帝時，置屬國都尉，東漢沿置。都尉一人，秩比二千石，丞一人。屬國都尉分治所屬縣，職掌與郡守同。 張奐：字然明，敦煌淵泉（今甘肅瓜州縣東）人。東漢將領。長期擔任邊將，擊退匈奴、烏桓、鮮卑、羌之内侵。傳見本書卷六五。

延熹元年，[1]南單于諸部並畔，遂與烏桓、鮮卑寇緣邊九部，[2]以張奐爲北中郎將討之，單于諸部悉降。奐以單于不能統理國事，乃拘之，上立左谷蠡王。[3]桓帝詔曰："《春秋》大居正，[4]居車兒一心向化，何罪而黜！其遣還庭。"[5]

[1]【李賢注】桓帝之年。【今注】延熹：東漢桓帝劉志年號（158—167）。 案，元，紹興本作"九"，是。查諸《桓帝紀》，南匈奴與烏桓、鮮卑聯合寇邊及漢廷遣張奐出討等事皆在延熹九年。

[2]【今注】案，部，紹興本、殿本作"郡"，是。

[3]【李賢注】張奐上書請立左谷蠡王爲單于也。

[4]【李賢注】《春秋》法五始之要，故經曰"元年春王正月"。言王者即位之年，宜大開恩宥。其居車兒即是桓帝即位之建和元年立，自立以來（以，大德本作"之"），一心向化，宜寬

宥之。

［5］【今注】案，大德本、殿本無“庭”字。

單于居車兒立二十五年薨，子某立。[1]

［1］【李賢注】凡言“某”者，史失其名（大德本無“史”字），故稱“某”以記之。夷狄無字，既無典誥，故某者即是其名。

屠特若尸逐就單于某，[1]熹平元年立。[2]六年，單于與中郎將臧旻出鴈門擊鮮卑檀石槐，[3]大敗而還。是歲，單于薨，子呼徵立。

［1］【今注】案，若，大德本作“右”。

［2］【李賢注】熹平，靈帝之元年。【今注】熹平：東漢靈帝劉宏年號（172—178）。

［3］【今注】檀石槐：東漢晚期鮮卑族首領。勇健有智略，被本部推爲大人，立庭於彈汗山。南侵漢邊，北拒丁零，東却夫餘，西擊烏孫，盡據匈奴故地。桓帝時屢次侵邊，靈帝光和中病死。

單于呼徵，光和元年[1]立。二年，中郎將張脩與單于不相能，脩擅斬之，更立右賢王羌渠爲單于。脩以不先請而擅誅殺，檻車徵詣廷尉抵罪。[2]

［1］【李賢注】靈帝熹平七年改爲光和元年。【今注】光和：東漢靈帝劉宏年號（178—184）

［2］【李賢注】《前書》注曰：“抵，至也。”殺人者死。張脩

擅斬單于呼徵，故至其罪也。【今注】廷尉：戰國秦國始置，秦、漢沿置。主管詔獄。位列九卿，秩中二千石。

單于羌渠，光和二年立。中平四年，[1]前中山太守張純反畔，[2]遂率鮮卑寇邊郡。靈帝詔發南匈奴兵，[3]配幽州牧劉虞討之。[4]單于遣左賢王將騎詣幽州。國人恐單于發兵無已，五年，右部醢落與休著各胡白馬銅等十餘萬人反，[5]攻殺單于。

[1]【李賢注】靈帝光和七年改爲中平（大德本無“靈”字）。【今注】中平：東漢靈帝劉宏年號（184—189）。

[2]【今注】張純：曾任中山相（中山爲王國，行政長官當爲相，非太守）。與前太山太守張舉起事，衆至十餘萬，勾結烏桓，侵掠幽、冀、青等州。後爲幽州牧劉虞瓦解。張純逃至塞外，爲其客所殺。案，大德本脱“純”字。

[3]【今注】靈帝：東漢靈帝劉宏，公元168年至189年在位。紀見本書卷八。

[4]【今注】牧：官名。西漢武帝元封五年（前106）將全國除京師附近七郡（歸司隸校尉部管轄）以外的土地分爲十三部，或稱十三州。東漢時，朔方刺史部併入并州刺史部，爲十二州。每部置刺史一人，初無治所，奉詔巡行下轄諸郡，省察治政，黜陟能否，斷理冤獄，秩六百石。主要以六條察州，所察對象主要爲二千石官吏、强宗豪右及諸侯王等。成帝綏和元年（前8）更爲牧，秩二千石。哀帝建平二年（前5）罷州牧，復刺史。哀帝元壽二年（前1）復爲牧。東漢光武帝建武十一年（35）省。建武十八年復爲刺史，有常治所，奏事遣計吏代行，不復自往。靈帝中平五年（188），劉焉謂四方兵寇，由刺史權輕，宜改置牧，選重臣爲之。自此，州牧權力增大，除監察權外，還有選舉、劾奏之權，干預地

方行政及領兵之權，原作爲監察區劃的州逐漸轉化爲郡之上的地方行政機構，州郡縣三級制隨之形成。　劉虞：字伯安，東海郯（今山東郯城縣西北）人。西漢宗室，有仁愛之名。董卓廢少帝後，袁紹等曾擁劉虞爲帝，劉虞不從。與屬下將軍公孫瓚交惡，後在攻打公孫瓚時戰敗，被俘殺。傳見本書卷七三。

［5］【今注】休屠（zhū）各：部族名。一作屠各。爲漢時匈奴部族之一。其活動地區當在今中國内蒙古與蒙古國等地。

單于羌渠立十年，子右賢王於扶羅立。[1]

［1］【李賢注】於扶羅即是前趙劉元海之祖也。其元海爲亂晉之首（晉，大德本誤作“書”）。

持至尸逐侯單于於扶羅，中平五年立。國人殺其父者遂畔。共立須卜骨都侯爲單于，而於扶羅詣闕自訟。會靈帝崩，天下大亂，單于將數千騎與白波賊合兵寇河内諸郡。[1]時民皆保聚，鈔掠無利，而兵遂挫傷。復欲歸國，國人不受，乃止河東。[2]須卜骨都侯爲單于一年而死，南庭遂虚其位，以老王行國事。

［1］【今注】白波：本爲地名。又名白波谷。故址在今山西襄汾縣西南永固鎮。東漢末黄巾軍的一支曾以此爲根據地，並築白波營壘，故此部黄巾軍以白波爲號。

［2］【李賢注】遂止河東平陽也。

單于於扶羅立七年死，弟呼厨泉立。[1]

［1］【李賢注】於扶羅即劉元海之祖。呼厨泉即元海之叔祖。

單于呼厨泉，興平二年[1]立。以兄被逐，不得歸國，數爲鮮卑所鈔。建安元年，[2]獻帝自長安東歸，[3]右賢王去卑與白波賊帥韓暹等侍衛天子，[4]拒擊李傕、郭汜。[5]及車駕還洛陽，又徙遷許，[6]然後歸國。[7]二十一年，單于來朝，曹操因留於鄴，[8]而遣去卑歸監其國焉。

［1］【李賢注】獻帝初平五年改爲興平元年。【今注】興平：東漢獻帝劉協年號（194—195）。

［2］【今注】建安：東漢獻帝劉協年號（196—220）。

［3］【今注】獻帝：東漢獻帝劉協，公元189年至220年在位。紀見本書卷九。大德本、殿本無"獻"字。

［4］【今注】韓暹：東漢末白波黄巾軍將領。獻帝興平二年（195），和胡才、李樂等人於曹陽敗李傕、郭汜，迎回獻帝。獻帝建安元年（196），拜大將軍，領司隸校尉。是年曹操迎獻帝，暹乃投奔袁術。次年，與袁術並攻吕布，兵敗，在逃回并州途中被殺。

［5］【今注】李傕：字稚然，北地（今寧夏吴忠市西南）人。東漢末將領。本爲董卓校尉。董卓被王允等殺死後，李傕與郭汜反攻長安，殺王允，奪取了長安控制權。其後李、郭反目，傕劫質漢獻帝，汜劫質公卿，戰於長安。後二人和解，同意獻帝東歸，復反悔，欲挾其西返，爲楊奉、韓暹所敗。獻帝建安三年，傕爲段煨等擊殺。 郭汜：一名多，張掖（今甘肅張掖市西北）人。東漢末將領。東漢獻帝建安二年，汜爲其部將伍習所襲，死於郿。傳見《三國志》卷六。

［6］【今注】許：縣名。治所在今河南許昌市東。春秋時爲許

國，秦置縣，漢屬潁川郡。東漢獻帝建安元年，曹操迎獻帝於此。後改名許昌。

[7]【李賢注】謂歸河東平陽也。

[8]【李賢注】留呼廚泉於鄴，而遣去卑歸平陽，監其五部國。【今注】曹操：字孟德，漢末軍閥，在東漢末年大亂中脱穎而出，統一了中國北方。曹魏建立後，被追尊爲魏武帝，廟號太祖。紀見《三國志》卷一。

論曰：漢初遭冒頓凶黠，種衆强熾。高祖威加四海，[1]而窘平城之圍。[2]太宗政鄰刑措，不雪憤辱之耻。[3]逮孝武亟興邊略，[4]有志匈奴，赫然命將，戎旗星屬，[5]候列郊甸，火通甘泉，[6]而猶鳴鏑揚塵，出入畿内，[7]至於窮竭武力，單用天財，[8]歷紀歲以攘之。寇雖頗折，而漢之疲耗略相當矣。[9]宣帝值虜庭分争，[10]呼韓邪來臣，乃權納懷柔，因爲邊衞，[11]罷關徼之儆，息兵民之勞。[12]龍駕帝服，鳴鍾傳鼓於清渭之上，[13]南面而朝單于，朔、易無復匹馬之蹤，[14]六十餘年矣。後王莽陵篡，擾動戎夷，[15]續以更始之亂，方夏幅裂。[16]自是匈奴得志，狼心復生，乘間侵佚，害流傍境。及中興之初，更通舊好，[17]報命連屬，金幣載道，[18]而單于驕踞益横，内暴滋深。[19]世祖以用事諸華，未遑沙塞之外，[20]忍愧思難，徒報謝而已。[21]因徙幽、并之民，增邊屯之卒。[22]及關東稍定，[23]隴、蜀已清，[24]其猛夫扞將，莫不頓足攘手，争言衞、霍之事。[25]帝方厭兵，間脩文政，未之許也。[26]其後匈奴争立，日逐來奔，願脩呼韓之好，以禦北狄之衝，[27]奉蕃稱臣，[28]永爲外扞。天子總攬群策，和而納焉。[29]乃詔有司開北鄙，擇肥美之地，量水草以處之。馳中郎之使，盡法度以臨之。制衣裳，備文物，加璽紱之綬，正單于之名。於是匈奴分破，始有南北二庭焉。讎釁既深，互伺便隙，控弦抗戈，覘望風塵，雲屯鳥散，更相馳突，至於陷潰創傷者，靡歲或寧，而漢之塞地晏然矣。[30]後亦頗爲出師，并兵窮討，命竇憲、耿夔之徒，前後並進，皆用果譎，設奇數，異道同會，究掩其窟穴，躡北追奔[31]三千餘里，[32]遂破龍祠，焚罽幕，[33]阬十角，梏閼氏，[34]銘功封石，倡呼而還。[35]單于震慴屏氣，蒙氈遁走於烏孫之地，[36]而漠北空矣。[37]若因其時埶，及其虚曠，還南虜於陰山，[38]歸河西於内地，[39]上申光武權宜之略，下防戎羯亂華之變，[40]使耿國之筭不謬於當世，[41]袁安之議見從於後王，[42]平易正直，若此其弘也。[43]而竇憲矜三捷之効，忽經世之規，狼戾不端，專行威惠。[44]遂復更立北虜，反其故庭，[45]並恩兩護，以私己福，棄蔑天公，[46]坐樹大鯁。永言前載，何恨憤之深乎！[47]自後經綸失方，畔服不一，其爲疢毒，[48]胡可單言！[49]降及後世，翫爲常俗，[50]終於吞噬神鄉，丘墟帝宅。嗚乎！[51]千里之差，興自毫端，失得之源，[52]百世不磨矣。[53]

［1］【今注】高祖：西漢高祖劉邦，公元前206年至前195年在位。紀見《史記》卷八、《漢書》卷一。

［2］【李賢注】《前書》云，高祖自將兵三十二萬擊韓王信，

先至平城，冒頓縱兵三十萬騎圍帝於白登，七日，漢兵中外不得相救餉。故歌曰："平城之事甚大苦，七日不得食，不能彎弓弩。"得陳平祕計，然後得免也。【今注】平城：縣名。兩漢治所皆在今山西大同市東北。

[3]【李賢注】《前書》贊曰："斷獄四百，幾致刑措。"幾，近也。今言"政鄰刑措"，鄰亦近也。【今注】太宗：西漢文帝劉恒，公元前180年至前157年在位。太宗爲其廟號。紀見《史記》卷一〇、《漢書》卷四。　政鄰刑措：《史記》卷四《周本紀》有云："成康之際，天下安寧，刑錯四十餘年不用。"是以"刑措不用"被視爲仁政的象徵。

[4]【今注】孝武：西漢武帝劉徹，公元前141年至前87年在位。紀見《史記》卷一二、《漢書》卷六。

[5]【李賢注】如衆星之相連屬，言其多。

[6]【李賢注】列置侯兵於近郊畿，天子在甘泉宫，而烽火時到甘泉宫也。【今注】甘泉：左馮翊雲陽縣有甘泉山，在今陝西淳化縣西北，山上有甘泉宫。

[7]【李賢注】鳴鏑即匈奴之箭也。謂匈奴、白羊、樓煩王在河南，去京師一千餘里，古者王畿千里，言匈奴寇邊即出入畿内。世宗逐樓煩、白羊（樓煩，大德本、殿本誤作"煩樓"），始得河南之地以築朔方，今夏州是也。按夏州去京師一千二百里。

[8]【李賢注】單，盡也。言盡用天下之財。

[9]【李賢注】漢武好征，户口減半，即是死亡與殺匈奴相當也。

[10]【今注】宣帝：西漢宣帝劉詢，公元前74年至前49年在位。紀見《漢書》卷八。

[11]【李賢注】虜庭分争謂五單于國，呼韓邪遂來臣服，因請款關，永爲邊衛。《前書》云日逐王薄胥堂爲屠耆單于，呼揭王爲呼揭單于，薁鞬王爲車犁單于（鞬，大德本、殿本作"鞬"），

烏籍都尉爲烏籍單于，并呼韓邪凡五單于也。

[12]【李賢注】匈奴既降（大德本無“既”字），北庭不儆備，勞者並得休息也。

[13]【李賢注】案《前書》，宣帝甘露二年正月，呼韓邪朝甘泉官（官，紹興本、大德本、殿本作“宫”，是），漢寵以殊禮，位在諸侯王上。贊謁者稱臣而不名。禮畢，使者導單于宿長平（平，大德本作“耳”）。上自甘泉宿池陽宫，詔單于毋謁。左右當户及群臣皆列觀（觀，大德本誤作“亂”），及諸蠻夷君長王侯數萬人（紹興本無“王”字），咸迎於渭橋下，夾道陳。上登渭橋，咸稱萬歲。【今注】清渭：水名。即渭水。黄河最大支流，在今陝西中部。

[14]【李賢注】匈奴既降（紹興本無“匈奴”二字），朔方、易水之地更無匈奴匹馬之蹤也。【今注】案，易，殿本作“方”。

[15]【李賢注】自宣帝甘露二年至平帝末年，北邊無匈奴之盜。王莽陵篡之後，狼心復生。《前書》贊曰：“三世稱賓於漢庭。是時邊城晏閉（閉，紹興本誤作‘閑’），牛馬布野，三世無犬吠之警，黎庶忘干戈之役。後六十餘歲之閒，遭王莽篡位，始開邊隙。”三世謂元帝、成帝各爲一世（三，大德本誤作“二”；謂，大德本誤作“開”），哀平二帝皆元帝之孫，共爲一世，故三世也。王莽執政，始開邊隙也。

[16]【李賢注】更始無道，擾亂方内，諸夏如布帛之裂也。【今注】更始：指緑林軍創立的更始政權。新莽末年南方發生饑荒，民衆聚於荆州當陽（今湖北荆門市南）緑林山挖掘野菜，王匡等爲其評判争執，被推舉爲首領。至新莽地皇三年（22），因疫疾而分散引去。一支號爲下江兵，另一支號爲新市兵。新市軍擊隨縣時，又有平林人陳牧等起兵響應，號爲平林兵。後緑林軍的幾個分支與舂陵劉氏合軍，立劉玄爲帝，建立更始政權。事見本書卷一一《劉玄傳》。

［17］【李賢注】及光武中興，更通宣、元之舊好。

［18］【李賢注】報命相屬，言其往來不絶。金帛常載於道，言其賞遺常行。

［19］【李賢注】世祖二年（二，大德本作“三”。案，二、三皆誤。據前文，韓統出使在建武六年），令中郎將韓統報命，賂遺金帛以通舊好（金帛，大德本誤作“至帝”）。而單于驕踞，自比冒頓，對使者辭語悖慢也。

［20］【李賢注】遑，暇也。

［21］【李賢注】雖得驕踞悖慢之詞（大德本無“得”字），而忍其羞愧（而，大德本作“面”），思其患難，但以善言報謝而已。徒，但也。

［22］【李賢注】移徙幽、并之人，增益邊屯之戍卒。

［23］【今注】關東：地區名。指函谷關或潼關以東的地區。

［24］【今注】隴蜀已清：在東漢王朝統一過程中，割據隴西的隗囂、割據巴蜀的公孫述是最後的兩個目標，故此處以“隴、蜀已清”代指中原王朝統一戰争初步結束。隴，隴山。在今陝西隴縣西北。代指今陝西西部、甘肅東部地區。蜀，指岷山。在今四川與甘肅交界處。代指今四川、重慶地區。

［25］【李賢注】争言衞青、霍去病，世宗之代北伐匈奴之事也。【今注】衞霍之事：衞青、霍去病是在漢武帝北伐匈奴過程中湧現的名將，故此處以“衞、霍之事”代指北伐匈奴。衞，衞青。西漢名將，武帝皇后衞子夫之異母弟，傳見《漢書》卷五五。霍，霍去病。西漢名將，武帝皇后衞子夫之外甥。傳見《史記》卷一一一、《漢書》卷五五。

［26］【李賢注】帝厭其用兵，欲脩文政，未許猛夫扞將之事（夫，紹興本誤作“大”）。

［27］【李賢注】比季父孝單于輿以比爲右薁鞬日逐王（殿本無“孝”字），日逐即南匈奴單于比也。

［28］【今注】案，蕃，殿本作“藩”。

［29］【李賢注】總覽群臣之策（覽，殿本作“攬”；策，紹興本誤作“第”），善均從衆，與之和同，而納其降款也。

［30］【李賢注】由南北二庭自相馳突，而漢之塞地晏然無事矣。

［31］【李賢注】軍走曰北也。

［32］【李賢注】北虜烏孫遂奔，漠北乃空，其地三千餘里也。

［33］【今注】罽（jì）：一種用獸毛織成的毛織品。

［34］【李賢注】械在手曰梏，音古督反。

［35］【李賢注】爲刻石立銘於燕然山（刻，大德本、殿本作“勒”字），猶《前書》霍去病登臨瀚海，封狼居胥山也。【今注】銘功封石：東漢和帝即位初，大將軍竇憲率軍攻破北匈奴，隨軍的班固書文紀功，於燕然山勒石紀功而還（該銘文位於蒙古國杭愛山南麓，已被發現並確認）。

［36］【今注】烏孫：西域古國名。分布在今新疆伊犁河到天山一帶。都赤谷城（今新疆阿克蘇河上游、中亞伊什提克一帶）。

［37］【李賢注】漠北既空，宜即遷南虜以居之。

［38］【今注】陰山：山名。在今内蒙古中部。

［39］【李賢注】河西虜衆居之，于時遂爲邊境，若還南虜於陰山，即爲内地也。

［40］【李賢注】戎羯之亂，興於永嘉之年；即勒燕然（即，殿本作“績”），乃居永元之歲。中人以上，始可預其將來；竇憲庸才，寧可責其謀慮。

［41］【李賢注】建武二十四年，八部大人共立比爲呼韓邪單于，款五原塞，願永爲蕃蔽（蕃，殿本作“藩”），扞禦北方。帝用五官中郎將耿國議，乃許之也。

［42］【李賢注】竇憲欲立北單于，安議不許也。

［43］【李賢注】若從耿國、袁安之議，即言平易正直之道如此之弘遠也（之，大德本作“其”）。

［44］【李賢注】三捷言勝也。自矜功伐，專行威惠，爲臣不忠，即其人也。又章和二年，竇太后臨朝。單于屯屠何上言：“宜及北虜分争，出兵討伐，破北成南，并爲一國，令漢家長無北念。”既威北邊，即宜獎成南部（獎，大德本、殿本作“搆”），更請存立，其何惑哉。

［45］【李賢注】永元三年，將軍竇憲上書，請立於除鞬爲北單于，朝廷從之。四年即授璽綬，方欲輔歸北庭，會竇憲被誅（會，大德本誤作“命”；大德本無“被”字）。五年，於除鞬自畔還北（大德本無“畔”字），帝遣將兵長史王輔誘誅之。

［46］【李賢注】言竇憲斬日逐，刊石紀功，即宜滅其北庭，以資南部。重存亂緒（大德本無“重”字），滋生孽栽（栽，殿本作“裁”）。南北俱存，即是並恩兩護（大德本無“是”字。恩，大德本作“見”）。以私己福，乃招其禍。斯則棄蔑天公之事也。天公謂天子也。《前書》云“老秃翁何爲首鼠兩端（老，紹興本誤作‘共’）”，秃翁即乃翁也（乃，大德本、殿本誤作“天”）。高祖云“幾敗乃公事”，乃公即汝公也。惇史直筆，時復存其質言也。

［47］【李賢注】由竇憲請立北庭，遂使匈奴滋蔓，即是坐樹大鯁，永言前事，深可恨哉。載，事也。

［48］【今注】疢（chèn）毒：喻危害、殘害。疢，熱病，引申爲病。

［49］【李賢注】單，盡也。單與殫同也。

［50］【今注】翫（wán）：同“玩”。

［51］【今注】案，乎，大德本、殿本作“呼”。

［52］【今注】案，源，殿本作“原”。

［53］【李賢注】既勒燕然之後，若復南虜於漢北（漢，紹興

本誤作“漢”），引侍子於京師，混并匈奴之區，使得專爲一部，則荒服無忿争之跡，邊服息征戍之勤（戍，大德本、殿本作“伐”）。此之不行，遂爲巨蠹。自單于比入居西河美稷之後，種類繁昌，難以驅逼。魏武雖分其衆爲五部，然大率皆居晉陽。暨乎左賢王豹之子劉元海，假稱天號，縱盜中原，吞噬神鄉，丘墟帝宅。愍懷二帝沈没虜庭，差之毫端，一至於此。百代無滅，誠可痛心也。

贊曰：匈奴既分，[1]羽書稀聞。[2]野心難悔，終亦紛紜。[3]

[1]【李賢注】謂分爲南北庭也。
[2]【李賢注】檄書有急，即插鳥羽其上也。
[3]【李賢注】紛紜之事，具如上解（大德本無“解”字）。

後漢書　卷九〇

列傳第八十

烏桓　鮮卑[1]

［1］【今注】烏桓：部族名。又作烏丸、赤山、赤沙。一説烏桓即蒙古語“烏蘭”之轉音，意爲“紅色”。本爲東胡的一支。秦末，東胡被匈奴擊敗，其中一支退保烏桓山，故名。漢武帝以後附漢，遷至上谷、漁陽、右北平、遼東、遼西五塞外。漢廷置護烏桓校尉監領之。漢末，曹操遷烏桓萬餘落於中原，部分留居長城一帶，後漸與各地漢族及其他少數民族融合。　鮮卑：部族名。東胡的一支。秦末東胡爲匈奴擊破，其中一支退保鮮卑山，故名。後游牧於今内蒙古東部西拉木倫河與洮兒河一帶。北匈奴西遷後，鮮卑據其故地，日益强盛。漢魏間先後有檀石槐、步度根、軻比能等著名首領。西晉滅亡後，鮮卑族的慕容、乞伏、秃髮、宇文、拓跋等部先後在今華北及西北地區建立政權。　案，《東夷列傳》主要記録了東胡系烏桓、鮮卑兩個民族的歷史與生活狀況。東漢後期以來，鮮卑、烏桓代替匈奴成爲草原霸主。烏桓曾參與漢末袁、曹之爭，鮮卑則在東晉時期南下中原，其中的拓跋部更統一北方，建立北魏，對漢唐間數百年歷史都産生了重大影響。本卷相當一部分篇幅的文字與《三國志》卷三〇《烏丸鮮卑傳》及裴松之注所引王沈《魏書》相同。但與《漢書》原文照録《史記》不同，除後文

注釋所指出的大的修改、縮略處外，《後漢書》對句子前後順序亦進行了大幅改寫，尤其是叙述民族風俗的部分，改動尤大，似有對叙述内容重新整理、分段之意。至於到底是范曄據《三國志》卷三〇《烏丸鮮卑傳》及裴注重作改寫，還是二者皆出自同源史料，其中一方，抑或兩方同時進行了改寫以致有此差異，尚難判斷。要之，本篇相當一部分内容與《三國志·烏丸鮮卑傳》及裴注同源，後文將對此進行具體比對。

烏桓者，[1]本東胡也。[2]漢初，匈奴冒頓滅其國，[3]餘類保烏桓山，[4]因以爲號焉。俗善騎射，弋獵禽獸爲事。[5]隨水草放牧，居無常處。以穹廬爲舍，東開向日。食肉飲酪，以毛毳爲衣。[6]貴少而賤老，其性悍塞。[7]怒則殺父兄，而終不害其母，以母有族類，父兄無相仇報故也。[8]有勇健能理決鬬訟者，推爲大人，無世業相繼。[9]邑落各有小帥，[10]數百千落自爲一部。大人有所召呼，則刻木爲信，[11]雖無文字，而部衆不敢違犯。氏姓無常，以大人健者名字爲姓。大人以下，各自畜牧營産，不相傜役。其嫁娶則先略女通情，[12]或半歲百日，然後送牛馬羊畜，以爲娉幣。壻隨妻還家，妻家無尊卑，旦旦拜之，而不拜其父母。爲妻家僕役，一二年間，[13]妻家乃厚遺送女，[14]居處財物一皆爲辦。[15]其俗妻後母，報寡㛦，死則歸其故夫。[16]計謀從用婦人，[17]唯鬬戰之事乃自決之。父子男女相對踞蹲。以髡頭爲輕便。[18]婦人至嫁時乃養髮，分爲髻，[19]著句決，[20]飾以金碧，猶中國有簂步摇。[21]

［1］【今注】案，烏桓，《三國志》卷三〇《烏丸傳》裴松之注引王沈《魏書》作“烏丸”。

［2］【今注】東胡：族名、政權名。因居匈奴（胡）以東而得名。從事畜牧狩獵。戰國時爲燕將秦開所破，遷於今西遼河上游老哈河、西拉木倫河流域。秦代時東胡復盛，游牧於大興安嶺及其周圍廣大地區，南至秦長城，一度强於匈奴。遼寧海城大屯古墓、遼陽亮甲山土坑墓、錦西寺兒堡斷崖、烏金塘東周墓，朝陽十二臺營子青銅短劍墓出土的青銅器等器物反映了早期東胡的生活狀態。證明其已經擁有較發達的青銅冶煉技術與製陶技術。後被匈奴冒頓單于擊敗，敗退至烏桓山的一支稱爲烏桓，退至鮮卑山的一支稱爲鮮卑。分布於今内蒙古東部、遼寧西部一帶，其故地歸屬匈奴左賢王。此外，後世柔然、吐谷渾、契丹、奚、室韋、蒙古等民族皆與東胡有密切的淵源關係（參見林幹《東胡史》，内蒙古人民出版社2007年版）。

［3］【今注】匈奴：秦漢時期北方游牧民族，又稱“胡”。戰國時，分布於秦、趙、燕以北的地區。秦朝時，爲蒙恬擊敗而北遷。秦末至漢初，陸續統治了大漠南北及河西走廊地區。武帝時，爲衛青、霍去病等所敗，退守漠北。宣、元時發生内亂，南匈奴臣服於漢廷，北匈奴郅支單于被殺。兩漢之際匈奴一度獨立，東漢初年因天災再度内亂，復分爲南北，南匈奴降漢内附，北匈奴保持相對獨立地位。和帝初年，竇憲率兵與南匈奴共破北匈奴，隨軍的班固書文紀功，勒石燕然（該銘文位於今蒙古國杭愛山南麓，已被發現並確認），北匈奴就此衰落，後逐漸西遷。　冒頓：匈奴單于。姓攣鞮。秦二世元年（前209）殺父頭曼自立。建立奴隸制軍事政權，增設官職，加强軍力，東滅東胡，西逐月氏，控制西域諸國，北服丁零，南併樓煩、白羊，進占河套一帶，勢力强大。西漢初年，其所率領的匈奴經常南下，成爲漢初西北地區最强勁的敵對勢力。詳見《漢書》卷九四上《匈奴傳上》。

［4］【今注】烏桓山：山名。又名烏丸、烏遼、烏蘭、赤山。

在今内蒙古赤峰市阿魯科爾沁以北，即大興安嶺山脈南端。

［5］【今注】弋獵禽獸爲事：《三國志·烏丸傳》裴松之注引王沈《魏書》此句作“日弋獵禽獸”，在“食肉飲酪”句前。弋，過去一般認爲是指用帶繩子的箭射擊。有研究者結合傳世的圖像、器物分析，指出其實際是通過繳綫（箭後的繩子）纏繞獲取活的獵物，兼具娱樂與生産性質。在魏晉之前流行了600餘年。（參見徐志君《弋射補證——兼論不同材料的互證與“間性”》，《形象史學》2019年第1期）

［6］【李賢注】鄭玄注《周禮》曰：“毛之縟細者爲毳也。”【今注】毳：鳥獸的細毛。

［7］【李賢注】《説文》曰：“悍，勇也（勇也，紹興本作“塞勇”）。”塞謂不開（開，大德本、殿本作“通”）。

［8］【今注】案，父兄無相仇報故也，《三國志·烏丸傳》裴松之注引王沈《魏書》作“父兄以己爲種，無復報者故也”。

［9］【今注】案，無世業相繼，《三國志·烏丸傳》裴松之注引王沈《魏書》作“不世繼也”，在“邑落各有小帥”句後。其意當兼指“大人”與“小帥”而言，與此不同。

［10］【今注】案，邑，大德本誤作“也”。

［11］【今注】案，《三國志·烏丸傳》裴松之注引王沈《魏書》此後有“邑落傳行”四字。

［12］【李賢注】杜預注《左傳》曰：“不以道取爲略。”【今注】案，其嫁娶則先略女通情，《三國志·烏丸傳》裴松之注引王沈《魏書》作“其嫁娶皆先私通，略將女去”。

［13］【今注】案，一二年間，《三國志·烏丸傳》裴松之注引王沈《魏書》作“二年”。

［14］【今注】案，大德本脱“家”字。

［15］【今注】案，由開篇至此，除個别文字外，與《三國志·烏丸傳》裴松之注引王沈《魏書》略同。

［16］【今注】案，“其俗妻後母”三句，《三國志·烏丸傳》裴松之注引王沈《魏書》叙於後文“步摇”後，而更爲詳細：“父兄死，妻後母執嫂；若無執嫂者，則己子以親之次妻伯叔焉，死則歸其故夫。”

［17］【今注】案，《三國志·烏丸傳》裴松之注引王沈《魏書》於“妻家厚送彩禮”一句後叙此句，認爲二者之間存在因果關係：“故其俗從婦人計”。

［18］【今注】髡頭：剃去頭髮，光着頭。

［19］【今注】髻：挽束在頭頂或腦後的頭髮。

［20］【今注】句決：漢時烏丸、鮮卑婦女之釵，因以固髻。

［21］【李賢注】簂音吉誨反（誨，大德本、殿本作“悔”）。字或爲“幗”（幗，紹興本、大德本誤作“慖”，本注下同），婦人首飾也。《續漢·輿服志》曰：“公卿列侯夫人紺繒幗。”《釋名》云“皇后首飾，上有垂珠，步則摇之”也（殿本無“也”字）。

婦人能刺韋作文繡，[1]織氀毼。[2]男子能作弓矢鞍勒，[3]鍛金鐵爲兵器。[4]其土地宜穄及東牆。[5]東牆似蓬草，實如穄子，[6]至十月而熟。[7]見鳥獸孕乳，以別四節。[8]俗貴兵死，[9]斂屍以棺，有哭泣之哀，[10]至葬則歌舞相送。肥養一犬，以綵繩纓牽，[11]并取死者所乘馬衣物，皆燒而送之，言以屬累犬，[12]使護死者神靈歸赤山。[13]赤山在遼東西北數千里，[14]如中國人死者魂神歸岱山也。[15]敬鬼神，祠天地日月星辰山川及先大人有健名者。祠用牛羊，畢皆燒之。[16]其約法：違大人言者，罪至死；[17]若相賊殺者，令部落自相報，不止，詣大人告之，聽出馬牛羊以贖死；其自殺，父兄則無罪；若亡畔爲大人所捕者，邑落不得受之，皆徙逐於雍狂之地、沙漠之中。其土多蝮蛇，[18] 在丁令西南，烏孫東北焉。[19]

［1］【今注】案，韋，大德本作“葦”；文，紹興本作“乂”。

［2］【李賢注】《廣雅》曰：“氀毼，罽也。”氀音力于反。毼音胡達反（反，紹興本誤作“也”）。【今注】氀（lǘ）毼（hé）：地毯之類的毛織品。

［3］【李賢注】勒，馬銜也。

［4］【今注】案，從“婦人能刺韋”至此，《三國志》卷三〇《烏丸傳》裴松之注引王沈《魏書》云：“大人能作弓矢鞍勒，鍛金鐵爲兵器，能刺韋作文繡，織縷氈毼。”二者字句略同，然意義頗異。

［5］【今注】穄：不黏的黍米，亦即“糜子”。《三國志·烏丸傳》裴松之注引王沈《魏書》作“青穄”。 東牆：東蘠。植物名。即“沙蓬”。藜科，一年生草本，十月成熟，種子可食，亦可榨油。

［6］【今注】案，穄子，《三國志·烏丸傳》裴松之注引王沈《魏書》作“葵子”。

［7］【今注】案，《三國志·烏丸傳》裴松之注引王沈《魏書》此句後有云“能作白酒，而不知作麴糵。米常仰中國”。

［8］【今注】案，以，紹興本誤作“似”。又案，《三國志·烏丸傳》裴松之注引王沈《魏書》此句後有云“耕種常用布穀鳴爲候”。

［9］【今注】兵死：死於兵刃。案，《三國志·烏丸傳》裴松之注引王沈《魏書》此句前尚有云“有病，知以艾灸，或燒石自熨，燒地卧上，或隨痛病處，以刀決脈出血，及祝天地山川之神，無鍼藥”。

［10］【今注】案，有哭泣之哀，《三國志·烏丸傳》裴松之注引王沈《魏書》作“始死則哭”，較此意義更明。

［11］【今注】纓：同“鞅”。套在馬頸上的革帶，駕車時用。引申爲拘繫用的長繩。

［12］【李賢注】屬累猶付託也（猶，大德本、殿本作“乃”。付託，殿本作“託付”）。屬音之欲反。累音力瑞反。

［13］【今注】赤山：即烏桓山。見前文。

［14］【今注】遼東：郡名。兩漢皆治襄平縣（今遼寧遼陽市）。

［15］【李賢注】《博物志》：“泰山（泰，大德本、殿本作“太”），天帝孫也，主召人魂。東方萬物始，故知人生命。”【今注】案，岱山，《三國志·烏丸傳》裴松之注引王沈《魏書》作“泰山”，與李賢注合。且此句後尚有云：“至葬日，夜聚親舊員坐，牽犬馬歷位，或歌哭者，擲肉與之。使二人口頌呪文，使死者魂神徑至，歷險阻，勿令横鬼遮護，達其赤山，然後殺犬馬衣物燒之。”

［16］【今注】案，《三國志·烏丸傳》裴松之注引王沈《魏書》此句後尚有云“飲食必先祭”。

［17］【今注】案，《三國志·烏丸傳》裴松之注引王沈《魏書》此句後尚有云“盜不止死”。

［18］【今注】蝮蛇：一種毒蛇。爬行綱，蝰科。灰褐色，全長0.6—0.7米，頭呈三角形，頸細。生活於平原及較低山區，卵胎生。案，“沙漠之中”至此，《三國志·烏丸傳》裴松之注引王沈《魏書》作“地無山，有沙漠、流水、草木，多蝮蛇”。

［19］【李賢注】《前書音義》曰：“丁令，匈奴别種也。令音零。”【今注】丁令：古部落名。主要活動在今俄羅斯貝加爾湖以南。漢初爲匈奴冒頓單于所臣服。又稱“丁靈”“丁零”。 烏孫：西域古國名。分布在今新疆伊犁河到天山一帶。都赤谷城（今新疆阿克蘇河上游、中亞伊什提克一帶）。案，《三國志》卷三〇《烏

丸傳》裴松之注引王沈《魏書》此句後尚有云“以窮困之”。又案，漢代烏桓文化的實物遺存在遼寧西豐縣西岔溝墓葬中多有體現（參見孫守道《“匈奴·西岔溝文化”古墓群的發現》，《文物》1960年第8、9期）。

烏桓自爲冒頓所破，[1]衆遂孤弱，常臣伏匈奴，歲輸牛馬羊皮，過時不具，輒没其妻子。及武帝遣驃騎將軍霍去病擊破匈奴左地，[2]因徙烏桓於上谷、漁陽、右北平、遼西、遼東五郡塞外，[3]爲漢偵察匈奴動静。[4]其大人歲一朝見，於是始置護烏桓校尉，[5]秩二千石，[6]擁節監領之，[7]使不得與匈奴交通。[8]

［1］【今注】案，桓，紹興本作“淵聖御名”四小字。“淵聖”是南宋朝廷爲宋欽宗趙桓所上之尊號。本卷下同。

［2］【今注】武帝：西漢武帝劉徹，公元前141年至前87年在位。紀見《史記》卷一二、《漢書》卷六。　驃騎將軍：或作“膘騎將軍”，又作“票騎將軍”。漢代高級武官名。漢武帝元狩二年（前121）封霍去病爲驃騎將軍，取騎兵勁疾驍勇之意，定令驃騎將軍禄秩與大將軍相等。武帝之後時置時罷。領京師衛戍屯兵，備皇帝顧問應對，參與中朝謀議決策。加大司馬號、録尚書事則爲中朝官首領，預政定策，進而成爲最有權勢的軍政大臣。位在大將軍之下，車騎將軍、衛將軍及前、後、左、右將軍之上。金印紫綬。　霍去病：河東平陽（今山西臨汾市西南）人西漢名將，武帝皇后衛子夫之外甥。傳見《史記》卷一一一、《漢書》卷五五。

［3］【今注】上谷：郡名。戰國時期燕國始置。本爲東胡之地，燕擊退東胡而置郡。《水經注·聖水》引王隱《晉書·地道志》曰：“郡在谷之頭，故因以上谷名焉。”秦及兩漢治所皆在沮陽縣（今河北懷來縣大古城村）。　漁陽：郡名。戰國時期燕國始置。

本爲東胡之地，燕擊退東胡而置郡，因在漁水之陽而得名。秦及兩漢治所皆在漁陽縣，其故城遺址在今北京市懷柔區北房鎮梨園莊東。　右北平：郡名。戰國時期燕國始置。本爲東胡之地，燕擊退東胡而置郡。或因在北平縣（今河北保定市滿城區東）之右而得名。秦及西漢初年治無終縣（今天津市薊州區）。後徙治平剛縣，故地在今内蒙古寧城縣西南、河北平泉市東北。一説在今遼寧凌源市西南。徙治原因或與漢武帝北擊匈奴有關。東漢時因東部烏桓、鮮卑等部興起，右北平郡北部諸縣多省罷，郡治亦南遷。治土垠縣（今河北唐山市豐潤區東）。　遼西：郡名。戰國時期燕國始置。本爲東胡之地，燕擊退東胡而置郡。因在遼水之西而得名。秦及西漢治所在且慮縣（今遼寧義縣北）。東漢治陽樂縣（今遼寧義縣西南）。案，大德本、殿本脱“遼西”二字。　遼東：戰國時期燕國郡名。本爲東胡之地，燕擊退東胡而置郡。因在遼水之東而得名。秦及兩漢治襄平縣（今遼寧遼陽市）。

[4]【李賢注】偵，覘也，音丑政反。

[5]【今注】護烏桓校尉：官名。簡稱烏桓校尉。西漢時，烏桓内附，設護烏桓校尉管轄。後其官併於護匈奴中郎將。東漢初，由班彪建議，復置其官。校尉一人，秩比二千石，擁節，並領鮮卑。校尉，中上級武官名。其地位略次於將軍，一般略高於都尉，出征時臨時任命，領一校兵，有司馬、候等屬官。校爲漢代軍隊編制名稱，一校即一部，往往駐紮於同一營壘，故校又稱“營”。秦置左右校尉，領兵。秦末，項梁初起事，部署吴中豪傑爲校尉、候、司馬。漢代校尉爲略次於將軍的武官。因職務不同，加各種名號。

[6]【今注】二千石：漢朝二千石爲中央政府機構的列卿，及地方州牧郡守、諸侯王國相等。又可細分爲中二千石、二千石、比二千石三等。據《漢書·百官公卿表》顔師古注，中二千石者月俸百八十斛，二千石者百二十斛，比二千石者百斛。本書《百官志五》所載與此略同。

［7］【今注】節：漢代使者所持的信物，以竹爲杆，柄長八尺，上綴飾旄牛尾。

［8］【今注】案，由“及武帝”至此，不見於《三國志》卷三〇《烏丸傳》裴松之注引王沈《魏書》。

昭帝時，[1]烏桓漸强，乃發匈奴單于冢墓，[2]以報冒頓之怨。匈奴大怒，乃東擊破烏桓。[3]大將軍霍光聞之，[4]因遣度遼將軍范明友將二萬騎出遼東邀匈奴，[5]而虜已引去。明友乘烏桓新敗，遂進擊之，斬首六千餘級，獲其三王首而還。由是烏桓復寇幽州，[6]明友輒破之。[7]宣帝時，[8]乃稍保塞降附。

［1］【今注】昭帝時：《三國志》卷三〇《烏丸傳》裴松之注引王沈《魏書》作“至匈奴壹衍鞮單于時”。昭帝，西漢昭帝劉弗陵，公元前87年至前74在位。紀見《漢書》卷七。

［2］【今注】單于：匈奴部落聯盟首領的專稱。《漢書》卷九四上《匈奴傳上》謂全稱作“撑犁孤塗單于”。“撑犁”爲匈奴語之“天”，“孤塗”意爲“子”，“單于”意爲“廣大”。

［3］【今注】案，此句《三國志》卷三〇《烏丸傳》裴松之注引王沈《魏書》作“壹衍鞮單于大怒，發二萬騎以擊烏丸”。

［4］【今注】大將軍：武官名。漢代將軍的最高稱號。漢初爲臨時封號，位在三公後，事迄則罷，至漢武帝元朔五年（前124）封衛青爲大將軍後，乃爲掌武職的常置之官。漢武帝時，大將軍一職主要掌統兵征戰。自霍光以大司馬大將軍的名義輔政，乃兼領尚書事，有拆讀與審議章奏之權，大將軍一職遂成爲中朝官領袖，權力已逾丞相，成爲事實上的最高軍政長官。西漢後期此職位多由貴戚擔任，多加大司馬銜，領尚書事，秩萬石，位高權重，位在三公上，卿以下皆拜。　霍光：字子孟，河東平陽（今山西臨汾市西

南）人。霍去病異母弟，西漢昭、宣時期之權臣、能臣。傳見《漢書》卷六八。

［5］【今注】度遼將軍：漢雜號將軍。昭帝元鳳三年（前 78）遣中郎將范明友赴遼東征討烏桓，行軍需渡度遼水，故以“度遼”爲將軍名號。銀印青綬，秩二千石。後有增秩。屯紮在五原曼柏縣，與烏桓校尉合稱二營。一般流放的罪人都會發配到度遼將軍轄地（參見李炳泉《兩漢度遼將軍新考》，《中國邊疆史地研究》2018 年第 4 期）。　范明友：西漢將領。隴西郡（今甘肅臨洮縣南）人，生於“世習外國事”（《史記·建元以來侯者年表》）之家。爲霍光女婿，昭宣時期備受重用。初以校尉平定氐人之亂，後爲中郎將，昭帝元鳳三年拜爲度遼將軍，擊烏桓有功，封爲平陵侯。宣帝本始二年（前 72）參加五將軍遠征匈奴之役。霍光死後，轉爲光禄勳。宣帝地節四年（前 66）以霍氏集團謀反被誅。　案，二萬騎，《三國志·烏丸傳》裴松之注引王沈《魏書》作“三萬騎”。查諸《漢書》卷九四上《匈奴傳上》，當以“二萬騎”爲是。　邀：截擊。

［6］【今注】幽州：西漢武帝時所置十三刺史部之一，下轄涿、廣陽、代、上谷、漁陽、右北平、遼西、遼東、玄菟、樂浪十郡。轄境約當今中國北京、河北北部、遼寧大部、天津海河以北，及朝鮮大同江流域。刺史本爲中央派出的監察機構，東漢逐漸演變爲行政機構。治薊縣（今北京市城區西南部的廣安門附近）。案，《三國志·烏丸傳》裴松之注引王沈《魏書》此句作“後數復犯塞”。

［7］【今注】案，此後關於烏桓之記載，除個別句子外，皆與《三國志·東夷傳》不同。當別有史料來源，故除個別重要部分外，不再進行具體比對。

［8］【今注】宣帝：西漢宣帝劉詢，公元前 73 年至前 49 年在位。紀見《漢書》卷八。

及王莽簒位，[1]欲擊匈奴，興十二部軍，[2]使東域將嚴尤領烏桓、丁令兵屯代郡，[3]皆質其妻子於郡縣。烏桓不便水土，懼久屯不休，數求謁去。莽不肯遣，遂皆亡畔，[4]還爲抄盜，而諸郡盡殺其質，由是結怨於莽。匈奴因誘其豪帥以爲吏，餘者皆羈縻屬之。

[1]【今注】王莽：字巨君。漢末以外戚掌權。初始元年（8）稱帝，改國號爲新，年號始建國。實行改制。地皇四年（23），被緑林、赤眉等義軍推翻，被殺。傳見《漢書》卷九九。

[2]【今注】十二部：西漢武帝設十三部州，每州設刺史。王莽時撤併朔方刺史部，是爲十二部。東漢承之。

[3]【今注】嚴尤：字伯石。王莽時大臣，有謀略，多次勸阻王莽對外用兵，然不爲莽用。高句驪反時，曾爲王莽誘殺高句驪侯騶。後任大司馬，因不支持王莽攻打匈奴而被罷免。地皇四年，在鎮壓緑林軍時被劉縯（光武帝劉秀兄）敗於淯陽，復與王尋、王邑等合軍攻昆陽，獻策不被采納。昆陽大戰敗後奉西漢宗室子弟汝南劉望爲帝，任大司馬，後爲更始政權所擊殺。　代郡：郡名。西漢治代縣（今河北蔚縣東北），東漢徙治高柳縣（今山西陽高縣）。

[4]【今注】案，皆，殿本作“自”。

光武初，[1]烏桓與匈奴連兵爲寇，代郡以東尤被其害。居止近塞，朝發穹廬，暮至城郭，五郡民庶，家受其辜，至於郡縣損壞，百姓流亡。其在上谷塞外白山者，最爲强富。

[1]【今注】光武：東漢開國皇帝劉秀，公元25年至57年在位。紀見本書卷一。

建武二十一年，[1]遣伏波將軍馬援將三千騎出五阮關掩擊之。[2]烏桓逆知，悉相率逃走，追斬百級而還。烏桓復尾擊援後，援遂晨夜奔歸，比入塞，馬死者千餘匹。

[1]【今注】建武：東漢光武帝劉秀年號（25—56）。

[2]【李賢注】關在代郡。【今注】伏波將軍：官名。東漢雜號將軍之一。　馬援：字文淵，扶風茂陵（今陝西興平市東北）人。傳見本書卷二四。　五阮關：關塞名。西漢置。即今河北易縣西北紫荆關。《三國志》卷三〇《烏丸傳》裴松之注引王沈《魏書》作“五原關”。

二十二年，匈奴國亂，烏桓乘弱擊破之，[1]匈奴轉北徙數千里，漠南地空，帝乃以幣帛賂烏桓。二十五年，遼西烏桓大人郝旦等九百二十二人率衆向化，[2]詣闕朝貢，[3]獻奴婢牛馬及弓虎豹貂皮。

[1]【今注】案，乘，殿本作“承”。

[2]【今注】案，九百二十二人，《三國志》卷三〇《烏丸傳》裴松之注引王沈《魏書》作“九千餘人”。

[3]【今注】闕：古代皇宫門外兩邊供瞭望的樓臺，中有通道。

是時四夷朝賀，絡驛而至，天子乃命大會勞饗，賜以珍寶。烏桓或願留宿衛，於是封其渠帥爲侯王君長者八十一人，[1]皆居塞内，布於緣邊諸郡，[2]令招來種人，給其衣食，[3]遂爲漢偵候，助擊匈奴、鮮卑。時司徒掾班彪上言：[4]“烏桓天性輕黠，好爲寇賊，若久放縱而無總領者，必復侵掠居人，但委主降掾史，[5]恐非所能制。臣愚以爲宜復置烏桓校尉，誠有益於附集，省國家之邊慮。”帝從之。於是始復置校尉於上谷甯城，[6]開營府，并領鮮卑，賞賜質子，歲時互市焉。

[1]【今注】案，八十一人，《三國志》卷三〇《烏丸傳》裴松之注引王沈《魏書》作“八十餘人”。

[2]【今注】布於緣邊諸郡：《三國志·烏丸傳》裴松之注引王沈《魏書》列其郡名云“布列遼東屬國、遼西、右北平、漁陽、廣陽、上谷、代郡、雁門、太原、朔方諸郡界”。

[3]【今注】案，《三國志·烏丸傳》裴松之注引王沈《魏書》此後云“置校尉以領護之”。

[4]【今注】司徒掾：東漢改丞相爲司徒，司徒掾爲司徒府屬吏。　班彪：字叔皮，扶風安陵（今陝西咸陽市東北）人。兩漢之際的史學家，班固之父。傳見本書卷四〇。

[5]【李賢注】蓋當時權置也。下兵馬掾亦同也。

[6]【李賢注】甯城，縣名。《前書》甯縣作“寧”，《史記》甯城亦作（紹興本、大德本、殿本“作”後衍一“寧”字），“寧”“甯”兩字通也。【今注】甯城：縣名。治所在今河北張家口市宣化區，一説在今河北張家口市萬全區北沙城。

及明、章、和三世，[1]皆保塞無事。[2]安帝永初三年夏，[3]漁陽烏桓與右北平胡千餘寇代郡、上谷。秋，鴈門烏桓率衆王無何允，[4]與鮮卑大人丘倫等，及南匈奴骨都侯，[5]合七千騎寇五原，[6]與太守戰於九原高渠谷，[7]漢兵大敗，殺郡長吏。[8]乃遣車騎將軍何熙、度遼將軍梁慬等擊，[9]大破之。[10]無何乞降，鮮卑走還塞外。[11]是後烏桓稍復親附，拜其大人戎朱廆爲漢都尉。[12]

[1]【今注】明：東漢明帝劉莊，公元57年至75年在位。謚號“明”，廟號“顯宗”。紀見本書卷二。　章：東漢章帝劉炟，公元75年至88年在位。謚號“章”，廟號“肅宗”。紀見本書卷三。　和：東漢和帝劉肇，公元88年至105年在位。紀見本書卷四。

[2]【今注】案，《三國志》卷三〇《烏丸傳》裴松之注引王沈《魏書》云：“至永平中，漁陽烏丸大人欽志賁帥種人叛，鮮卑還爲寇害，遼東太守祭肜募殺志賁，遂破其衆。”此處略之。

[3]【今注】安帝：東漢安帝劉祜，公元106年至125年在位。紀見本書卷五。　永初：東漢安帝劉祜年號（107—113）。

[4]【今注】鴈門：郡名。西漢治善無縣（今山西右玉縣西北），東漢徙治陰館縣（今山西朔州市東南）。

[5]【今注】骨都侯：匈奴部官名。匈奴單于之下，分設左、右賢王，左、右谷蠡，左、右大將，左、右大都尉，左、右大當户，左、右骨都侯，各有其部衆。骨都侯爲輔政之臣。

[6]【今注】五原：郡名。兩漢均治九原縣（今内蒙古包頭市西）。

[7]【李賢注】九原，縣名，屬五原郡。【今注】太守：官名。郡的最高行政長官。戰國時作爲郡守的尊稱，秦統一全國後，推行郡縣制，郡爲最高地方行政區劃，每郡置守、尉、監，郡守作爲郡的最高行政長官。漢景帝中元二年（前148）改郡守爲太守。東漢太守掌治民，進賢勸功，決訟檢姦，秩二千石。東漢後期，太守權力漸爲州刺史侵奪。《通典》卷三三《職官十五》：“郡守，秦官。秦滅諸侯，以其地爲郡，置守、丞、尉各一人。守治民，丞佐

之，尉典兵。漢景帝中元二年，更名郡守爲太守。凡在郡國，皆掌治民，進賢勸功，決訟檢姦。常以春行所主縣，秋冬遣無害吏按訊諸囚，平其罪法，論課殿最，并舉孝廉。”　九原：縣名。治所在今内蒙古包頭市西。　高渠谷：峽谷名。疑爲“高粱谷”之誤。故址在今内蒙古包頭市西、黄河道北。

［8］【今注】長吏：指秩六百石以上的官員。《漢書》卷五《景帝紀》：“吏六百石以上，皆長吏也。”案，除代郡、上谷、五原外，《三國志·烏丸傳》裴松之注引王沈《魏書》載其鈔略之地還有涿郡。

［9］【今注】車騎將軍：漢代高級武官名號。漢文帝前元元年（前179）以薄昭爲車騎將軍，其後灌嬰、周亞夫、金日磾曾任此職。初爲臨時將軍之號，是作戰時統帥車兵、騎兵部隊的將領，遇有戰事時負責統兵作戰，事畢即罷。武帝之後逐漸變爲統領京師宿衞、具有武職性質的中朝重臣，預聞政事，若兼有大司馬號、録尚書事則成爲最高軍政長官。金印紫綬。位次僅次於大將軍、驃騎將軍，在衞將軍及前、後、左、右將軍之上。地位相當於上卿，或比三公。　何熙：字孟孫，陳國（今河南淮陽縣）人。東漢和、安朝官吏。傳見本書卷四七。　梁慬：字伯威，北地弋居（今甘肅寧縣南）人。東漢將軍。傳見本書卷四七。

［10］【今注】案，《三國志·烏丸傳》裴松之注引王沈《魏書》云：“乃以大司農何熙行車騎將軍，左右羽林五營士，發緣邊七郡黎陽營兵合二萬人擊之。”

［11］【今注】案，《三國志·烏丸傳》裴松之注引王沈《魏書》云“匈奴降，鮮卑、烏丸各還塞外”，與此略異。

［12］【李賢注】庬音胡罪反。【今注】案，紹興本、大德本“爲”後有“親”字。

順帝陽嘉四年冬，[1]烏桓寇雲中，[2]遮截道上商賈車牛千餘兩，度遼將軍耿曅率二千餘人追擊，[3]不利，又戰於沙南，斬首五百級。[4]烏桓遂圍曅於蘭池城，[5]於是發積射士二千人，[6]度遼營千人，配上郡屯，以討烏桓，烏桓乃退。[7]永和五年，[8]烏桓大人阿堅、羌渠等與南匈奴左部句龍吾斯反畔，[9]中郎將張耽擊破斬之，[10]餘衆悉降。桓帝永壽中，[11]朔方烏桓與休著屠各並畔，[12]中郎將張奐擊平之。[13]延熹九年夏，[14]烏桓復與鮮卑及南匈奴鮮卑寇緣邊九部，[15]俱反，張奐討之，皆出塞去。

[1]【今注】順帝：東漢順帝劉保，公元125年至144年在位。紀見本書卷六。　陽嘉：東漢順帝劉保年號（132—135）。

[2]【今注】雲中：郡名。兩漢皆治雲中縣（今内蒙古托克托縣東北）。

[3]【今注】耿曅：字季遇。東漢將軍。其祖父耿恭曾堅守西域疏勒城。順帝時耿曅任護烏桓校尉，多次擊敗寇邊之鮮卑與匈奴。事本書卷一九《耿弇傳》。

[4]【李賢注】沙南，縣，屬雲中郡，有蘭池城。【今注】沙南：縣名。治所在今内蒙古准格爾旗東北黄河西岸。西漢置，東漢末廢。

[5]【今注】蘭池城：城邑名。在雲中郡沙南縣（今内蒙古托克托縣東南）。

[6]【今注】積射士：弓箭手。其字面意義爲“追尋形迹而射擊的士兵”。積，同“迹”。

[7]【今注】案，《三國志》卷三〇《烏丸傳》裴松之注引王沈《魏書》云：“至順帝時，戎末廆率將王侯咄歸、去延等從烏丸校尉耿曄出塞擊鮮卑有功，還皆拜爲率衆王，賜束帛。”與此異，

未知是否爲一事。

［8］【今注】永和：東漢順帝劉保年號（136—141）。

［9］【今注】匈奴左部：匈奴從東至西分爲三部，單于自領中部，左賢王領東部，亦即左部，右賢王領西部，亦即右部。

［10］【今注】中郎將：官名。秦置，漢沿置，爲中郎的長官。武帝設中郎三將，分五官、左、右三署，隸光禄勳，秩皆比二千石。職掌護衛侍從天子。至東漢，三署中郎將主要協助光禄勳考課察舉三署諸郎。此外還增設東、西、南、北中郎將用以領兵征討。另有虎賁中郎將、使匈奴中郎將等。　張耽：東漢將領。順帝時擊敗南匈奴之叛軍，復破烏桓與羌。

［11］【今注】桓帝：東漢桓帝劉志，公元146年至167年在位。紀見本書卷七。　永壽：東漢桓帝劉志年號（155—158）。

［12］【今注】朔方：郡名。西漢治朔方縣（今内蒙古杭錦旗東北），東漢治臨戎縣（今内蒙古磴口縣北），順帝永和五年後僑置於五原界内。　休著屠（zhū）各：部族名。一作“休屠”“休屠各”。爲漢時匈奴部族之一。其活動地區當在今中國内蒙古與蒙古國等地。

［13］【今注】張奂：字然明，敦煌淵泉（今甘肅瓜州縣東）人。東漢將領。長期擔任邊將，擊退匈奴、烏桓、鮮卑、羌之内侵。靈帝時，受宦官曹節所矯之詔，攻破欲殺宦官之大將軍竇武。後復因與宦官對抗被禁錮，閉門著書，卒於家。傳見本書卷六五。

［14］【今注】延熹：東漢桓帝劉志年號（158—167）。

［15］【今注】案，部，紹興本、大德本、殿本作“郡”，是。

靈帝初，[1]烏桓大人上谷有難樓者，衆九千餘落，[2]遼西有丘力居者，衆五千餘落，皆自稱王；又遼東蘇僕延，衆千餘落，自稱峭王；[3]右北平烏延，衆八百餘落，自稱汗魯王：並勇健而多計策。中平四年，[4]

前中山太守張純畔，[5]入丘力居衆中，自號彌天安定王，遂爲諸郡烏桓元帥，寇掠青、徐、幽、冀四州。[6]五年，以劉虞爲幽州牧，[7]虞購募斬純首，北州乃定。

［1］【今注】靈帝初：《三國志》卷三〇《烏丸傳》作“漢末”。靈帝，東漢靈帝劉宏，公元 168 年至 189 年在位。紀見本書卷八。　案，此下文字與《三國志·烏丸傳》略同。

［2］【今注】案，大德本、殿本無“衆”字。

［3］【李賢注】峭音七咲反（咲，大德本、殿本作“笑”）。

［4］【今注】中平：東漢靈帝劉宏年號（184—189）。

［5］【今注】中山：諸侯王國名。治盧奴縣（今河北定州市）。光武帝建武元年（25），封宗室劉茂爲中山王。至十三年，劉茂降爵爲單父侯，中山國除爲漢郡。建武十七年，右翊公劉輔進爵爲中山王，兼食常山郡。二十年，劉輔徙爲沛王，中山國復除爲漢郡。建武三十年，徙左翊王劉焉爲中山王。傳國至靈帝末，中山節王劉稚無子嗣爵，中山國除爲漢郡。　張純：曾任中山相（中山爲王國，行政長官當爲相，非太守）。與前太山太守張舉起事，衆至十餘萬，勾結烏桓，侵掠幽、冀、青等州。後爲幽州牧劉虞瓦解。張純逃至塞外，爲其客所殺。

［6］【今注】青：青州。西漢武帝時所置十三刺史部之一，下轄濟南、平原、樂安、北海、東萊五郡及齊國。　徐：徐州。西漢武帝時所置十三刺史部之一，下轄東海、琅邪、彭城、廣陵、下邳五郡。　冀：冀州。西漢武帝時所置十三刺史部之一，下轄魏、鉅鹿、常山、中山、安平、河間、清河、渤海八郡及趙國。

［7］【今注】劉虞：字伯安，東海郯（今山東郯城縣西北）人。傳見本書卷七三。　牧：官名。漢武帝元封五年（前 106）將全國，除京師附近七郡（歸司隸校尉部管轄）以外的土地分爲十三部，或稱十三州。東漢時，朔方刺史部併入并州刺史部，爲十二

州。每部置刺史一人，初無治所，奉詔巡行下轄諸郡，省察治政，黜陟能否，斷理冤獄，秩六百石。主要以六條察州，所察對象主要爲二千石官吏、强宗豪右及諸侯王等。成帝綏和元年（前8）更爲牧，秩二千石。哀帝建平二年（前5）罷州牧，復刺史。元壽二年（前1）復爲牧。東漢建武十一年（35）省。建武十八年復爲刺史，有常治所，奏事遣計吏代行，不復自往。靈帝中平五年（188），劉焉謂四方兵寇，由刺史權輕，宜改置牧，選重臣爲之。自此，州牧權力增大，除監察權外，還有選舉、劾奏之權，干預地方行政及領兵之權，原作爲監察區劃的“州”逐漸轉化爲“郡”之上的地方行政機構，州郡縣三級制隨之形成。

獻帝初平中，[1]丘力居死，子樓班年少，從子蹋頓有武略，代立，[2]總攝三郡，衆皆從其號令。建安初，[3]冀州牧袁紹與前將軍公孫瓚相持不決，[4]蹋頓遣使詣紹求和親，遂遣兵助擊瓚，破之。紹矯制賜蹋頓、難樓、蘇僕延、烏延等，[5]皆以單于印綬。後難樓、蘇僕延率其部衆奉樓班爲單于，蹋頓爲王，然蹋頓猶秉計策。廣陽人閻柔，[6]少没烏桓、鮮卑中，爲其種人所歸信，柔乃因鮮卑衆，殺烏桓校尉邢舉而代之。[7]袁紹因寵慰柔，以安北邊。及紹子尚敗，[8]奔蹋頓。時幽、冀吏人奔烏桓者十萬餘户，尚欲憑其兵力，復圖中國。會曹操平河北，[9]閻柔率鮮卑、烏桓歸附，操即以柔爲校尉。[10]建安十二年，曹操自征烏桓，大破蹋頓於柳城，[11]斬之，首虜二十餘萬人。袁尚與樓班、烏延等皆走遼東，遼東太守公孫康並斬送之。[12]其餘衆萬餘落，悉徙居中國云。[13]

［1］【今注】獻帝：東漢獻帝劉協，公元189年至220年在位。紀見本書卷九。　初平：東漢獻帝劉協年號（190—193）

［2］【李賢注】蹋音大蠟反。

［3］【今注】建安：東漢獻帝劉協年號（196—220）。

［4］【今注】袁紹：字本初，汝南汝陽（今河南商水縣西北）人。漢末軍閥，在官渡被曹操擊敗後去世。傳見本書卷七四上。　前將軍：高級武官名號。漢代有前、後、左、右將軍，漢武帝時爲大規模作戰時大將軍麾下裨將臨時名號，各統一軍，以方位命名，事訖即罷。武帝之後爲常設之職，但一般不並置四將軍。職在典兵宿衛，亦任征伐之事。通過兼職或加官預聞政事，參與中朝決策。四將軍並位上卿，金印紫綬。位次在大將軍、驃騎將軍、車騎將軍、衛將軍之後。　公孫瓚：字伯珪，遼西令支（今河北遷安市西）人。漢末軍閥，爲袁紹所滅。傳見本書卷七三。

［5］【今注】案，大德本、殿本"烏延"前衍"烏桓"二字。

［6］【今注】廣陽：郡國名。兩漢皆治薊縣（今北京市）。

［7］【今注】烏桓校尉：即護烏桓校尉的簡稱。

［8］【今注】尚：袁紹幼子袁尚，在袁紹死後繼承其地位，引發其兄袁譚不滿，袁氏陷入內鬬，爲曹操所擊敗。

［9］【今注】曹操：字孟德，漢末軍閥，在東漢末年大亂中脱穎而出，統一了中國北方。曹魏建立後，被追尊爲魏武帝，廟號太祖。紀見《三國志》卷一。　河北：泛指黄河以北地區。

［10］【今注】案，此後關於烏桓的文字較《三國志》卷三〇《烏丸傳》縮寫較多，不再具體比對。

［11］【今注】柳城：縣名。西漢置，治所在今遼寧朝陽市南十二臺營子。爲遼西郡西部都尉治所。東漢末廢。

［12］【今注】公孫康：東漢末年軍閥。遼東太守公孫度子，繼其父爲太守，割據遼東。

［13］【今注】案，《三國志·烏丸傳》此後尚有"帥從其侯王大人種衆與征伐。由是三郡烏丸爲天下名騎"。

鮮卑者，亦東胡之支也，别依鮮卑山，[1]故因號焉。其言語習俗與烏桓同。唯婚姻先髡頭，[2]以季春月大會於饒樂水上，[3]飲讌畢，[4]然後配合。[5]又禽獸異於中國者，野馬、原羊、角端牛，以角爲弓，俗謂之角端弓者。[6]又有貂、豽、鼲子，皮毛柔蝡，[7]故天下以爲名裘。[8]

[1]【今注】鮮卑山：在今内蒙古科爾沁右翼中旗西，當地人稱爲蒙格。一説在今俄羅斯西伯利亞伊爾庫次克北、通古斯卡河南。

[2]【今注】案，此句《三國志》卷三〇《烏丸傳》裴松之注引王沈《魏書》作“嫁女娶婦，髡頭飲宴”。

[3]【李賢注】水在今營州北。【今注】季春：農曆三月。饒樂水：又作澆水、澆落水、弱落水。即今内蒙古西拉木倫河。《三國志·烏丸傳》裴松之注引王沈《魏書》作“樂水”。

[4]【今注】讌：同“宴”。

[5]【今注】案，此句《三國志·烏丸傳》裴松之注引王沈《魏書》無。《周禮》有云“中春之月，令會男女，於是時也，奔者不禁。若無故而不用令者，罰之。司男女之無夫家者而會之”。其意與此相類，當皆是原始社會風俗之遺留。

[6]【李賢注】郭璞注《爾雅》曰：“原羊似吴羊而大角，出西方。”《前書音義》曰：“角端似牛，角可爲弓。”【今注】案，原羊，《三國志·烏丸傳》裴松之注引王沈《魏書》作“羱羊”。角端牛，《三國志·烏丸傳》裴松之注引王沈《魏書》作“端牛”。

[7]【李賢注】豽音女滑反。鼲音胡昆反。貂、鼲並鼠屬。豽，猴屬也。【今注】貂：哺乳綱，鼬科，貂屬動物的通稱。大如獺，四肢短，尾粗，尾毛長而蓬鬆，體黑褐色或紫色。皮最能禦寒，爲珍貴皮料。古時以其尾爲冠飾。中國分布有紫貂、水貂等。

鼲（hún）子：鼠類。絨鼠之一種，通稱灰鼠，皮毛可製裘。柔蝡（ruǎn）：柔軟。

[8]【今注】裘：皮衣。

漢初，亦爲冒頓所破，遠竄遼東塞外，與烏桓相接，未常通中國焉。[1]光武初，匈奴强盛，率鮮卑與烏桓寇抄北邊，殺略吏人，無有寧歲。建武二十一年，鮮卑與匈奴入遼東，遼東太守祭肜擊破之，[2]斬獲殆盡，[3]事已具《肜傳》，由是震怖。及南單于附漢，北虜孤弱，二十五年，鮮卑始通驛使。

[1]【今注】案，此下直至“緣邊莫不被毒”，其部分内容與《三國志》卷三〇《烏丸傳》裴松之注引王沈《魏書》，但文字差異較大，當非同源，不再具體比對。

[2]【今注】案，殿本無“遼東”二字。 祭肜：字次孫，潁川潁陽（今河南許昌市西南）人。祭肜長期擔任遼東太守，首敗鮮卑，復利用鮮卑屢次擊敗匈奴、烏桓，威鎮北方。傳見本書卷二〇。

[3]【今注】案，殆，大德本誤作“始”。

其後都護偏何等詣祭肜求自効功，因令擊北匈奴左伊育訾部，斬首二千餘級。其後偏何連歲出兵擊北虜，還輒持首級詣遼東受賞賜。三十年，鮮卑大人於仇賁、滿頭等率種人詣闕朝賀，慕義内屬。帝封於仇賁爲王，滿頭爲侯。時漁陽赤山烏桓歆志賁等數寇上谷。[1]永平元年，[2]祭肜復賂偏何擊歆志賁，破斬之，於是鮮卑大人皆來歸附，並詣遼東受賞賜，青徐二州給錢歲二億七千萬爲常。明章二世，保塞無事。

[1]【今注】案，錢大昭《後漢書辨疑》指出，歆志賁，《三國志》卷三〇《魏書·烏丸鮮卑傳》裴松之注作“欽志賁”。

[2]【今注】永平：東漢明帝劉莊年號（58—75）。

和帝永元中，[1]大將軍竇憲遣右校尉耿夔擊破匈奴，[2]北單于逃走，鮮卑因此轉徙據其地。匈奴餘種留者尚有十餘萬落，皆自號鮮卑，鮮卑由此漸盛。九年，遼東鮮卑攻肥如縣，[3]太守祭參坐沮敗，[4]下獄死。十三年，遼東鮮卑寇右北平，因入漁陽，漁陽太守擊破之。[5]延平元年，[6]鮮卑復寇漁陽，太守張顯率數百人出塞追之。[7]兵馬掾嚴授諫曰：[8]“前道險阻，賊埶難量，宜且結營，[9]先令輕騎偵視之。”顯意甚鋭，怒欲斬之。因復進兵，遇虜伏發，士卒悉走，唯授力戰，身被十創，手殺數人而死。顯中流矢，主簿衞福、功曹徐咸皆自投赴顯，[10]俱歿於陣。[11]鄧太后策書褒歎，[12]賜顯錢六十萬，以家二人爲郎；[13]授、福、咸各錢十萬，除一子爲郎。

[1]【今注】和帝：東漢和帝劉肇，公元88年至105年在位。紀見本書卷四。　永元：東漢和帝劉肇年號（89—105）。

[2]【今注】竇憲：字伯度，扶風平陵（今陝西咸陽市西北）人。傳見本書卷二三。　耿夔：字定公，扶風茂陵（今陝西興平市東北）人。東漢名將。傳見本書卷一九。

[3]【李賢注】肥如縣，故城在今平州也。【今注】肥如：縣

名。治所在今河北盧龍縣北。

［4］【今注】祭參：東漢官吏。祭肜之子。曾隨奉車都尉竇固西擊車師，升任遼東太守，復因敗於入侵之鮮卑，下獄而死。 沮（jǔ）：敗壞。

［5］【今注】案，大德本無"漁陽"二字。

［6］【今注】延平：東漢殤帝劉隆年號（106）。

［7］【今注】案，大德本"太守"前有"漁陽"二字。

［8］【今注】兵馬掾：漢制，太尉等公府，將軍郡縣屬吏分曹治事，兵曹爲其中之一。其正職爲兵曹掾，皆掌兵事。

［9］【今注】案，且，紹興本、大德本誤作"日"。

［10］【今注】主簿：官名。漢朝中央及州郡官府均置，典領文書簿籍，經辦各種事務。 功曹：官名。漢代郡守、縣令下有功曹史，簡稱功曹。掌人事，並得與聞一郡、縣之政務。

［11］【今注】案，殿本無"於"字。

［12］【今注】鄧太后：漢和帝之后，名綏，東漢太傅鄧禹孫女。和帝死後，被尊爲皇太后。紀見本書卷一〇上。

［13］【今注】郎：官名。或稱郎官、郎吏。漢九卿之一光禄勳（郎中令）屬官，掌守皇宫門户，出行充皇帝車騎。有議郎、中郎、侍郎、郎中等。秩自比三百石至比六百石不等，無定員。

安帝永初中，鮮卑大人燕荔陽詣闕朝賀，鄧太后賜燕荔陽王印綬，赤車參駕，令止烏桓校尉所居甯城下，通胡市，因築南北兩部質館。[1]鮮卑邑落百二十部，各遣入質。是後或降或畔，與匈奴、烏桓更相攻擊。

［1］【李賢注】築館以受降質（質，大德本作"賀"）。

元初二年秋，[1]遼東鮮卑圍無慮縣，[2]州郡合兵固保清野，鮮卑無所得。[3]復攻扶黎營，殺長吏。[4]四年，遼西鮮卑連休等遂燒塞門，寇百姓。烏桓大人於秩居等與連休有宿怨，共郡兵奔擊，大破之，斬首千三百級，悉獲其生口牛馬財物。五年秋，代郡鮮卑萬餘騎遂穿塞入寇，分攻城邑，燒官寺，[5]殺長吏而去。乃發緣邊甲卒、黎陽營兵，[6]屯上谷以備之。冬，鮮卑入上谷，攻居庸關，[7]復發緣邊諸郡、黎陽營兵、積射士步騎二萬人，屯列衝要。[8]六年秋，鮮卑入馬城塞，殺長吏，[9]度遼將軍鄧遵發積射士三千人，及中郎將馬續率南單于，與遼西、右北平兵馬會，出塞追擊鮮卑，大破之，獲生口及牛羊財物甚衆。又發積射士三千人，馬三千匹，詣度遼營屯守。

[1]【今注】元初：東漢安帝劉祜年號（114—120）。

[2]【李賢注】無慮縣屬遼東郡（大德本、殿本句尾有“也”字）。【今注】無慮：縣名。治所在今遼寧北鎮市東南。

[3]【李賢注】清野謂收斂積聚（收，大德本誤作“牧”），不令寇得之也。

[4]【李賢注】扶黎，縣，屬遼東屬國，故城在今營州東南（紹興本無“南”字）。【今注】扶黎營：軍隊駐扎地名。因東漢於扶黎治設營扎寨，故名。扶黎，縣名。東漢置，治所在今遼寧北鎮市西南境。後廢。

[5]【今注】案，官，大德本、殿本作“宫”。

[6]【今注】黎陽營：東漢在黎陽設營，爲軍事重鎮。黎陽，縣名。治所在今河南浚縣東。

[7]【今注】居庸關：關隘名。一作軍都關、納款關、薊門

關。故址即今北京市昌平區西北居庸關。關門南北相距二十千米。兩山夾峙，巨澗中流，懸崖峭壁，稱爲絶險。《吕氏春秋》列爲天下“九大關塞”之一。

[8]【今注】衝要：軍事或交通上的重要地方。案，大德本作“衝要”。

[9]【李賢注】馬城，縣名，屬代郡也。【今注】馬城：縣名。治所在今河北懷安縣西。

永寧元年，[1]遼西鮮卑大人烏倫、其至鞬率衆詣鄧遵降，[2]奉貢獻。詔封烏倫爲率衆王，其至鞬爲率衆侯，賜綵繒各有差。[3]

[1]【今注】永寧：東漢安帝劉祜年號（120—121）。

[2]【今注】案，大德本無“衆”字。

[3]【今注】綵：彩色絲綢。　繒：編織物的總稱。

建光元年秋，[1]其至鞬復畔，寇居庸，雲中太守成嚴擊之，兵敗，[2]功曹楊穆以身捍嚴，與俱戰殁。鮮卑於是圍烏桓校尉徐常於馬城。度遼將軍耿夔與幽州刺史龐参發廣陽、漁陽、涿郡甲卒，[3]分爲兩道救之；常夜得潛出，與夔等并力並進，攻賊圍，解之。鮮卑既累殺郡守，膽意轉盛，控弦數萬騎。延光元年冬，[4]復寇鴈門、定襄，[5]遂攻太原，[6]掠殺百姓。二年冬，其至鞬自將萬餘騎入東領候，分爲數道，攻南匈奴於曼柏，[7]薁鞬日逐王戰死，殺千餘人。三年秋，復寇高柳，[8]擊破南匈奴，殺漸將王。

［1］【今注】建光：東漢安帝劉祜年號（121—122）。　案，秋，大德本誤作“耿”。

［2］【今注】案，大德本、殿本“敗”後有“散”字。

［3］【今注】刺史：參見前文“牧”條。　龐参：東漢將領。當即本書卷五一《龐参傳》之傳主。不過傳中僅載龐参擔任遼東太守，未載其爲幽州刺史。　涿郡：兩漢皆治涿縣（今河北涿州市）。

［4］【今注】延光：東漢安帝劉祜年號（122—125）。

［5］【今注】定襄：郡名。西漢時治成樂縣（今内蒙古和林格爾縣西北），東漢時徙治善無縣（今山西右玉縣西）。

［6］【今注】太原：郡名。兩漢皆治晉陽縣（今山西太原市西南）。

［7］【李賢注】縣名，屬五原郡也。【今注】曼柏：縣名。本屬雲中郡，漢武帝時改屬朔方郡。東漢獻帝建安二十年（215）廢。兩漢治所皆在今内蒙古達拉特旗東南。

［8］【今注】高柳：縣名。治所在今山西陽高縣。

順帝永建元年秋，[1]鮮卑其至鞬寇代郡，太守李超戰死。明年春，中郎將張國遣從事將南單于兵步騎萬餘人出塞，[2]擊破之，獲其資重二千餘種。[3]時遼東鮮卑六千餘騎亦寇遼東、玄菟，[4]烏桓校尉耿曄發緣邊諸郡兵及烏桓率衆王出塞擊之，斬首數百級，大獲其生口牛馬什物，[5]鮮卑乃率種衆三萬人詣遼東乞降。三年，四年，鮮卑頻寇漁陽、朔方。六年秋，耿曄遣司馬將胡兵數千人，[6]出塞擊破之。冬，漁陽太守又遣烏桓兵擊之，斬首八百級，獲牛馬生口。烏桓豪人扶漱官勇健，[7]每與鮮卑戰，輒陷敵，詔賜號“率衆君”。

［1］【今注】永建：東漢順帝劉保年號（126—132）。

［2］【今注】從事：亦即從事史。官名。漢制，司隸校尉和州刺史置從事，分掌政事。每郡國亦置從事一名，主督促文書、察舉非法。

［3］【今注】資重：即“輜重”。器械、糧草、營帳、服裝等的統稱。

［4］【今注】玄菟：郡名。治所在沃沮縣，其地一般認爲在今朝鮮咸鏡南道咸興市，另有今朝鮮境内和中國遼寧省内的幾種異説。後在昭帝元鳳六年（前75），遷玄菟郡至遼東，其郡治具體地址仍有若干異説，一般均指在今遼寧省内，也有幾種異説認爲在吉林省内。一般認爲治高句驪縣（今遼寧新賓滿族自治縣西）。東漢時，因高句驪族勢力之興起，玄菟郡再次内遷，僑置於遼東郡内，是爲第三玄菟郡。治高句驪縣（今遼寧沈陽市東）。（參見趙紅梅《玄菟郡研究》，博士學位論文，東北師範大學，2006年；周振鶴、李曉傑、張莉《中國行政區劃通史·秦漢卷》，復旦大學出版社2017年版）

［5］【今注】案，牛馬什物，殿本作“牛羊財物”。什物，又稱“什器”。常用器物。

［6］【今注】司馬：此爲護烏桓校尉之屬官。

［7］【李賢注】漱音所救反。

陽嘉元年冬，耿曅遣烏桓親漢都尉戎朱廆率衆王侯咄歸等，出塞抄擊鮮卑，大斬獲而還，賜咄歸等已下爲率衆王、侯、長，賜綵繒各有差。鮮卑後寇遼東屬國，於是耿曅乃移屯遼東無慮城拒之。[1]二年春，匈奴中郎將趙稠遣從事將南匈奴骨都侯夫沈等，[2]出塞擊鮮卑，破之，斬獲甚衆，詔賜夫沈金印紫綬及縑綵各有差。[3]秋，鮮卑穿塞入馬城，代郡太守擊之，不能克。後其至鞬死，鮮卑抄盜差稀。

［1］【今注】案，殿本無“耿”字。　無慮城：城名。即無慮縣故城（今遼寧北鎮市東南）。

［2］【今注】匈奴中郎將：官名。漢武帝時以中郎將出使匈奴，後爲定制，有匈奴中郎將之稱。東漢常置使匈奴中郎將，又稱爲護南匈奴中郎將，簡稱匈奴中郎將，秩比二千石，持節，管理南匈奴事務。

［3］【今注】縑：絲織物的一種。雙絲所織的淺黄色細絹。經絲細密，結實耐用。漢以後，多用作賞賜酬謝之物，或作貨幣。《釋名·釋綵帛》：“縑，兼也。其絲細緻，數兼於絹，染兼五色，細緻不漏水也。”漢代的絹多爲粗絹，經緯較疏，顔色泛黄，不可與縑同日而語。

桓帝時，鮮卑檀石槐者，其父投鹿侯，初從匈奴軍三年，其妻在家生子。投鹿侯歸，怪欲殺之。妻言嘗晝行聞雷震，仰天視而雹入其口，因吞之，遂妊身，十月而産，此子必有奇異，且宜長視。投鹿侯不聽，遂棄之。妻私語家令收養焉，[1]名檀石槐。年十四五，勇健有智略。異部大人抄取其外家牛羊，檀石槐單騎追擊之，所向無前，悉還得所亡者，由是部落畏服。乃施法禁，平曲直，無敢犯者，遂推以爲大人。檀石槐乃立庭於彈汗山歠仇水上，[2]去高柳北三百餘里，兵馬甚盛，東西部大人皆歸焉。因南抄緣邊，北拒丁零，東卻夫餘，[3]西擊烏孫，盡據匈奴故地，東西萬四千餘里，南北七千餘里，[4]網羅山川水澤鹽池。

［1］【今注】家令：官名。漢制，皇族中太子、公主家均置家令。此處當是借漢官名，代指鮮卑酋長家管事之人。

［2］【李賢注】歠音昌悦反。【今注】彈（tán）汗山：山名。在高柳縣（今山西陽高縣）北一百五十餘千米處，當今大青山上。歠（chuò）仇水：水名。灅水上游，即今永定河、洋河上源。位於今河北尚義縣南部内蒙古與河北交界地帶。

［3］【今注】夫餘：東北古族名。亦作“扶餘”。活動在今松花江中游平原一帶。大約在公元前2世紀建立政權。

［4］【今注】案，大德本、殿本無“南北七千餘里”六字。

永壽二年秋，檀石槐遂將三四千騎寇雲中。[1]延熹元年，鮮卑寇邊。[2]冬，使匈奴中郎將張奐率南單于出塞擊之，斬首二百級。二年，復入鴈門，殺數百人，大抄掠而去。六年夏，千餘騎寇遼東屬國。九年夏，遂分騎數萬人入緣邊九郡，並殺掠吏人，於是復遣張奐擊之，鮮卑乃出塞去。朝廷積患之，而不能制，遂遣使持印綬封檀石槐爲王，[3]欲與和親。檀石槐不肯受，而寇抄滋甚。乃自分其地爲三部，從右北平以東至遼東，[4]接夫餘、濊貊二十餘邑爲東部，[5]從右北平以西至上谷十餘邑爲中部，[6]從上谷以西至敦煌、烏孫二十餘邑爲西部，[7]各置大人主領之，皆屬檀石槐。

［1］【今注】案，錢大昭《後漢書辨疑》據李膺本傳（見本書卷六七《黨錮傳》）指出此次漢廷抵禦鮮卑者爲度遼將軍李膺。

［2］【今注】案，寇邊，紹興本、殿本作“寇北邊”，大德本作“北寇邊”。

［3］【今注】印綬：印信和繫在印信上的絲帶，絲帶顏色不同

代表官職高低。

［4］【今注】案，大德本、殿本無“以”字。

［5］【今注】濊（wèi）貊：又作“濊貉（mò）”。中國東北古族名。爲北貉的一支，分布於今吉林、遼寧及朝鮮半島中北部，濊在東，貊在西，後來貊部落合併了濊部落。濊，又作“薉”“穢”。1958年朝鮮平壤貞柏洞土壙墓出土了“夫租薉君”銀印和其他器物。“夫租薉君”銀印是漢朝授予的印綬。夫租，縣名。爲樂浪郡嶺東七縣之一。薉君即穢族的君長。〔參見白鍊行《關於“夫租薉君”印》，《文化遺産》1962年第2期；李淳鎮著，永島暉臣慎、西谷正譯《“夫租薉君”墓について》，《考古學研究》14卷4號；林澐《“夭租丞印”封泥與“夭租薉君”銀印考》，《林澐學術文集（二）》，科學出版社2008年版〕

［6］【今注】案，大德本、殿本無“至”字。大德本無“餘”字。

［7］【今注】敦煌：郡名。漢武帝元鼎六年（前111）分酒泉郡西部置。兩漢皆治敦煌縣（今甘肅敦煌市西）。

靈帝立，幽、并、涼三州緣邊諸郡無歲不被鮮卑寇抄，[1]殺略不可勝數。熹平三年冬，[2]鮮卑入北地，太守夏育率休著屠各追擊破之。[3]遷育爲護烏桓校尉。五年，鮮卑寇幽州。六年夏，鮮卑寇三邊。秋，夏育上言：“鮮卑寇邊，自春以來，三十餘發，[4]請徵幽州諸郡兵出塞擊之，一冬二春，必能禽滅。”朝廷未許。先是護羌校尉田晏坐事論刑被原，[5]欲立功自効，乃請中常侍王甫求得爲將，[6]甫因此議遣兵與育并力討賊。帝乃拜晏爲破鮮卑中郎將。大臣多有不同，乃召百官議朝堂。議郎蔡邕議曰：[7]

［1］【今注】并：并州。西漢武帝時所置十三刺史部之一。因東漢承新莽將朔方州併入并州，故其所轄郡數遠較西漢爲多。下轄上黨、太原、上郡、西河、五原、雲中、雁門、朔方、北地、代郡十郡。　涼：涼州。西漢武帝時所置十三刺史部之一，下轄隴西、天水（漢陽）、金城、安定、武威、張掖、酒泉、敦煌八郡。漢泛指涼州爲西州，範圍大致包括今甘肅中部和西北部一帶。　案，郡，大德本、殿本作“部”。

［2］【今注】熹平：東漢靈帝劉宏年號（172—178）。

［3］【今注】夏育：東漢桓、靈時將領。先後以軍吏、軍司馬隨段熲擊破西羌，之後遷北地太守、護烏桓校尉，因討鮮卑失敗獲罪，贖爲庶人。復起爲護羌校尉。

［4］【今注】案，三，殿本作“二”。

［5］【今注】護羌校尉：官名。西漢武帝時置。秩比二千石，持節管理西羌。王莽時罷。東漢光武帝時，因班彪之建議，復置此官。其屬吏有長史、司馬、主簿、從事等官。

［6］【今注】中常侍：官名。秦置，初稱常侍，西漢元帝以後改稱中常侍。參用士人，皆銀璫左貂，給事殿省。西漢沿置，出入宫廷，侍從皇帝，爲列侯至郎中的加官。東漢時，中常侍成爲有具體職掌的官職，職責主要爲侍從皇帝，顧問應對，贊導宫内諸事，秩比二千石。本無員數，明帝永平中定爲四人，明帝以後，員數稍增，改以金璫右貂，兼領卿署之職。自和熹太后以女主稱制，不接公卿，乃以閹人爲常侍、小黄門，通命兩宫，自此以來，悉用閹人。東漢後期，中常侍把持朝政，權勢極盛。　王甫：東漢宦官。靈帝初年爲黄門令，與曹節等謀誅竇武、陳蕃，遷中常侍。又與曹節等告勃海王悝謀反，封冠軍侯。後爲司隸校尉陽球劾其罪，死於獄中。

［7］【今注】議郎：官名。《漢官儀》：“議郎、中郎，秦官也。議郎秩比六百石，特徵賢良方正敦朴有道。”在漢代爲郎中令或光禄勳下屬官員。兩漢沿置，徵賢良之士任之，侍從皇帝左右，掌顧

問應對，無固定職事，唯詔命所使，秩六百石。　蔡邕：字伯喈，陳留圉（今河南杞縣）人。傳見本書卷六〇下。

《書》戒猾夏，《易》伐鬼方，[1]周有獫狁、蠻荆之師，[2]漢有闐顔、瀚海之事。[3]征討殊類，所由尚矣。然而時有同異，執有可否，故謀有得失，事有成敗，不可齊也。

[1]【李賢注】《尚書·舜典》曰："蠻夷猾夏，寇賊姦宄。"猾，亂也。《易·既濟·九三爻辭》曰："高宗伐鬼方，三年而克之。"《前書》淮南王安曰："鬼方，小蠻夷也。"《音義》曰："鬼方，遠方也。"【今注】書：即《尚書》。先秦時稱《書》。漢初始稱《尚書》，指上古之書。尚，同"上"。記載上古及夏商事迹，體裁有典、謨、訓、誥、誓、命六種。武帝立五經博士，該書成爲儒家經典之一。據説《尚書》原本達百餘篇，因秦代焚書，導致了《尚書》流傳史上的今古文之争。今文《尚書》爲故秦博士伏生在漢文帝時所傳，用漢隸書寫，故稱《今文尚書》，僅餘二十八篇。後來在漢代多有《古文尚書》被發現的記載，河間獻王所搜爲其中之一。至西晉永嘉之亂時，古文尚書佚失，豫章内史梅賾復獻之，傳於後世。然自宋儒開始懷疑，至清儒閻若璩作《尚書古文疏證》，已證明梅本《古文尚書》爲僞作。至於漢代流傳的《古文尚書》之真僞，尚存在争議。具體到河間獻王所搜之《尚書》，部分學者根據《史記》卷五九《五宗世家》不載獻王搜書事而認爲是後人附會，然無確據。(參見劉起釪《尚書學史》，中華書局1989年版)　易：即《易經》《周易》，本爲以八卦進行卜筮之書，後成爲儒家五經之一。其内容形成時間較早，是研究先秦史，尤其是先秦思想史的重要史料。案，易，大德本、殿本作"湯"。　鬼方：古族名。商周時居於中國西北方的部落，爲商周西北境强敵。其活動載

於《古本竹書紀年》、《史記》卷三《殷本紀》和出土的《小盂鼎》及商周甲骨卜辭中。參閱宋代王應麟《困學紀聞·易》、王國維《觀堂集林》卷一三《鬼方昆夷玁狁考》。

［2］【李賢注】《詩·小雅》曰："顯允方叔，征伐獫狁，蠻荆來威。"【今注】獫（xiǎn）狁：中國古代北方少數民族名。也作"玁狁"。李注所引爲《詩·小雅·采芑》，《詩·小雅·六月》亦有云"薄伐獫狁，至于太原"。

［3］【李賢注】武帝使大將軍衛青擊匈奴，至闐顔山，斬首萬餘級。使霍去病擊匈奴，封狼居胥山，登臨瀚海也。【今注】闐顔：山名。今蒙古國杭愛山脈南面的一支，具體位置已不可考。瀚海：亦作"翰海"。所指因時而異。漢武帝時，霍去病擊匈奴出代二千餘里，經狼居胥山，"臨翰海而還"。唐以前人注釋《史記》《漢書》，皆解作一大海名。據方位推斷，疑即今蒙古高原東北境的呼倫湖與貝爾湖。《北史》數見"瀚海"一詞，所指不一，其一與《史記》《漢書》所載同，其一當在蒙古高原北境，疑即今貝加爾湖。又今人岑仲勉考證以爲既云"登臨"，則是"山"而非"海"，"翰海"當即今蒙古國杭愛山的不同音譯。胡和温都爾同意此説（詳見胡和温都爾《翰海是何之名》，《内蒙古社會科學》1990 年第 4 期）。王廷德認爲杭愛山之稱，始於南宋之後，是蒙古語的音譯，不是隋唐時産生的，非突厥語的音譯，更不是西漢時匈奴語的音譯。故霍去病登臨之"翰海"是湖不是山，與今杭愛山無關（詳見王廷德《"翰海"考辨》，《内蒙古大學學報》1989 年第 3 期）。海野一隆則認爲，"翰海"是在姑衍山小丘上俯視到的一個地方〔詳見［日］海野一隆《釋漢代的翰海》，辛德勇譯，《中國歷史地理論叢》1991 年第 1 期〕。案，《漢書》卷一〇〇《叙傳下》有云："長平桓桓……北登闐顔。票騎冠軍……飲馬翰海……述《衛青霍去病傳》第二十五。"然則此處是以闐顔、翰海分别代指衛青、霍去病之事功。

武帝情存遠略，志闢四方，南誅百越，[1]北討强胡，[2]西伐大宛，[3]東并朝鮮。[4]因文、景之蓄，[5]藉天下之饒，數十年閒，官民俱匱。至乃興鹽鐵酒榷之利，設告緡重税之令，[6]民不堪命，起爲盜賊，關東紛擾，道路不通。[7]繡衣直指之使，[8]奮鈇鉞而並出。[9]既而覺悟，乃息兵罷役，封丞相爲富人侯。[10]故主父偃曰：[11]"夫務戰勝，窮武事，未有不悔者也。"[12]夫以世宗神武，[13]將帥良猛，[14]財富充實，[15]所拓廣遠，猶有悔焉。况今人財並乏，事劣昔時乎！

[1]【今注】南誅百越：秦末漢初，有南越國割據兩廣及越南北部，東越國割據福建地區。漢武帝時，先後平滅了南越、東越。百越，即古越族，因其支系很多，各有種姓，故稱百越。此處代指南越、東越。

[2]【今注】北討强胡：胡，指匈奴。漢武帝時多次出兵討伐匈奴。前期利用文、景時積累的經濟基礎，任用衛青、霍去病等率軍大敗匈奴，控制了漠南地區。後期任命李廣利出征，多次失敗，最終全軍覆没。漢武帝被迫下詔，對匈奴改采守勢。但因其對漠南地區的控制猶在，對匈奴仍占有戰略優勢。至宣、元時，匈奴内亂，南匈奴呼韓邪單于附漢，北匈奴郅支單于被殺，北疆遂告平定。

[3]【今注】大宛：西域古國名。在今烏兹别克斯坦費爾干納盆地。都城在貴山城（今塔什干東南卡散賽）。（參考孫危《大宛考古學文化初探》，《考古與文物》2004 年第 4 期）

[4]【今注】朝鮮：古國名。在今朝鮮半島北部及遼寧東部一帶。史載商周之際箕子率領殷商遺民東遷至朝鮮半島大同江流域，

與土著東夷諸部落結合，形成類似於部落聯盟的政權組織形式，習慣上稱爲箕氏朝鮮，存續時間大約自公元前 1045 年至前 195 年。其後燕人衛滿取代朝鮮王準而建立衛氏朝鮮，存續時間大約在公元前 195 年至前 108 年。朝鮮李朝時期的士大夫更傾向於認爲，古朝鮮始祖爲檀君，以箕子爲代表的華夏移民則改變了其地的文化風貌。如權近即言："惟我海東之有國也，肇自檀君朝鮮。時方鴻荒，民俗淳樸，箕子受封，以行八條之教，文物禮義之美，實其於此。"（《陽東先生文集》卷一九《三國史略序》）

［5］【今注】因文景之蓄：漢武帝前期任命衛青、霍去病征伐匈奴，經濟上主要依靠文、景時之財政積累。至漠北大捷，漢匈前期戰事告一段落，文、景朝積蓄也基本耗盡〔參見［日］加藤繁《中國經濟史考證》上卷第四章《漢代國家財政和帝室財政的區別以及帝室財政的一斑》，中華書局 2012 年版，第 98—99 頁〕。文，漢文帝。紀見《漢書》卷四。景，漢景帝。紀見《漢書》卷五。

［6］【李賢注】武帝使東郭咸陽等領天下鹽鐵，敢私鑄錢賣鹽者鈦左趾。榷（榷，大德本、殿本作"摧"），專也。官自賣酒，人不得賣也。又筭緡錢，率緡錢二千而筭一，令各以其物自占。占不悉，聽人告緡，以半與之。《音義》曰："緡，絲也。用以貫錢，故曰緡錢。一筭百二十也。"【今注】案，大德本、殿本無"至"字。　鹽鐵：指鹽鐵專營制度。漢武帝時，齊地的煮鹽大商人東郭咸陽、南陽的冶鐵大商人孔僅被任命爲大農丞。元狩六年（前 117），用二人之議，行鹽鐵專營之策。在鹽、鐵産地設鹽鐵官，管理鹽鐵專營之事。　酒榷：古代政府所施行的酒類專賣制度。亦稱榷酒酤、榷酤。榷指專營，專賣。酒榷始行於漢武帝天漢三年（前 98），官府控制酒的生産和貿易，獨占酒利，不許私人釀酤。此與武帝對外用兵、國家財政匱乏有關。　告緡：獎勵告發隱匿緡錢逃避税款。緡，緡錢，用絲繩貫串的錢。

［7］【李賢注】武帝天漢二年，泰山、琅邪群盜徐勃等阻山

攻城（盜，紹興本作“賊”），道路不通。【今注】案，漢武帝朝關東發生民變之時間，《史記》並未確載。後世學者將其事與天漢二年徐勃阻山攻城及暴勝之出使事相聯繫，《資治通鑑》承之，一度産生較大影響。然根據其前後史事考證，可知武帝朝關東民變爆發的上限不早於元狩四年，初步平息的下限不晚於元封元年（前110）。從情理上進一步推斷，此事大略當發生在元鼎二年（前115）至元鼎六年。起事被初步鎮壓後，其餘部仍“聚黨阻山川”，是以有天漢二年徐勃攻城及暴勝之督促地方鎮壓之事。（參見安子毓《漢武帝時期關東民變時間考》，《西部史學》第2輯，西南師範大學出版社2019年版）

［8］【今注】繡衣直指：官名。又稱繡衣御史、繡衣使者、繡衣直指使者、直指繡衣使者、直指使者、繡衣、直指。陳直《漢書新證·百官公卿表上》：“侍御史有繡衣直指，見《江充傳》，或稱爲繡衣御史，見《王訢傳》。”漢代皇帝特使的一種，武帝時置，特賜穿着繡有龍虎圖案、色彩醒目的繡衣，故稱“繡衣”。持斧出行，以加重其權威。奉命巡行郡國，逐捕盜賊，治理大獄，有權誅二千石以下官吏，不常置。案，湖南長沙東牌樓出土東漢靈帝建寧年間（168—172）“秀衣史”簡牘，“秀衣史”即“繡衣御史”的省稱，可證此職一直延續到東漢末（參見黄今言《〈長沙東牌樓東漢簡牘〉釋讀的幾個問題》，《中國社會經濟史研究》2008年第2期）。

［9］【李賢注】武帝使直指使者暴勝之等衣繡仗斧，分部逐捕也（部，殿本作“道”）。【今注】鈇鉞：本指斫刀和大斧。此指暴勝之所杖之斧，用以代表皇帝權威。

［10］【李賢注】封丞相車千秋爲富人侯，以明休息，思富養人。【今注】案，紹興本無“封”字。　富人侯：漢武帝封田千秋爲富民侯。此稱“富人侯”，當是唐人避唐太宗李世民諱所改。

［11］【今注】主父偃：漢武帝謀士，建議武帝行推恩令，分割削弱了諸侯土地。傳見《漢書》卷六四。

[12]【李賢注】武帝時，齊相主父偃諫伐匈奴之辭。【今注】案，此辭係武帝初年主父偃初次上書中的文字，不在其爲齊相時。見《漢書》卷六四上《主父偃傳》。

[13]【今注】世宗：漢宣帝即位後，爲漢武帝上廟號爲“世宗”。

[14]【今注】案，帥，紹興本作“相”。

[15]【今注】案，富，紹興本作“賦”。

自匈奴遁逃，鮮卑强盛，據其故地，稱兵十萬，才力勁健，意智益生。加以關塞不嚴，禁網多漏，精金良鐵，皆爲賊有；漢人逋逃，[1]爲之謀主，兵利馬疾，過於匈奴。昔段熲良將，[2]習兵善戰，有事西羌，猶十餘年。今育、晏才策，未必過熲，鮮卑種衆，不弱于曩時。[3]而虚計二載，[4]自許有成，若禍結兵連，豈得中休？當復徵發衆人，轉運無已，是爲耗竭諸夏，并力蠻夷。夫邊垂之患，手足之蚧搔；中國之困，胷背之瘭疽。[5]万今郡縣盜賊尚不能禁，[6]況此醜虜而可伏乎！

[1]【今注】逋逃：逃亡。

[2]【今注】段熲（jiǒng）：字紀明，武威姑臧（今甘肅武威市）人。東漢將領。曾駐守涼州，屢敗諸羌。傳見本書卷六五。

[3]【今注】曩：從前。

[4]【今注】案，大德本脱“二”字。

[5]【李賢注】蚧音介。搔音新到反。《埤蒼》曰：“瘭音必燒反。”杜預注《左傳》曰：“疽，惡創也（殿本‘惡’前有‘猶’字）。”【今注】蚧搔：同“疥瘙”。疥瘡之病。 疽：癰疽。

中醫泛指一切由風火、濕熱、痰凝、血瘀等“邪毒”所引起的局部化膿性疾病。

[6]【今注】案，万，紹興本、大德本、殿本作“方”。

昔高祖忍平城之恥，吕后棄慢書之詬，[1]方之於今，何者爲甚？

[1]【李賢注】詬，恥也，音許豆反。【今注】高祖：西漢高祖劉邦，公元前206年至前195年在位。紀見《史記》卷八、《漢書》卷一。　忍平城之恥：西漢初年，劉邦北征，被匈奴冒頓單于困於平城之旁的白登山。脱圍後，劉邦考慮到當時的實力對比，没有尋求報復，反以和親形式對匈奴進行籠絡。平城，縣名。治所在今山西大同市東北。雁門郡東部都尉治所。秦封泥有“平城丞印”。　吕后：吕雉。字娥姁。單父（今山東單縣）人。劉邦稱帝後，輔佐高祖誅韓信、彭越等異姓諸侯王。其子惠帝即位後，實際掌權。惠帝崩後，臨朝稱制，封諸吕爲王侯，共掌握政權十六年（前195—前180）。紀見《史記》卷九、《漢書》卷三。　棄慢書之詬：劉邦去世後，匈奴冒頓單于來書調戲吕后，考慮到漢廷實力尚未恢復，吕后乃以卑辭厚禮安撫冒頓。

天設山河，秦築長城，[1]漢起塞垣，[2]所以別内外，異殊俗也。苟無蹙國内侮之患則可矣，[3]豈與蟲螘校寇計爭往來哉！[4]雖或破之，豈可殄盡，而方今本朝爲之旰食乎？[5]

[1]【今注】秦築長城：秦始皇統一六國後，命蒙恬北伐匈奴，奪取河南地，之後修建長城，以防匈奴。

[2]【今注】漢起塞垣：漢武帝時命衛青、霍去病多次北伐匈奴，將匈奴趕至漠北，控制了漠南地區。太初三年（前102）以徐自爲擔任光禄勳，在五原郡以外興築長城，名爲光禄塞。事見《史記》卷一一〇《匈奴列傳》。

[3]【李賢注】蹙國，解見《西域傳》。【今注】蹙國：喪失國土。蹙，同“蹙”，收縮，引申爲喪失。

[4]【今注】螘：同“蟻”。

[5]【李賢注】旰，晚也。《左傳》伍子胥曰：“楚君大天（天，紹興本、大德本、殿本作‘夫’，是），其旰食乎！”【今注】旰（gàn）食：晚食。指勤於國家政事，忘寢廢餐，不能按時吃飯。旰，天色晚。

夫專勝者未必克，挾疑者未必敗，衆所謂危，聖人不任，朝議有嫌，明主不行也。昔淮南王安諫伐越曰：[1]“天子之兵，有征無戰。言其莫敢校也。[2]如使越人蒙死以逆執事，廝輿之卒[3]有一不備而歸者，[4]雖得越王之首，[5]而猶爲大漢羞之。”而欲以齊民易醜虜，皇威辱外夷，就如其言，猶已危矣，况乎得失不可量邪！昔珠崖郡反，[6]孝元皇帝納賈捐之言，[7]而下詔曰：“珠崖背畔，今議者或曰可討，或曰棄之。朕日夜惟思，羞威不行，則欲誅之；通於時變，復憂萬民。夫萬民之飢與遠蠻之不討，何者爲大？宗廟之祭，凶年猶有不備，况避不嫌之辱哉！今關東大困，[8]無以相贍，又當動兵，非但勞民而已。其罷珠崖郡。”此元帝所以發德音也。夫恤民救急，雖成郡列縣，尚猶棄之，况障塞之外，未嘗爲民居者乎！守邊之術，李牧善其略，[9]保塞之論，嚴尤申其要，[10]遺業猶在，[11]文章具存，循二子之策，守先帝之規，臣曰可矣。

［1］【今注】淮南：諸侯王國名。治壽春縣（今安徽壽縣）。安：劉安。淮南厲王長之子，劉邦之孫。傳見《漢書》卷四四。越：此指閩越，又作“閩粵”。古代越族的一支。秦漢時分布在今浙江南部、福建北部一帶。漢高祖五年（前202）封閩越首領無諸，都東冶縣（今福建福州市）。傳見《漢書》卷九五。　案，武帝即位之初，建元六年（前135），閩越攻南越，南越求救，漢廷出兵擊閩越，淮南王安諫書由此而上。其文見於《漢書》卷六四上《嚴助傳》。

［2］【李賢注】校，報也。

［3］【李賢注】《前書音義》曰：“廝，微也。輿，衆也。”【今注】廝輿之卒：《漢書·嚴助傳》顏師古注云：“廝，析薪者。輿，主駕車者。此皆言賤役之人。”與李注略異。要之其所指爲漢軍中地位較低之士兵。

［4］【今注】案，中華書局本《後漢書》此處斷句作“如使越人蒙死以逆執事廝輿之卒，有一不備而歸者”。然從句意上講，越人所敵士兵地位是否爲“廝輿之卒”並不重要，强調即使戰死一名地位較低的“廝輿之卒”亦爲漢廷羞恥，纔當是淮南王之意。查諸《漢書·嚴助傳》，淮南王安原文作“如使越人蒙（死）徼幸以逆執事之顔行，廝輿之卒有一不備而歸者”。然則此處逗號當標在“執事”之後。

［5］【今注】案，王，殿本作“主”。

［6］【今注】珠崖：郡名。漢武帝時置，治瞫都縣（今海南海口市瓊山區龍塘鎮）。

［7］【今注】孝元皇帝：西漢宣帝之子，名奭，“孝元”爲其

謚號。公元前 49 年至前 33 年在位。紀見《漢書》卷九。 賈捐之：賈誼之曾孫，元帝朝頗參政事，因與石顯政争，以“漏泄省中語”等罪名被殺。傳見《漢書》卷六四下。

［8］【今注】關東：地區名。指函谷關或潼關以東的地區。

［9］【李賢注】《史記》曰（大德本無“曰”字），李牧，趙之北邊良將也（殿本無“之”字；大德本無“也”字）。常居代、鴈門備匈奴（大德本無“常”字），以便宜置吏（大德本無“吏”字），市租不入幕府（大德本無“市”字），爲士卒費，謹烽火，邊無失亡也（無，殿本誤作“燕”）。【今注】李牧：戰國末期趙國大將。長期駐守趙國北部邊疆，擊敗東胡、林胡、匈奴。代廉頗爲將，破燕。公元前 233 年，大敗秦軍，封武安君。後因秦國反間計被誣謀反，被殺。

［10］【李賢注】《前書》王莽發三十萬衆（莽，大德本誤作“奔”），十道出擊匈奴。莽將嚴尤諫曰：“匈奴爲善（善，紹興本、大德本、殿本作‘害’，是），所從來久，未聞上代有征之者也。後世三家周、秦、漢征之，然皆未有得上策者也。周宣王時獫狁内侵（獫，紹興本作‘撿’），至于涇陽，命將出征之，盡境而還（境，大德本作‘竟’），是得中策。武帝選將練兵，深入遠戍，兵連禍結三十餘年，是爲下策。秦始皇不忍小恥，築長城之固，以喪社稷，是爲無策。”班固曰：“若乃征伐之功，秦、漢行事，嚴尤論之當矣（矣，紹興本作‘也’）。”

［11］【今注】案，遺，大德本作“餘”。

帝不從。[1] 遂遣夏育出高柳，田晏出雲中，匈奴中郎將臧旻率南單于出鴈門，[2] 各將萬騎，三道出塞二千餘里。檀石槐命三部大人各帥衆逆戰，[3] 育等大敗，喪其節傳輜重，各將數十騎奔還，[4] 死者十七八。三將檻車徵下獄，[5] 贖爲庶人。冬，鮮卑寇遼西。光和元年冬，[6]又寇酒泉，[7]緣邊莫不被毒。種衆日多，[8]田畜射獵不足給食，[9]檀石槐乃自徇行，見烏侯秦水廣從數百里，水停不流，[10]其中有魚，不能得之。聞倭人善網捕，[11]於是東擊倭人國，[12]得千餘家，徙置秦水上，令捕魚以助糧食。[13]

[1]【李賢注】《左傳》曰，楚大夫薳啓彊對楚靈王曰："晉之事君，臣曰可矣。"

[2]【今注】臧旻：東漢靈帝時將領。先後任揚州刺史、丹陽太守、使匈奴中郎將。其子臧洪爲漢末軍閥，本書卷五八有傳。

[3]【今注】案，帥，大德本、殿本作"率"。

[4]【今注】案，數十騎，大德本、殿本作"數千騎"。案，夏育等各將萬騎，死者十七八，算來似當以"數千騎"爲是。

[5]【今注】檻車：用栅欄封閉的車。用於囚禁犯人或猛獸。

[6]【今注】光和：東漢靈帝劉宏年號（178—184）。案，光，殿本誤作"元"。

[7]【今注】酒泉：郡名。漢武帝元狩二年（前121）置。兩漢皆治禄福縣（今甘肅酒泉市肅州區）。

[8]【今注】案，種衆，大德本作"衆種"。又案，此句以下關於鮮卑的文字與《三國志》卷三〇《烏丸傳》裴松之注引王沈《魏書》略同。

[9]【今注】案，田，大德本誤作"丑"。

[10]【李賢注】從音子用反。【今注】烏侯秦水：水名，一作"秦水"。即今内蒙古赤峰市境内之老哈河。源出河北平泉市光頭山，東北與西拉木倫河相匯爲西遼河。案，侯，大德本、殿本作"集"。

[11]【今注】案，殿本無"人"字；大德本無"網"字。

[12]【今注】案，以上兩處"倭人"，《三國志·烏丸傳》裴松之注引王沈《魏書》作"汗人"，未知孰是。

[13]【今注】案，《三國志·烏丸傳》裴松之注引王沈《魏書》尚有云："至于今，烏侯秦水上有汗人數百户。"

光和中，檀石槐死，時年四十五，子和連代立。和連才力不及父，亦數爲寇抄，性貪淫，斷法不平，衆畔者半。後出攻北地，廉人善弩射者[1]射中和連，即死。其子騫曼年小，兄子魁頭立。後騫曼長大，與魁頭争國，衆遂離散。魁頭死，弟步度根立。[2]自檀石槐後，諸大人遂世相傳襲。

[1]【李賢注】廉，縣名，屬北地郡。【今注】廉：縣名。治所在今寧夏銀川市西北。

[2]【今注】案，大德本脱"立"字。

論曰：四夷之暴，其埶互彊矣。匈奴熾於隆漢，西羌猛於中興。而靈獻之閒，二虜迭盛，石槐驍猛，盡有單于之地，蹋頓凶桀，公據遼西之土。[1]其陵跨中國，[2]結患生人者，靡世而寧焉。然制御上略，歷世無聞；周、漢之策，僅得中下。將天之冥數，以至於是乎？

[1]【今注】案，土，紹興本作"士"。

[2]【今注】案，中國，大德本作"國中"。

贊曰：二虜首施，鯁我北垂。道暢則馴，時薄先離。